VIAGGIO DEL CARDINALE MAZZARINI A S[T] JEAN DE LUZ L'ANNO 1659

Un journal des négociations de la paix des Pyrénées par Atto Melani

Édition, traduction et présentation
par Alexandre Cojannot

I0892553

P.I.E. Peter Lang

Bruxelles · Bern · Berlin · Frankfurt am Main · New York · Oxford · Wien

VIAGGIO DEL CARDINALE MAZZARINI A S^{T} JEAN DE LUZ L'ANNO 1659

Un journal des négociations de la paix des Pyrénées par Atto Melani

Édition, traduction et présentation
par Alexandre Cojannot

Collection « Diplomatie et Histoire »

Direction des Archives
Ministère des Affaires étrangères

Illustration de couverture : à gauche, Alonso Cano, Portrait de Luis de Haro (Bordeaux, Musée des Beaux-Arts), cliché du M.B.A. de Bordeaux/ photographe Lysiane Gauthier ; à droite, Pierre Mignard, Portrait du cardinal Mazarin, 1660 (Chantilly, Musée Condé, cliché RMN/Harry Bréjat).

Tous droits réservés pour tous pays. Toute reproduction, intégrale ou partielle, par quelque procédé que ce soit, des documents publiés dans le présent ouvrage est interdite, sauf avec l'autorisation du ministère des Affaires étrangères. Seules sont autorisées, d'une part, les reproductions strictement réservées à l'usage du copiste et non destinées à une utilisation collective et, d'autre part, les courtes citations justifiées par le caractère scientifique ou d'information de l'œuvre dans laquelle elles sont incorporées (art. L. 122-4, L. 122-5 et L. 335-2 du Code de la propriété intellectuelle).

© Direction des Archives
Ministère des Affaires étrangères, Paris, 2010
Éditeur : P.I.E. PETER LANG S.A.
Éditions scientifiques internationales
Bruxelles, 2010
1 avenue Maurice, B-1050 Bruxelles, Belgique
info@peterlang.com ; www.peterlang.com

ISSN 1377-8765
ISBN 978-90-5201-591-0
D/2010/5678/06

Dépôt légal : Bibliothèque Nationale de France (1er trimestre 2010)

« Die Deutsche Nationalbibliothek » répertorie cette publication dans la « Deutsche Nationalbibliografie » ; les données bibliographiques détaillées sont disponibles sur le site <http://dnb.d-nb.de>.

REMERCIEMENTS

Le projet de cette publication est né dans le cadre de la célébration du 350e anniversaire de la paix des Pyrénées et je tiens à remercier en premier lieu mademoiselle Isabelle Richefort, conservateur général du patrimoine, monsieur le professeur Lucien Bély et monsieur Bertrand Haan, maître de conférences, pour les échanges stimulants que nous avons eus au sein du comité d'organisation du colloque international *1659, la paix des Pyrénées ou le triomphe de la raison politique* (La Courneuve-Paris, 19-21 novembre 2009).

Je suis également reconnaissant à mes collègues de la direction des Archives du ministère des Affaires étrangères et européennes, en particulier à mademoiselle Héléna Rigaud, chargée de mission, et à monsieur Jérôme Cras, conservateur en chef du patrimoine, qui ont bien voulu relire le manuscrit, à monsieur Jean-Pierre Pirat, ingénieur divisionnaire des travaux géographiques et cartographiques de l'État, qui a très aimablement réalisé les cartes historiques, ainsi qu'aux agents des ateliers de restauration et de photographie, pour leur contribution à l'illustration du volume.

Monsieur Francesco Martelli, responsable de l'Archivio Mediceo del Principato à l'Archivio di Stato de Florence, a eu l'obligeance de m'apporter son aide, en me transmettant notamment copie de lettres d'Atto Melani conservées dans son fonds, et je lui adresse mes plus vifs et amicaux remerciements.

Enfin, j'exprime toute ma gratitude à mademoiselle Monique Constant, conservateur général du patrimoine et adjointe au directeur des Archives diplomatiques, pour l'accueil chaleureux qu'elle a accordé à ce projet et pour son soutien énergique.

INTRODUCTION

LA PAIX DES PYRÉNÉES ET SES SOURCES

Les ultimes négociations qui se sont engagées, au début de l'été 1659, en vue de rétablir la paix entre la France et l'Espagne, comptent parmi les temps les plus forts de l'histoire diplomatique de l'Europe moderne. Après vingt-quatre années de guerre acharnée et de tractations au long cours, les deux couronnes viennent alors de conclure un traité secret à Paris, le 4 juin, ainsi qu'une trêve qui doit permettre de parachever leur entente encore imparfaite[1]. Munis des pleins pouvoirs de leurs souverains respectifs, le cardinal Mazarin et Luis de Haro s'avancent en personne jusqu'aux confins des royaumes, pour se rencontrer sur la Bidassoa, petit fleuve pyrénéen qui marque la limite du Guipuzcoa espagnol et du Labourd français. Leurs pourparlers doivent en principe être rapides – c'est du moins ce que veut croire Mazarin en se rendant sur la frontière – et se limiter à quelques points délicats et aux conditions du mariage projeté entre Louis XIV et l'infante Marie-Thérèse, fille aînée de Philippe IV. Luis de Haro prétend au contraire rediscuter largement le traité de Paris, et les négociations embrassent finalement tous les aspects – politiques, militaires, territoriaux, financiers, commerciaux – de la « paix générale », avec le sort des différentes puissances alliées.

Déjà exceptionnel par ses circonstances comme par la personnalité des plénipotentiaires, le congrès franco-espagnol des Pyrénées est ainsi devenu, au fil des semaines, un événement diplomatique absolument hors du commun, de portée européenne. Prévu pour être bref, le séjour des négociateurs dans les provinces basques s'est en fait prolongé sur plus de cinq mois. Vingt-quatre conférences au sommet, outre les continuelles réunions du comité de rédaction formé par Hugues de Lionne et Pedro Coloma, ont été nécessaires pour établir le texte du traité, signé le 7 novembre 1659. Autour des ministres, les suites de courtisans, de conseillers, de soldats et de domestiques, bientôt

[1] On se reportera, pour une analyse complète des négociations depuis le début de la guerre jusqu'à la pacification, au récent ouvrage de Daniel Séré, *La paix des Pyrénées. Vingt-quatre années de négociations entre la France et l'Espagne (1635-1659)*, Paris, 2007.

rejointes par les délégations des nombreux princes et États intéressés à la paix, ont formé une petite société, hétérogène et artificielle, dans le contexte quasi romanesque d'une vie mondaine transportée aux champs, gravitant autour d'un îlot de la Bidassoa transformé en éphémère palais pour les besoins des rencontres.

Loin des cours et des capitales, les ministres et leur entourage ont été pendant cette période les auteurs, les destinataires ainsi que le sujet d'une énorme production documentaire, à la mesure des enjeux des événements dont ils étaient les acteurs ou les témoins. Par milliers, des lettres, mémoires, comptes rendus, pamphlets, relations, chroniques et gazettes ont été rédigés et échangés de toutes parts, soit pour répondre aux nécessités de la prise de décision et du gouvernement à distance, soit pour satisfaire la curiosité publique. De cette masse textuelle considérable, une part importante reste aujourd'hui encore mal connue, malgré les nombreux travaux historiques consacrés aux faits depuis la première *Histoire de la paix* publiée par Galeazzo Gualdo Priorato dès 1663[2], notamment, du côté français, celui de Luc Courchetet d'Esnans[3] au milieu du XVIIIe siècle, les publications très documentées d'Adolphe Chéruel[4] et de Jules Valfrey[5] à la fin du XIXe siècle, la thèse de l'École des chartes inédite de François Cousin[6], et finalement la récente somme de Daniel Séré[7].

2 Galeazzo Gualdo Priorato, *Il trattato della pace conclusa fra le due corone nell'anno 1659, con quanto ha havuto connessione con la medesima*, Brême : Nicolas Kork, 1663, et simultanément à Hambourg. Cet ouvrage a connu un succès considérable et a été aussitôt traduit en français (*Histoire de la paix conclue sur la frontière de France et d'Espagne entre les deux couronnes l'an MDCLIX, où l'on voit les conférences entre les deux premiers ministres et les intérests de tous les princes, avec un journal de ce qui s'y est passé de plus remarquable, aussi tous les noms des personnes principales qui y ont assisté de l'une et de l'autre part, avec un recueil de diverses matières concernantes le sr duc de Lorraine, augmentée et enrichie du plan de l'isle de la Conférence*, [trad. Honoré Courtin], Cologne : Pierre de La Place, 1664), puis en latin (*Historia pacis inter Ludovicum XIV, Galliarum et Navarrae Christianissimum Regem, et Philippum IV, Hispaniarum et Indiarum Regem Catholicum, anno Christi 1659 ad Pyrenaeos montes (...) constitutae*, trad. Peter Axen, Leipzig : J. Gross, 1667). Voir aussi ci-dessous, *Introduction*, n. 13.

3 Luc Courchetet d'Esnans, *Histoire des négociations et du traité des Pyrénées*, Paris : Briasson, 1750.

4 Adolphe Chéruel, *Histoire de France sous le ministère de Mazarin (1651-1661)*, Paris, 1882, en particulier le t. 3, consacré à la période d'août 1658 à mars 1661.

5 Jules Valfrey, *Hugues de Lionne. Ses ambassades en Espagne et en Allemagne, la paix des Pyrénées*, Paris, 1881.

6 François Cousin, « La paix des Pyrénées : les négociations secrètes entre la France et l'Espagne de 1653 et 1659 », thèse de l'École nationale des chartes inédite, 1968.

7 Voir ci-dessus, n. 1. Un recensement sommaire des sources françaises et espagnoles relatives aux négociations de la paix des Pyrénées a été dressé par José Luis Colomer dans *Arte y diplomacia de la monarchía hispánica en el siglo XVII*, Madrid, 2003, p. 81-88.

Parmi les sources les plus tôt reproduites et exploitées par les historiens, il y a bien sûr la correspondance des négociateurs et des souverains, qui constitue déjà en soi un corpus d'ampleur considérable. Ainsi, les principales lettres du cardinal Mazarin, en particulier celles contenant ses relations des conférences, ont été largement diffusées dès le XVIIe siècle, sous la forme de copies manuscrites, dont de très nombreux recueils se trouvent maintenant dans les bibliothèques et les archives publiques[8]. Les minutes et expéditions originales n'ayant pour la plupart pas été retrouvées, c'est à partir de ces transcriptions, souvent partielles et fautives, que cette correspondance est connue, sans qu'une évaluation critique des manuscrits ait jamais été conduite. Si la première publication, très désordonnée, entre 1690 et 1693[9], a été corrigée par celle, plus méthodique, parue à Amsterdam en 1745[10], on manque toujours d'une véritable édition scientifique[11]. Quant aux papiers et dépêches d'Hugues de Lionne, conservés en abondance dans les archives diplomatiques françaises, ils ne sont connus que par extraits, tandis que les lettres de Louis XIV et d'Anne d'Autriche sont pour leur part presque toutes perdues.

Le sort inégal qu'ont connu ces sources tout à fait primordiales, provenant des principaux protagonistes, permet de comprendre le peu de cas que l'on a pu faire du reste de la documentation, aussi diverse en qualité que surabondante. Produite par les multiples acteurs secondaires des événements, observateurs et intermédiaires présents sur les lieux du congrès, celle-ci pose d'évidents problèmes

8 Ce ne sont pas moins de neuf copies anciennes qui sont conservées dans les archives du ministère des Affaires étrangères et européennes (Mémoires et documents, Espagne, vol. 57 à 64 ; Mémoires et documents, France, vol. 2193). Il en existe également dans les archives du ministère de la Défense (Armée de Terre, série A1, vol. 159 et 160) et à la Bibliothèque nationale (Arsenal, ms. Fr. 3202).

9 *Lettres du cardinal Mazarin, où l'on voit le secret de la négotiation de la paix des Pirénées et la relation des conférences qu'il a eues pour ce sujet avec dom Louis de Haro, ministre d'Espagne, avec d'autres lettres très curieuses écrites au roi et la reine par le même cardinal pendant son voyage*, Amsterdam : André Pierrot, 1690, 1 vol. in-12. Cette première publication, contenant seulement 36 lettres, a été rééditée en 1692, et augmentée dès 1693 d'un second volume apportant 77 lettres supplémentaires (Amsterdam : Henri Wetstein, 1693, 2 vol. in-12).

10 *Lettres du cardinal Mazarin où l'on voit le secret de la négociation de la paix des Pirénées et la relation des conférences qu'il a eues pour ce sujet avec D. Louis de Haro, ministre d'État. Nouvelle édition, augmentée de plus de cinquante lettres, corrigées de plusieurs fautes, enrichie de quelques notes historiques et mises dans un meilleur ordre*, Amsterdam : Zacharie Chastelain, 1745, 2 t. en 2 vol. in-12.

11 *Lettres du cardinal Mazarin pendant son ministère*, éd. A. Chéruel et G. d'Avenel, Paris, 1872-1906 ; le neuvième et dernier tome contient de nombreux inédits pour l'année 1659, mais les lettres déjà éditées en 1745 font l'objet d'un simple renvoi (voir la table chronologique des lettres analysées, *ibidem*, p. 699-954).

de fiabilité. Quelle foi accorder à des mémoires écrits parfois plusieurs décennies après les faits ? Dans la correspondance, comment faire le partage du racontar de cour et du témoignage direct ? Pourquoi, enfin, se pencher sur des textes dont les sources, la date de rédaction, l'auteur même sont souvent incertains ? C'est néanmoins dans ce corpus que l'on peut espérer faire les découvertes qui compléteront certaines lacunes de l'information et qui élargiront surtout notre champ de vision sur l'événement.

Un cas intéressant a, par exemple, été publié dès le XVIIe siècle, dans le cadre de l'édition française de l'*Histoire de la paix entre les deux couronnes* de Galeazzo Gualdo Priorato. La traduction, parue pour la première fois en 1664 à Cologne, est en effet augmentée par rapport à l'original italien d'un « Journal des entreveues des deux ministres de France et d'Espagne dans l'isle des Faisans pour le traitté de la paix générale », qui est resté généralement ignoré des historiens[12]. Sous ce titre trompeur, on découvre en fait l'édition de quelque trente-quatre lettres privées, adressées depuis Bayonne et Saint-Jean-de-Luz à un destinataire inconnu, du 20 juillet au 7 novembre 1659. Si le nom de l'auteur est tu, il apparaît clairement, par la teneur de la correspondance, que celui-ci est l'une des soixante personnes autorisées, du côté français, à accompagner le cardinal Mazarin sur l'île lors des conférences. Son identité précise peut même être déduite à partir de la dernière lettre, dans laquelle l'auteur indique avoir été invité à signer le contrat de mariage du roi et de l'infante et donne la liste des autres témoins : la consultation de l'acte en question, édité dans le même volume, conduit par élimination à supposer qu'il s'agit du maître des requêtes et diplomate Honoré Courtin[13]. Ainsi reconsidérée, cette source imprimée, dont les originaux manuscrits ne sont plus connus, change de statut, car elle délivre des informations non seulement de première main, mais encore d'une origine tout à fait remarquable.

[12] Voir ci-dessus, n. 2.

[13] Honoré Courtin (1626-1703), comte des Mesnuls et de Chantereine, a accompagné Abel Servien au congrès de Westphalie (1643-1648), et Mazarin à celui des Pyrénées (1659). En 1661, il est nommé commissaire du roi pour la nouvelle délimitation entre le royaume de France et les Pays-Bas espagnols, et sera par la suite plusieurs fois ambassadeur du roi, aux Pays-Bas, en Suède et en Angleterre. L'attribution du « Journal des entreveues » à Courtin est d'autant plus plausible que la traduction française de l'ouvrage de Gualdo Priorato lui est due, comme l'a noté Jean-Jules Jusserand (*Recueil des Instructions données aux ambassadeurs et ministres de France depuis les traités de Westphalie jusqu'à la Révolution française*, vol. XXIV : *Angleterre*, t. I (1648-1665), éd. J.-J. Jusserand, Paris, 1929, p. 342, note 1 ; voir aussi Giovanni Dotoli, *Les traductions de l'italien en français au XVIIe siècle*, Fasano-Paris, 2001, p. 248-249).

LE MANUSCRIT DU *VIAGGIO DEL CARDINALE MAZZARINI*

À l'approche du trois cent cinquantième anniversaire du traité, un recensement sommaire des sources conservées au ministère des Affaires étrangères sur les négociations pyrénéennes a permis de mettre au jour une longue relation en langue italienne, jusqu'alors restée ignorée par la recherche historique. Sous le titre de *Viaggio del cardinale Mazzarini a St Jean de Luz l'anno 1659*, le texte s'étend sur plus de cent feuillets manuscrits, dans le sixième volume des Suppléments à la série Espagne de la *Correspondance politique*[14]. Malgré son intitulé, le récit va bien au-delà d'un simple journal de voyage, offrant une chronique politique et diplomatique détaillée de la période allant du 24 juin au 25 novembre 1659, et débordant même largement sur les événements antérieurs, depuis la Fronde. Sans nom d'auteur ni datation explicite, ce document rédigé dans un style impersonnel et didactique n'avait rien pour attirer l'œil du lecteur et il a pu passer pour une simple compilation historique, comme les séries anciennes des Archives diplomatiques en comptent tant. Un examen attentif aboutit à un constat différent.

L'état matériel et les caractères externes du document donnent quelques indications préliminaires. Le support est un papier d'assez petit format (20 x 26,5 cm), en bon état, hormis quelques perforations causées par l'encre métallo-gallique et une brûlure latérale sur les premiers feuillets. Le texte, rédigé à l'encre brune dans une écriture cursive italienne lisible et homogène, bénéficie d'une présentation soignée, avec une large marge gauche presque entièrement vierge. Il comporte toutefois, disséminées au fil des pages, plusieurs dizaines de petites corrections, d'une main apparemment semblable. Celles-ci sont pour partie contemporaines de la rédaction, portées à la suite même des ratures, et pour partie postérieures, insérées en interligne ou dans la marge. Si elles ne portent pas vraiment à conséquence pour la teneur du récit, ces modifications relèvent sans nul doute d'une intervention de l'auteur lui-même. Elles sont en effet le plus souvent d'ordre stylistique, consistant notamment à améliorer certaines formulations lourdes ou obscures, ou bien à éviter des répétitions par la suppression d'adverbes récurrents (notamment : *però*, *finalmente*) ou par la substitution d'un terme par un synonyme. Parfois il s'agit de corrections syntaxiques ou orthographiques,

[14] MAÉE, Corr. pol., Espagne supplément, vol. 6, fol. 7-111v.

parmi lesquelles se signalent le remplacement de quelques formes influencées par le français (fol. 25 : *renontiasse* corrigé en *rinontiasse* ; fol. 65v : *examirono*, en *esaminarono*), et la modification de conjugaisons par souci de concordance des temps. Plus rarement, on trouve des ajouts ou retranchements de texte significatifs (fol. 33v, 35v), en particulier concernant des noms de personne (fol. 100v, 101, 109). Ainsi, tout indique que le manuscrit est une copie mise au net d'un texte original italien encore non parachevé, et que son scripteur n'est, sans doute, autre que l'auteur lui-même ou un secrétaire travaillant sous sa direction.

Le statut du récit n'est cependant pas évident et traduit un mode de rédaction vraisemblablement complexe. La trame générale est celle d'un journal : la narration suit un rythme quotidien et les dates de jour sont indiquées en rubrique, dans la marge à gauche du texte. Le fil chronologique est toutefois interrompu de nombreuses digressions, parfois très longues, dont la nature est tantôt rétrospective, tantôt discursive. La structure hybride du texte est mise en valeur par l'analyse suivante, ne retenant que les digressions les plus longues et importantes :

	Type de narration	*Objet*
fol. 7-8	journal	période du 24 au 26 juin 1659
fol. 8-14v	digression rétrospective	sur les relations franco-savoyardes, sur les rapports entre Mazarin, Fuensaldaña et Pimentel depuis la Fronde, sur le voyage de Lyon et sur la mission de Pimentel en France (1651-1659)
fol. 14v-25v	journal	période du 27 juin au 14 juillet 1659
fol. 25v-33v	digression discursive	sur la situation politique française et les réformes projetées par Mazarin
fol. 33v-91v	journal	période du 15 juillet au 24 octobre 1659
fol. 91v-101v	digression rétrospective	sur l'alliance de la France et de l'Angleterre, sur leurs campagnes communes en Flandre et sur la maladie du roi (1657-1658)
fol. 101v-111v	journal	période du 25 octobre au 25 novembre 1659

Du point de vue du temps du récit, l'écriture est également discontinue : le journal commence au passé simple, puis bascule progressivement au présent (fol. 15 : *Questa sera, primo di luglio, l'Em*[za] *Sua si trova in Amboize*) ; les digressions rétrospectives sont écrites au passé historique ; les digressions discursives, au présent et au futur. La position du narrateur n'est jamais précisée : généralement, le récit se fait à la troisième personne, mais on trouve de rares emplois de la première personne du pluriel dans le cadre du récit quotidien, pour indiquer collectivement le cardinal Mazarin et sa suite (fol. 36v, 40, 43), et une unique occurrence de la première personne du singulier, dans une digression rétrospective (fol. 78v) sur laquelle on s'arrêtera plus loin. Ainsi, malgré la constance avec laquelle le narrateur tâche de s'effacer pour donner à son récit la valeur d'un exposé historique et factuel, sa position de témoin particulier transparaît clairement : il fait lui-même partie de la délégation française à Saint-Jean-de-Luz (*qui*, *qua*), se place explicitement du point de vue de Mazarin et de la France (*questo regno*, *questa corona*, *questa corte*, par opposition aux autres États : *quella corte*, *quel regno*, etc.), mais ne s'assimile pas pour autant au groupe des Français, ni à aucun autre groupe national, toujours désignés comme tiers (*i francesi*, *gli spagnoli*, *i savoiardi* etc.).

Les caractères internes de la narration permettent d'aboutir aux conclusions suivantes : l'auteur du *Viaggio* est sans doute un Italien de l'entourage du cardinal Mazarin, qui a entrepris de tenir un journal des événements peu après le départ de Paris, vers le 1er juillet 1659, et qui l'a poursuivi ensuite, presque quotidiennement, jusqu'à la fin des négociations. Dans un second temps, ses notes ont été retravaillées et enrichies, pour aboutir à texte plus élaboré, sans doute destiné à la publication : le projet n'est plus celui d'un simple témoignage individuel, mais plutôt d'un discours historiographique. Il en résulte un écrit de nature assez ambiguë, relevant à la fois des genres littéraires du *journal de voyage* par sa structure narrative et sa valeur documentaire, de la *chronique* ou de la *gazette* par son propos factuel et l'effacement du narrateur, et du *mémoire* politique et historique par ses développements synthétiques. Cette forme mixte, quoique sans doute liée à un processus d'écriture non linéaire, se rattache à une tendance originale de l'écriture de l'histoire dans l'Italie du XVIIe siècle, que Madeleine Laurain-Portemer a qualifiée d'*école journalistique* de l'historiographie du Seicento[15].

15 M. Laurain-Portemer, « Aperçus sur l'historiographie du Seicento », dans *Journal des Savants*, avril-juin 1977, p. 101-118 ; republié dans *Études mazarines*, t. I, 1981, p. 493-511 (sur sa définition de l'école journalistique, voir p. 509-511).

L'IDENTITÉ DE L'AUTEUR

Jamais l'auteur du journal ne fournit d'élément positif ni sur son identité, ni sur les raisons de sa présence dans la suite du cardinal. À une seule occasion toutefois, il lève un peu le voile et délivre un détail autobiographique, qui permet de le reconnaître en toute certitude. Dans un passage où il entend démontrer l'obligation que pouvaient avoir Mazarin et la France envers les archevêques-électeurs de Cologne et de Mayence en 1659, il rappelle le rôle joué par ces derniers à la Diète électorale de 1657-1658 et déclare, à l'appui de son assertion :

> « Moi qui me suis trouvé à ladite Diète, où j'avais été envoyé par le Roi Très Chrétien pour me rendre ensuite à Munich, ainsi qu'il s'est passé, afin d'amener le duc à consentir à sa propre exaltation, je puis assurément affirmer que l'action de ces deux grands prélats, intéressés également à la liberté des suffrages électoraux et à la satisfaction de S. M^{té} Très Chrétienne, eût abouti à élever le duc de Bavière à l'Empire si celui-ci, plutôt que de se laisser tromper par les artifices du comte Kurtz, son premier ministre, acquis aux Autrichiens, avait embrassé les sentiments généreux et magnanimes de la princesse Adélaïde de Savoie, son épouse[16] ».

Ces quelques indications, quoique sommaires, renvoient à un épisode bien connu du long interrègne qui a précédé l'élection de l'empereur Léopold Ier, et il n'est heureusement qu'un seul acteur de ces événements qui puisse correspondre au profil esquissé[17]. Lorsque le 2 avril 1657 s'éteignit Ferdinand III, l'aîné de la branche viennoise des Habsbourg n'avait pas atteint l'âge minimal pour être élu roi des Romains et le cardinal Mazarin vit là une opportunité pour la France de faire sortir la couronne impériale de la maison d'Autriche. Deux ambassadeurs extraordinaires du roi de France furent dépêchés à la diète de Francfort, le maréchal de Gramont et Hugues de Lionne,

16 « Io che mi trovai alla detta Dieta, inviatovi dal Re Cristianissimo per dover passare successivamente a Monaco, come seguì, a effetto di portar quel duca a consentire alla propria esaltatione, posso accertatamente affermare che l'opera di questi due gran' prelati, interessati ugualmente per la libertà de' suffragii elettorali e per le sodisfationi di Sua M^{tà} Cristianissima, haverebbe promosso il duca di Baviera all'imperio, s'egli, più tosto che lasciarsi deludere dagl'artifitii del conte Curtz suo primo ministro, guadagnato dagl'austriaci, havesse deferito a' sentimenti generosi e magnanimi della principessa Adelaide di Savoia, sua consorte » (fol. 78v-79).

17 Sur cet épisode considéré du point de vue de Mazarin et de la France, voir notamment : J. Valfrey, *Hugues de Lionne. Ses ambassades en Espagne...*, 1881, p. 67-176 ; A. Chéruel, *Histoire de France sous le ministère...*, t. 3, 1882, p. 84-130.

avec pour mission de promouvoir d'autres candidatures catholiques susceptibles d'emporter la majorité des suffrages : éventuellement celle de Louis XIV lui-même, mais plus vraisemblablement celle de l'électeur-duc de Bavière, Ferdinand-Marie de Wittelsbach. Ce dernier n'avait cependant jamais montré la moindre intention d'entrer dans la compétition, et il fallait encore le convaincre de franchir le Rubicon. Pour entrer directement en relation avec le duc et la duchesse et leur faire parvenir des courriers à l'insu de leurs conseillers, Mazarin choisit un agent que nul ne pouvait soupçonner de responsabilités politiques : le chanteur lyrique Atto Melani (1626-1714)[18].

Depuis la fin du XIXe siècle, la personnalité hors du commun de Melani a régulièrement retenu l'attention des historiens de la musique italienne, en particulier depuis la grande étude de Henry Prunières[19], et attiré de manière anecdotique celle des historiens du XVIIe siècle, jusqu'à ce que la monographie que lui a récemment consacrée Roger Freitas ne l'éclaire tout à fait[20]. Né en 1626 à Pistoia, Atto Melani est le deuxième d'une fratrie de sept garçons et de deux filles, et surtout le premier des quatre fils que son père, sonneur de cloches de la cathédrale San Zeno, a consacrés au chant en les faisant châtrer. D'abord employé, comme ses frères, au chœur de la cathédrale, il est tôt initié au chant d'opéra et à la musique de chambre, et se produit dès le début des années 1640 à Venise. Il passe alors au service de la maison de Médicis, dont il est sujet par sa naissance, et bénéficie en particulier de la protection du prince Mathias, frère du grand-duc de Toscane Ferdinand II, qui demeura son principal patron jusqu'à son décès en 1667.

En s'imposant comme le plus brillant représentant du monde lyrique en Toscane, Atto Melani gagne rapidement une renommée internationale et devient, pour les Médicis, l'objet et l'agent de ce que l'on pourrait appeler une forme de diplomatie culturelle auprès des autres cours européennes. En 1644, il participe à Rome aux célébrations qui accompagnent l'élévation de Jean-Charles de Médicis au

18 L'action d'Atto Melani en cette affaire est signalée par J. Valfrey, *Hugues de Lionne. Ses ambassades en Espagne...*, 1881, p. 98-99 et A. Chéruel, *Histoire de France sous le ministère...*, t. 3, 1882, p. 96.

19 H. Prunières, *L'opéra italien en France avant Lulli*, Paris, 1913 (*Collection d'histoire et de linguistique française et italienne comparées*, n° 3).

20 R. Freitas, *Portrait of a Castrato. Politics, Patronage and Music in the Life of Atto Melani*, Cambridge, New York, 2009 (*New perspectives in Music History and Criticism*). Je renvoie à cet ouvrage pour la bibliographie antérieure sur Atto Melani (voir notamment p. 8-14), et plus généralement pour toutes les informations à caractère biographique évoquées dans les paragraphes qui suivent.

cardinalat, et à la fin de la même année, il est envoyé à Paris pour quelques mois, à la demande du cardinal Mazarin. Son succès auprès d'Anne d'Autriche y est si vif qu'il est rappelé à la cour de France dès 1647, pour un séjour qui se prolonge jusqu'en 1649, ne s'achevant qu'en raison des troubles de la Fronde. Sur le chemin du retour, il s'arrête encore quelques semaines à la cour de Savoie, à Turin, puis passe les années suivantes en Toscane, au service du prince Mathias, tout en s'absentant régulièrement pour des missions à caractère diplomatico-artistique : en 1651, auprès du duc Charles II de Gonzague, à Mantoue ; en 1652, à Modène et Mantoue, à l'occasion du voyage en Italie du Nord de l'archiduc Ferdinand-Charles de Habsbourg et de son épouse, Anne de Médicis ; en 1653, dans l'Empire, à la cour archiducale à Innsbrück, puis auprès de l'empereur Ferdinand III à Ratisbonne et à la cour de Bavière à Munich, enfin de nouveau à Innsbrück ; en 1655-1656, à Rome, à l'appel du cardinal de Médicis, pour les festivités consécutives à l'élection d'Alexandre VII Chigi et la visite de la reine Christine de Suède.

Lorsqu'en décembre 1656, il commence son troisième séjour à la cour de France, Melani est désormais plus qu'un simple soprano virtuose sollicité par toute l'Europe. Homme de cour accompli, il a su se lier de confiance, voire d'amitié, avec nombre des princes que la musique de chambre lui donne l'occasion de fréquenter quotidiennement. Il entretient ainsi une correspondance régulière avec Madame Royale, duchesse de Savoie, ou le duc Charles II de Mantoue. Quant au prince Mathias, s'il doit se priver fréquemment et durablement des talents lyriques de Melani, il reçoit de lui en compensation des dépêches quasi-hebdomadaires, riches de nouvelles politiques de première main sur les cours et les princes auprès desquels il l'envoie. À Paris, le *signor Atto* fait partie de la maison du cardinal Mazarin, étant logé dans son palais de la rue des Petits-Champs. Il chante tous les matins au Louvre, au lever de la reine mère, et tient les premiers rôles des ballets et des opéras, aux côtés du roi et des principaux seigneurs de la cour.

Lorsqu'en 1657 se pose la question de la candidature du duc de Bavière à la couronne impériale, Mazarin décide de mettre l'entregent et l'aisance d'Atto Melani au service de la politique française. Le chanteur s'est en effet lié dès 1649, à Turin, à l'épouse du duc, Henriette-Adélaïde de Savoie, et il est connu à la cour de Munich depuis le séjour qu'il y a fait en 1653. Aussi le cardinal le choisit-il pour entamer pendant l'été 1657 des négociations secrètes avec le duc et la duchesse par voie épistolaire, puis, à l'automne, pour se rendre en personne à la Diète électorale de Francfort et en Bavière, vraisemblablement avec des courriers à remettre en main propre. Bientôt, l'affaire tourne court, car le duc Ferdinand-Marie ne veut pas prendre le risque de défier la maison d'Autriche, et c'est l'archiduc Léopold qui devient empereur en 1658. Mazarin et Anne d'Autriche se déclarent néanmoins satisfaits des services rendus par Melani, qui est nommé gentilhomme ordinaire de la chambre du roi en 1658, puis gratifié de l'abbaye de Beaubec en Normandie et d'une pension de 1 200 livres sur l'évêché de Béziers[21]. Pour le chanteur, cette première mission, quoique infructueuse, est une véritable gloire, et marque la naissance d'une nouvelle ambition : celle d'une carrière politique.

ATTO MELANI ET LA PAIX DES PYRÉNÉES

Quand, en juin 1659, Mazarin quitte Paris pour rejoindre la frontière des Pyrénées, Atto Melani l'accompagne, c'est un fait prouvé par les lettres que celui-ci a adressées tout au long du voyage au prince Mathias et au duc Charles II de Mantoue[22]. La raison de sa présence dans la suite du cardinal est moins claire. Le plus vraisemblable est que Mazarin l'a emmené comme membre de sa maison, parmi les nombreux Italiens qui constituaient son entourage favori, et qu'il prévoyait sans doute d'utiliser ses talents lyriques, soit pour sa commodité personnelle, soit pour d'éventuelles réceptions protocolaires. De fait, on trouve de nombreuses mentions de la musique italienne du cardinal Mazarin dans les sources relatives aux rencontres franco-espagnoles en 1660[23], et il ne fait pas de doute que la voix d'Atto Melani a dû avoir sa place dans le cadre de la « rivalité

21 Sur la question embrouillée des gratifications reçues par Melani en France à la fin des années 1650, voir R. Freitas, *Portrait of a Castrato…*, 2009, p. 160, n. 44 et 45, et J.-F. Dubost, *La France italienne (XVIe-XVIIe siècles)*, Paris, 1997, p. 262. Selon R. Freitas (*Portrait of a Castrato…*, 2009, p. 160) et H. Prunières (*L'opéra italien…*, 1913, p. 238), Melani a été naturalisé français dès 1660, tandis que J.-F. Dubost place cet événement en 1692 (*La France italienne…*, p. 69).

22 Du 31 juillet au 13 octobre 1659, Melani adresse près de vingt lettres datées de Saint-Jean-de-Luz au prince Mathias de Médicis et au duc Charles II de Mantoue (R. Freitas, *Portrait of a Castrato…*, 2009, p. 333).

23 Voir notamment les lettres de Lionne à Mazarin relatives à l'organisation des rencontres du début du mois de juin 1660 (MAÉE, Corr. pol., Espagne, vol. 39, fol. 168-169, 185, 187-188, 189), ou la relation anonyme de la conférence du 30 mai 1660, à la fin de laquelle « Son Éminence, qui avoit fait venir sa musique italienne et tout ce qu'il y avoit icy de plus habilles gens en cet art, donna un concert pendant deux heures à D. Louis » (*ibidem*, fol. 179).

somptuaire » entre les deux nations, selon l'expression de José Luis Colomer[24].

En 1659 toutefois, aucun événement à caractère musical n'est connu pour la durée des négociations entre Mazarin et Luis de Haro, et il est plausible que Melani ait été assez désœuvré pendant cette période et qu'il ait ainsi pu se consacrer à ses nouvelles ambitions politiques. Depuis quelques années déjà, il affichait la prétention de ne plus chanter que dans des circonstances ou pour des auditeurs d'exception, se présentant plus volontiers comme un courtisan dilettante que comme un artiste rétribué pour ses services. Sa mission en Allemagne, deux ans plus tôt, lui avait en outre donné le goût des affaires, et il cherchait désormais toutes les occasions d'être utile et de faire la preuve de son habileté[25]. Sa correspondance à Saint-Jean-de-Luz montre ainsi qu'il a joué un petit rôle dans les négociations relatives aux affaires italiennes, s'attachant à prévenir Mazarin contre la Savoie et à le rendre favorable au duc de Mantoue, ou remettant un courrier secret de la part de ce dernier à Antonio Pimentel[26]. Ces activités restèrent toutefois occasionnelles, et à vrai dire sans grande conséquence.

La position d'Atto Melani à Saint-Jean-de-Luz fut donc avant tout celle d'un observateur à la fois attentif et bien renseigné, occupant son temps libre à prendre des notes sur les événements dont il était le témoin et à écrire des lettres, dont on n'a certainement retrouvé qu'une petite partie. Ces deux activités étaient d'ailleurs indissociablement liées à l'origine, et c'est sans surprise que l'on trouve dans le *Viaggio* de longs passages identiques presque mot pour mot à certaines narrations envoyées par Melani au prince Mathias de Médicis[27].

[24] J. L. Colomer, « Paz politica, rivalidad suntuaria. Francia y España en la isla dos Faisanes », dans *Arte y diplomacia...*, 2003, p. 61-88.

[25] Sur cette mutation progressive de l'activité de Melani pendant les années 1650, voir R. Freitas, *Portrait of a Castrato...*, 2009, p. 70-100 et 155-167.

[26] *Ibidem*, p. 164-165.

[27] Au moment de faire paraître cette édition, j'ai pu consulter de larges extraits de la correspondance envoyée par Melani au prince Mathias du 4 août au 13 octobre 1659 (Florence, Archivio di Stato, Mediceo del Principato, filza 5408, *passim*), et j'adresse mes plus vifs remerciements à Francesco Martelli, de l'Archivio di Stato de Florence, pour m'avoir fait l'amitié de me transmettre les reproductions de ces documents. Mis à part quelques nouvelles très secondaires, les récits quotidiens qu'elles contiennent, couvrant la période du 27 juillet au 13 octobre, coïncident presque toujours avec ceux du *Viaggio*, différant le plus souvent des questions de formulations. Les éléments du journal de Melani sont dissociés les uns des autres dans le registre florentin, mais on peut en reconstituer le fil chronologique ainsi : fol. 581-585, journal du 27 juillet au 4 août ; fol. 578-580, du 5 au 13 août ; fol. 541-543bis, du 14 au 21 août ; fol. 597-598v, du 22 au 28 août ; fol. 574-757v, du 29 août au 4 septembre ; fol. 562-564, du 5 au 12 septembre ; fol. 566-?, du 13 au 18 septembre ; fol. 556-558v, du 19 au 25 septembre ; fol. 559-560v, du 26 septembre au

Dans son courrier du 4 août, le chanteur annonçait précisément à son patron toscan que celui-ci serait désormais informé « comme s'il se trouvait présent au congrès », parce qu'il avait « entrepris de tenir un journal de tout ce qui arrive et de tout ce qui se dit »[28]. Et à partir de la première conférence, le 13 août, le journal devient un élément autonome, n'étant plus rédigé au fil des missives, mais formant un cahier joint aux lettres adressées au prince.

Le passage de l'écriture épistolaire, que Melani pratiquait de manière intensive depuis déjà longtemps, à l'écriture historiographique, apparemment nouvelle pour lui, a pu être encouragé par le contexte spécifique de l'entourage de Mazarin. On sait le souci que le cardinal avait du souvenir que l'histoire garderait de son action ministérielle, et il avait convié au voyage de Saint-Jean-de-Luz un autre Toscan, l'historien Vittorio Siri, très vraisemblablement afin que celui-ci se fît le chroniqueur des négociations. Il est fort peu vraisemblable que Mazarin ait pu solliciter de Melani la tenue d'un journal, alors que ce dernier n'avait aucun écrit de ce type à son actif. À la différence de Siri, Melani n'a d'ailleurs pas fait partie des soixante personnes choisies par Mazarin pour l'accompagner sur l'île des Faisans lors de la première conférence, le 13 août 1659, ce qui exclut à peu près que le cardinal ait pu vouloir faire de lui un témoin privilégié des événements[29]. On peut en revanche se demander si Melani n'a pas entrepris son journal avec l'intention de s'en servir pour faire sa cour au cardinal. Une forme de rivalité avec l'abbé Siri a d'ailleurs pu l'aiguillonner, car une querelle avait opposé les deux hommes en 1657, dans laquelle Melani n'avait pas eu le dessus[30].

Quelle que fût la nature de son ambition initiale, Atto Melani laissa son projet d'écriture inachevé en 1659. Dès la fin du mois de novembre, Mazarin rejoignit le roi à Toulouse et pour le Toscan, la vie de cour reprit sur le mode festif et itinérant de son long séjour dans le Midi, jusqu'au mariage du roi et de l'infante en juin 1660 et à leur entrée solennelle à Paris en août suivant. De retour dans la capitale, Melani a dû participer aux spectacles royaux que l'on montait alors sans discontinuer, l'opéra *Xerse* de Cavalli en novembre

6 octobre ; fol. 549-550, du 7 au 13 octobre. Les digressions historiques présentes dans le *Viaggio*, en revanche, ne s'y retrouvent pas.

28 « Havendo intrapreso di fare un giornalliero di tutto ciò che segue et si parla, V. Alt[za] haverà campo di sodisfarsi come se fosse presente a questo congresso (…) » (*ibidem*, fol. 582).

29 Voir les listes publiées par G. Gualdo Priorato (*Histoire de la paix*…, 1664, feuillets non paginés au début du vol.)

30 R. Freitas, *Portrait of a Castrato*…, 2009, p. 169.

1660, puis le *Ballet de l'Impatience* en février 1661. La mort de Mazarin, le 9 mars, fragilisa brutalement sa position en France. Parce qu'il lui reprochait son intimité avec sa nouvelle épouse, Hortense Mancini, le marquis de La Meilleraye, héritier du cardinal et dès lors duc Mazarin, exigea aussitôt de Louis XIV l'éloignement de Melani. Au printemps 1661, les noces de Marie Mancini avec le connétable Colonna furent l'occasion de l'envoyer à Rome sans déshonneur, mais à la fin de la même année, la découverte d'une correspondance jugée suspecte entre le castrat et Nicolas Fouquet vint commuer ce voyage romain en disgrâce pure et simple.

S'étant retiré à Florence, Melani connut cinq années de traversée du désert, au cours desquelles il tâcha principalement de se conserver la bienveillance de ses différents patrons et protecteurs, et en particulier de celui qui était pour lors son dernier soutien à la cour de France : Hugues de Lionne. Ce dernier a en effet reçu à partir de cette période de très nombreux courriers de Melani, aujourd'hui pour partie conservés dans les archives diplomatiques françaises. Les lettres, écrites en italien, ne sont jamais signées, sans doute par prudence, mais elles ont été identifiées avec certitude par Roger Freitas, tant par leur graphie que par leur teneur[31]. Elles prouvent que c'est à la fin de cette période de relative oisiveté, et apparemment à la sollicitation du ministre et secrétaire d'État des Affaires étrangères, que Melani a achevé son journal et lui en a fait parvenir la copie éditée ci-après.

Le 20 mars 1665, Melani écrivait en effet à Lionne :

> « Quant à mon journal du voyage à Saint-Jean-de-Luz, je confesse à Votre Excellence n'y avoir plus travaillé depuis le temps où je vous en informai jusqu'à ce jour, parce que je n'avais plus la force ni le cœur de m'y consacrer. Je vais maintenant y mettre la dernière main et vous l'enverrai tout aussitôt, mais à condition que V. Exc. me le renvoie avec tous les ajouts et retranchements qu'il lui siéra, afin qu'il ne demeure pas si imparfait qu'il est. J'en ai lu à certains de mes amis une partie, qu'ils ont trouvée si curieuse et riche d'informations que les ministres de cette cour ont voulu l'entendre, et que mes sérénissimes patrons eux-mêmes [le grand-duc de Toscane et ses frères] veulent me faire le même honneur à leur retour de Pise. Ils voudraient qu'on le fît imprimer, ce que je n'oserais faire sans une commission expresse de V. Exc. (...)[32]. »

[31] *Ibidem*, p. 185, n. 110. Comme l'auteur l'indique lui-même (p. 344, note *g*), la liste chronologique qu'il fournit dans l'annexe A (p. 328-345) n'est pas exhaustive, les lettres non signées de Melani à Lionne étant particulièrement nombreuses entre 1663 et 1665 (MAÉE, Corr. pol., Toscane, vol. 8 et 9, *passim*).

[32] Lettre non signée d'A. Melani à H. de Lionne, Florence, 20 mars 1665 : « (...) Quanto poi al mio diario del viaggio di St Gio. de Luz, confesso a V. Ecc. che dal tempo che io le

Dès le 10 avril, le Toscan annonçait l'achèvement de son travail, et donnait de précieuses informations sur celui-ci :

« Je suis en train de faire copier mon journal, pour l'envoyer aussitôt à V. Exc., et je n'ai pas peu de regret d'avoir tant différé d'en informer V. Exc., parce qu'il s'y trouve beaucoup de choses sur les projets que préparait alors notre feu cardinal – qu'il soit au Ciel – et comme celles-ci ont par la suite été mises en œuvre, on pensera que je les ai notées maintenant, alors que je le fis quand nous étions en voyage. Je suis impatient d'avoir rendu ce service à V. Exc, en espérant que vous trouverez bon d'éclairer mes obscurités, afin que celles-ci contiennent quelque chose de bon. Je n'ai pas fait d'éloges sur votre personne, car ma plume n'est pas digne de décrire le nom de V. Exc., et moins encore sa valeur et ses grands mérites. J'ai seulement tâché d'indiquer la vérité des faits, à l'occasion et sans affection, et quand bien même V. Exc. ne devait rien trouver à faire à mon avantage de par cet écrit, que pour l'heure on écoute ici avec une attention et un plaisir extraordinaires, je m'en remettrai à sa bienveillance[33]. »

Une semaine plus tard, la copie annoncée n'était pas encore prête[34], et une lacune de plusieurs semaines dans la correspondance entre Melani et Lionne ne permet plus de savoir quand exactement l'envoi se fit. Celui-ci eut toutefois bien lieu cette année-là, puisque le

avvisai d'haverlo intrapreso fino al dì d'oggì, non vi ho più travagliato, perché non havevo più forza et cuore di applicarmi. Li darò bene adesso l'ultima mano, e quanto prima glie invierò, ma con patto che V. Ecc. me lo rimandi con aggiungere e levare quello li parrà, acciò non sia tanto imperfetto. Io ne ho letto una parte ad alcuni miei amici, che l'hanno trovata curiosa e copiosa di notitie ad un segno che successivamente questi ministri l'hanno voluta sentire et i medesimi serenissimi padroni vogliono honorarmi dell'istesso favore al lor ritorno di Pisa. Vorrebbero che si facesse stampare, il che non haverei ardito senza un'espressa commissione di V. Ecc., per il che la supplico di accennarmi a suo tempo la sua volontà, che sarà sempre la regola di tutte le mie attioni (...) » (MAÉE, Corr. pol., Toscane, vol. 9, fol. 68v ; signalé par R. Freitas, *Portrait of a Castrato...*, 2009, p. 184, n. 106-107).

33 Lettre non signée d'A. Melani à H. de Lionne, Florence, 10 avril 1665 : « Sono dietro a far copiare il mio diario, per mandarlo subito a V. Ecc., havendo non poco rammarico d'haver tanto differito a parteciparne la notitia a V. Ecc., perché vi sono molte cose de' disegni che meditava il fù nostro cardinale – che sia in Cielo – et essendo doppo state porse in essecutione, parrà ch'io gl'habbia notate adesso, e pure lo feci mentre eravamo al viaggio. Non vedo l'hora d'havere servito V. Ecc., sperando che sia per compiacervi di dare il lustro alle mie ombre acciò contenghino qualcosa di buono. Io non ho fatto elogii della di lei persona, perché la mia penna non è capace di descrivere solamente il nome, non ché il valore et i gran meriti di V. Ecc. Ho ben procurato a tempo, e senza affettatione, di notare la verità delle cose, e quando l'Ecc. V. conoscesse di poter far niente a mio vantaggio col motivo di questa scrittura, che per hora è sentita qua con straordinaria attentione e piacere, ne me rimetterò alla sua benignità (...) » (MAÉE, Corr. pol., Toscane, vol. 9, fol. 86).

34 Lettre non signée d'A. Melani à H. de Lionne, Florence, 17 avril 1665 : « (...) Spero con le prime di poter inviare a V. Ecc. il mio diario » (MAÉE, Corr. pol., Toscane, vol. 9, fol. 87).

16 octobre suivant, Melani renouvelait sa demande de correction dans les termes suivants :

> « Monseigneur de Fréjus [Zongo Ondedei] m'avait fait espérer que V. Exc. aurait eu la bonté de corriger ma relation, mais je commence à douter que cela puisse jamais arriver, parce que si V. Exc a eu la charge de beaucoup d'affaires par le passé, il lui en incombera tant à l'avenir que jamais elle ne pourra se consacrer à de telles bagatelles. Il me suffirait seulement de savoir quelles choses ne sont pas véritables – car pour celles qui sont dangereuses à écrire, je les laisserais de côté – et de croire avoir satisfait V. Exc., à qui je soumettrai toujours et volontiers toute ma volonté (...)[35] ».

Les réponses de Lionne à Melani ne sont pas connues, aussi est-il impossible de savoir quelle suite le ministre donna à l'envoi du *Viaggio a St Jean de Luz*. Le manuscrit conservé au ministère des Affaires étrangères porte toutefois certaines annotations anciennes, qui pourraient être la trace d'une relecture inachevée, par Lionne lui-même ou plus vraisemblablement par un commis. Quelques croix, quelques phrases soulignées témoignent en effet d'un examen critique et on lit parfois, en marge, la lettre « f », qui signifie vraisemblablement « f[aux] »[36]. Ces indications sont certes peu nombreuses, se trouvant principalement dans la première digression (fol. 10-12), et portent sur des détails, mais elles méritent attention, car elles éclairent de manière paradoxale la délicate question de la foi à accorder au récit.

Le lecteur réagit ainsi au rôle prêté par Melani à Anne d'Autriche dans la relance des négociations franco-espagnoles en 1658, et il le contredit d'un « f » marginal, quand celui-ci indique brièvement que la reine prit l'initiative de réécrire à son frère en 1658[37] : or Melani revient plus précisément sur cet épisode vers la fin de son récit, donnant alors certains détails intrigants au sujet du rôle d'intermédiaire

[35] Lettre non signée d'A. Melani à H. de Lionne, Florence, 16 octobre 1665 : « (...) Monsr di Fregius mi fece sperare que V. Ecc. haverebbe havuto la bontà di correggere quella mia relatione, ma io comincio a dubitare che ciò non sia mai per succedere, perché se per il passato ha havuto molti affari, in avvenire ne vogliono succeder tanti che V. Ecc. non potrà applicare a tali bagatelle. A me basterebbe solamente sapere quelle cose che non sono verdadiere, che per le altre pericolose da scriversi, le tralascerei, e creder d'incontrare anche il [gusto] di V. Ecc., al quale sottometterò sempre e volontieri ogni mio voler (...) » (MAÉE, Corr. pol., Toscane, vol. 9, fol. 147v ; signalé par R. Freitas, *Portrait of a Castrato...*, 2009, p. 184, n. 106-107).

[36] Ces annotations sont relevées, ci-après, dans l'apparat critique infrapaginal de l'édition.

[37] Voir ci-après, *Viaggio...*, fol. 10-v.

secret joué par un franciscain espagnol, le frère Alonso Malvenda[38]. De même, l'annotateur semble contester que Mazarin ait envoyé à Antonio Pimentel les passeports nécessaires à son passage en France, pour aller du Milanais en Espagne à la fin de l'été 1658[39], mais ce fait précis est pourtant attesté par la correspondance même du cardinal[40]. Quand ensuite Melani note qu'à Lyon, la princesse Marguerite fut révérée comme future reine de France pendant trois jours, c'est, au contraire, à juste titre que cette assertion est corrigée, car on sait par ailleurs que Louis XIV délaissa la princesse de Savoie dès le lendemain de son arrivée[41]. Ainsi, dans le cas des passeports envoyés à Pimentel, Melani semble avoir raison contre son relecteur, sur un point qu'il n'était pourtant pas bien placé pour connaître ; et dans celui touchant à l'épisode lyonnais, il est au contraire pris en faute, contre toute attente, puisqu'il se trouvait sur place avec la cour en 1658[42].

DU TÉMOIGNAGE À LA CONSTRUCTION HISTORIOGRAPHIQUE

Témoin de faits dont il n'était aucunement acteur, Melani a de toute évidence pu commettre certaines erreurs factuelles, ce dont il avait bien conscience, ayant lui-même sollicité les corrections d'Hugues de Lionne en 1665. Plus qu'à l'exactitude, il prétendait du moins à la sincérité de son témoignage, comme il le souligne fortement dans sa lettre du 10 avril 1665 citée ci-dessus, à propos des développements qu'il a consacrés aux réformes politiques envisagées par Mazarin au moment de la paix. Le texte de Melani surprend, de fait, par sa conformité à certaines décisions prises par Louis XIV après 1661, et il entre étrangement en résonance avec certains passages des *Mémoires* que le roi devait composer lui-même quelques années plus tard[43]. Pourtant, Melani l'affirme, son récit n'a pas été écrit *a posteriori*, mais au moment même des faits, pendant le voyage de 1659.

38 *Ibidem*, fol. 100v-101v.

39 *Ibidem*, fol. 10v.

40 *Ibidem*, fol. 10v, n. 30.

41 *Ibidem*, fol. 12, n. 42.

42 Melani a écrit au prince Mathias deux lettres datées de Lyon les 12 et 18 décembre 1658 (R. Freitas, *Portrait of a Castrato…*, 2009, p. 333).

43 Voir ci-après, *Viaggio…*, fol. 25v-31v, n. 121, 127, 131 et 135.

L'assertion pourrait certes être purement mensongère, mais de nombreux indices tendent à faire penser que le texte du *Viaggio*, tel qu'il est conservé, correspond largement à une rédaction précoce, et que les reprises tardives ont été limitées. Sa forme même, assez hétérogène et maladroitement articulée dans le cadre d'un récit journalier, ne le désigne pas comme le fruit d'une réélaboration poussée, telle que l'auteur aurait pu la mener une fois rentré en Toscane, mais plutôt comme celui d'une écriture irrégulière, au rythme des loisirs laissés par le voyage et le séjour à Saint-Jean-de-Luz.

Par ailleurs, s'il avait entrepris la rédaction dans les années 1660, Melani se serait sans doute aidé de publications récentes, comme celle du traité lui-même, édité par l'Imprimerie royale en 1659 et 1660, ou du récit de Gualdo Priorato, disponible en italien dès 1663. Or, aucun passage du *Viaggio* ne laisse supposer le recours à de telles sources. La seule véritable interpolation qui ait pu être identifiée dans le texte de Melani est une considération sur les prérogatives du Conseil d'État et des *juntas* privées en relation avec les négociations de Lionne à Madrid en 1656, laquelle semble tirée de la *Relation de la cour d'Espagne*, rédigée par le Vénitien Domenico Zane au retour de son ambassade à Madrid en 1658[44]. Il s'agissait d'un texte de nature confidentielle, antérieur au voyage à Saint-Jean-de-Luz, dont deux copies d'époque sont conservées dans les archives diplomatiques françaises. D'autres références à des documents non moins rares, comme la publication des offres faites par l'Espagne à Cromwell en 1655[45], ou bien le pamphlet de l'ambassadeur de Portugal interdit par Mazarin en 1659[46], confirment d'ailleurs que le projet d'écriture de Melani n'était pas imaginable hors du contexte particulier de l'entourage politique et diplomatique de Mazarin.

Lu à la cour grand-ducale de Toscane, envoyé pour correction à Hugues de Lionne en 1665, le manuscrit du *Viaggio* n'a connu qu'une diffusion extrêmement limitée. La publication, envisagée par Melani en 1665, ne reçut sans doute pas l'assentiment du secrétaire d'État des Affaires étrangères de Louis XIV. Elle n'eût pas, au demeurant, été très opportune, surtout pour le Toscan disgracié qui espérait maladroitement faire sa cour par ce moyen. La célébration de l'œuvre et des projets du cardinal Mazarin eût paru bien intempestive, à l'heure où le roi de France affirmait son autorité absolue

[44] *Ibidem*, fol. 22v-23, et la n. 111.

[45] *Ibidem*, fol. 92v et la n. 305.

[46] *Ibidem*, fol. 65-v et la n. 250.

et où les ministres ne devaient plus avoir de mérite hors de l'exécution de sa volonté. Coup d'essai resté inédit, le *Viaggio* fut en revanche le premier d'une longue série de mémoires politiques, dont la plupart aujourd'hui perdus ou non identifiés, rédigés par Melani dans la seconde moitié de sa vie, après son retour en faveur auprès de Louis XIV. Selon un inventaire dressé à la fin du XVIIIe siècle, l'ancien logement d'Atto Melani contenait encore les papiers accumulés par le chanteur converti à la diplomatie, reliés en quelque cent dix volumes manuscrits et rapatriés de Paris à Pistoia après son décès en 1714[47]. La plupart concernaient sa correspondance et les affaires politiques auxquelles il fut mêlé après 1670, mais certains étaient antérieurs, comme ceux intitulés *Ministero del cardinale Mazzarrino*, *Dieta di Francfurt*, ou encore *Pace de' Pirenei*, lequel contenait certainement l'exemplaire original du *Viaggio*.

L'édition du manuscrit, trois cent cinquante ans après sa rédaction, à partir de sa copie envoyée à Lionne, répondra sans doute à la curiosité que n'ont jamais cessé de susciter les négociations de l'île des Faisans. Le récit que Melani en donne est à la fois précis, animé et explicatif, étant manifestement destiné à être lu par un public large. Si les événements rapportés, remontant jusqu'à 1657 environ, sont dans leur ensemble bien connus, il jette souvent sur eux un éclairage original, faisant référence à des documents aujourd'hui perdus et apportant différents éléments factuels qui paraissent tout à fait inédits et mériteront d'être analysés comme tels par les historiens : il en est ainsi, par exemple, des courriers du roi à Mazarin, qui ne sont plus connus par ailleurs[48], d'une longue lettre de la reine de Pologne à sa sœur, la princesse palatine du Rhin[49], de l'échange de courriers secrets confiés au frère Malvenda en 1658[50], ou encore de l'intervention de l'abbé Fouquet contre son frère, le surintendant des finances, en juillet 1659[51].

Ce n'est toutefois pas du point de vue événementiel que le *Viaggio* peut prétendre être un véritable apport à l'histoire de la période.

47 R. Freitas, *Portrait of a Castrato...*, 2009, p. 109, 325-326 et 387-388. À l'appui de leur œuvre romanesque, Rita Monaldi et Francesco Sorti ont récemment publié des *Mémoires secrets contenant les événements plus notables des quatre derniers conclaves* dus à Melani, librement traduits en allemand et en espagnol (*Die Geheimnisse der Konklaven und die Laster der Kardinäle*, Stuttgart, 2005 ; *Los secretos del cónclave*, Barcelone, 2005) d'après un manuscrit français conservé à Paris (Bibl. du Sénat, ms. 221).

48 Voir ci-après, *Viaggio...*, notamment fol. 18v-19, 61-v, 67v-68.

49 *Ibidem*, fol. 34-35v.

50 *Ibidem*, fol. 100v-101v.

51 *Ibidem*, fol. 27v-28v.

Indissociable de la personnalité de son auteur, dont le comospolitisme est si typique des Italiens de la période moderne, l'originalité profonde de ce texte tient à sa nature – un témoignage individuel à ambition historiographique[52] – et à la diversité des sujets abordés, qui conduisent l'auteur à esquisser, insensiblement, un tableau de la France et de l'Europe à l'heure de la paix, ainsi que le portrait du cardinal Mazarin à la fin de son ministère.

En tant que membre de sa maison et de son entourage italien, Melani a entretenu une relation directe avec le cardinal et recueilli les témoignages de ses « confidents » et de ses conseillers politiques, auxquels il se réfère à diverses reprises[53]. Sur ce fondement, il se propose de faire entrer le lecteur dans le secret des affaires, sans prétendre pour autant à l'omniscience, et en ne cédant jamais à l'anecdotique ou au pittoresque. Il s'efforce ainsi de rapporter les propos de Mazarin de manière aussi naturelle que possible, et s'attache méthodiquement à décrire ses desseins, dans le domaine de la politique intérieure, avec les réformes à venir de l'armée, de la marine, des finances ou de la justice[54], mais aussi du point de vue des relations internationales, avec le projet d'une alliance chrétienne contre l'Empire ottoman[55]. Sur tous ces points, le témoignage de Melani apparaît d'une remarquable justesse, aux antipodes de la reconstruction artificielle dont celui-ci craignait en 1665 qu'on pût l'accuser : dans le souci constant de concilier les intérêts particuliers de la France et ceux, généraux, de la Chrétienté, dans son opposition aux ministres français sur la question de l'expédition contre le Sultan, dans le caractère mesuré et progressif des réformes qu'il projetait pour le royaume, et dans son refus des solutions violentes à appliquer au problème des financiers, ou encore dans ses rapports à la fois critiques et confiants avec Nicolas Fouquet, on reconnaît certains

52 Sur l'ambivalence entre témoignage historique et construction historiographique, voir l'analyse menée par Christian Jouhaud à partir des *Mémoires* de Marie Du Bois (*Sauver le Grand-Siècle ? Présence et transmission du passé*, Paris, 2008). Comme chez Marie Du Bois, la description du présent et le récit du passé sont chez Melani intimement liés à des ambitions personnelles et à l'élaboration d'une image de soi. Dans les deux cas, l'écrit sert d'ailleurs d'instrument « pour reprendre pied dans l'action » (*ibidem*, p. 84) : ainsi quand Melani envoie son journal à Lionne en 1665, et quand Du Bois adresse un extrait du sien à la duchesse de Savoie en 1663. Une spécificité de Melani, dans le *Viaggio*, est cependant d'avoir poussé très loin l'ambiguïté entre le témoignage de ce qu'il a vu et entendu, consigné en un journal, et l'écriture d'une forme d'« histoire du temps présent ».

53 Voir ci-après, *Viaggio*…, fol. 61v, 63, 85, 98v.

54 *Ibidem*, fol. 25v-30.

55 *Ibidem*, fol. 31v-33.

aspects spécifiques des dernières années du ministre, qui demeurent peut-être les moins connues et étudiées de sa vie[56].

Sur la personne même de Mazarin, Atto Melani porte un regard tantôt admiratif, tantôt distancié, parfois ironique. Arrivé au sommet de sa puissance, le cardinal est dépeint en grand homme, travaillant à rendre la paix à la Chrétienté, dans l'assurance de sa « grande fortune[57] » et de sa propre autorité, fondée sur la confiance de la reine mère et l'affection du roi[58]. En face de lui, Luis de Haro paraît perpétuellement contraint par les ordres de son maître, mais cette limite à son pouvoir lui sert paradoxalement de rempart dans la négociation, tandis que le cardinal doit tenir seul ses positions : ceci s'est en définitive révélé une faiblesse pour la France, comme cela a été souligné plus tard dans les *Mémoires* de Louis XIV[59]. Mazarin, contraint de se défendre pied à pied, est d'ailleurs accusé de se comporter en « marchand », quand Don Luis prétend seulement soutenir l'honneur de la maison d'Autriche ; mais s'il rapporte les critiques espagnoles, Melani défend néanmoins l'attitude de son maître, en faisant valoir son pragmatisme constructif contre la « vaine gloire » de son homologue[60]. La foi en la fortune et en l'autorité du cardinal trouve encore un contrepoint dans la crainte perpétuelle d'une chute toujours possible, comme lorsque le roi frôle la mort pendant l'été 1658, quand les négociations risquent d'échouer en 1659, ou bien

56 Pour ce qui concerne la Chrétienté et le pontificat, voir M. Laurain-Portemer, « Le statut de Mazarin dans l'Église. Aperçus sur le haut clergé de la Contre-Réforme », dans *Bibliothèque de l'École des chartes*, t. CXXVII, 1969, p. 355-419 et t. CXXVIII, 1970, p. 5-80, rééd. dans *Études mazarines*, I, Paris, 1981, p. 19-153, et notamment p. 150-153 ; sur la question de la Croisade et de l'Empire ottoman, R. Darricau, « Mazarin et l'Empire ottoman. L'expédition de Candie », dans *Revue d'histoire diplomatique*, t. 74, 1960, p. 335-355, et G. Poumarède, *Pour en finir avec la Croisade. Mythes et réalités de la lutte contre les Turcs aux XVIe et XVIIe siècles*, Paris, 2004, p. 288-292 et 406-429 ; enfin, sur le système financier à la fin du ministère Mazarin, voir les travaux de D. Dessert, en particulier : *Fouquet*, Paris, 1994, et *Le royaume de M. Colbert (1661-1683)*, Paris, 2007.

57 Voir ci-après, *Viaggio…*, notamment fol. 21, 80v.

58 *Ibidem*, notamment fol. 19-v, 58v, 65, 99.

59 Le passage se situe à la suite de la querelle de préséance entre les ambassadeurs de France et d'Espagne à Londres, en octobre 1661 : « Don Louis de Haro (…) cherchait seulement, par des conférences longues et réitérées avec mon ambassadeur, à gagner du temps en cette affaire (…). Il fut bien surpris quand il vit que les choses avaient changé de face entre la France et l'Espagne : car au traité des Pyrénées, c'était le cardinal Mazarin qui tâchait de le persuader par des raisonnements, auxquels il répondait toujours en deux mots par des ordres précis de son roi et du Conseil d'Espagne, qu'il ne pouvait ni n'osait passer ; ici, au contraire, c'était lui qui raisonnait, et mon ambassadeur qui tenait ferme sur mes ordres précis, l'obligeant continuellement à descendre à des soumissions très fâcheuses » (Louis XIV, *Mémoires*, livre II, 3e section, éd. J. Longnon, 1978, p. 96).

60 Voir ci-après, *Viaggio…*, notamment fol. 72v-73 et 74v, 75v.

que l'amour du roi pour Marie Mancini place le ministre dans une périlleuse extrémité[61]. Face aux risques inhérents à sa position éminente, Mazarin est enfin décrit déployant les ressources de sa légendaire habileté, triomphant des manœuvres de Luis de Haro et se mesurant à son unique pair : Olivier Cromwell, qui « savait aussi bien que lui le métier de politique »[62]. Tracé comme en filigrane au fil de la narration, le portrait qui transparaît à la lecture du *Viaggio* constitue en fait une contribution précoce à l'élaboration de la figure historique du cardinal Mazarin, Européen au destin singulier et type accompli de l'homme d'État de l'âge baroque[63].

61 *Ibidem*, notamment fol. 16-19v, 30-31v, 60v-61v, 95-99.

62 *Ibidem*, notamment fol. 91v-101v et notamment fol. 94.

63 H. Kamen, « Lo statista », dans *L'uomo barocco*, dir. R. Villari, Rome-Bari, 1991.

NOTE SUR L'ÉDITION ET LA TRADUCTION

Conformément aux usages en vigueur pour l'édition des textes de la période moderne, la graphie du manuscrit original a été respectée, mais la ponctuation, l'accentuation et l'emploi des majuscules ont été modernisés. Les abréviations ont été développées, hormis celles indiquées ci-dessous, dont la forme a seulement été systématisée.

Liste des abréviations non développées dans l'édition du texte italien (en italiques) et dans la traduction française (entre parenthèses) :

D. : *Don (D.)*

ser^{mo}, *ser*^{ma} : *serenissimo, serenissima*

s^{r}, *s*^{ri} (s^{r}, s^{rs}) : *signor, signori* (sieur, sieurs/seigneur, seigneurs)

S. Alt^{za} (S. A.) : *Sua Altezza* (Son Altesse)

S. Ecc^{za} (S. Exc.) : *Sua Eccellenza* (Son Excellence)

S. Em^{za} (S. É.) : *Sua Eminenza* (Son Éminence)

L. Em^{ze} (LL. ÉÉ.) : *Loro Eminenze* (Leurs Éminences)

S. M^{tà} (S. M^{té}) : *Sua Maestà* (Sa Majesté)

L. M^{tà} (LL. MM^{tés}) : *Loro Maestà* (Leurs Majestés)

Sua S^{tà} (S. S^{té}) : *Sua Santità* (Sa Sainteté)

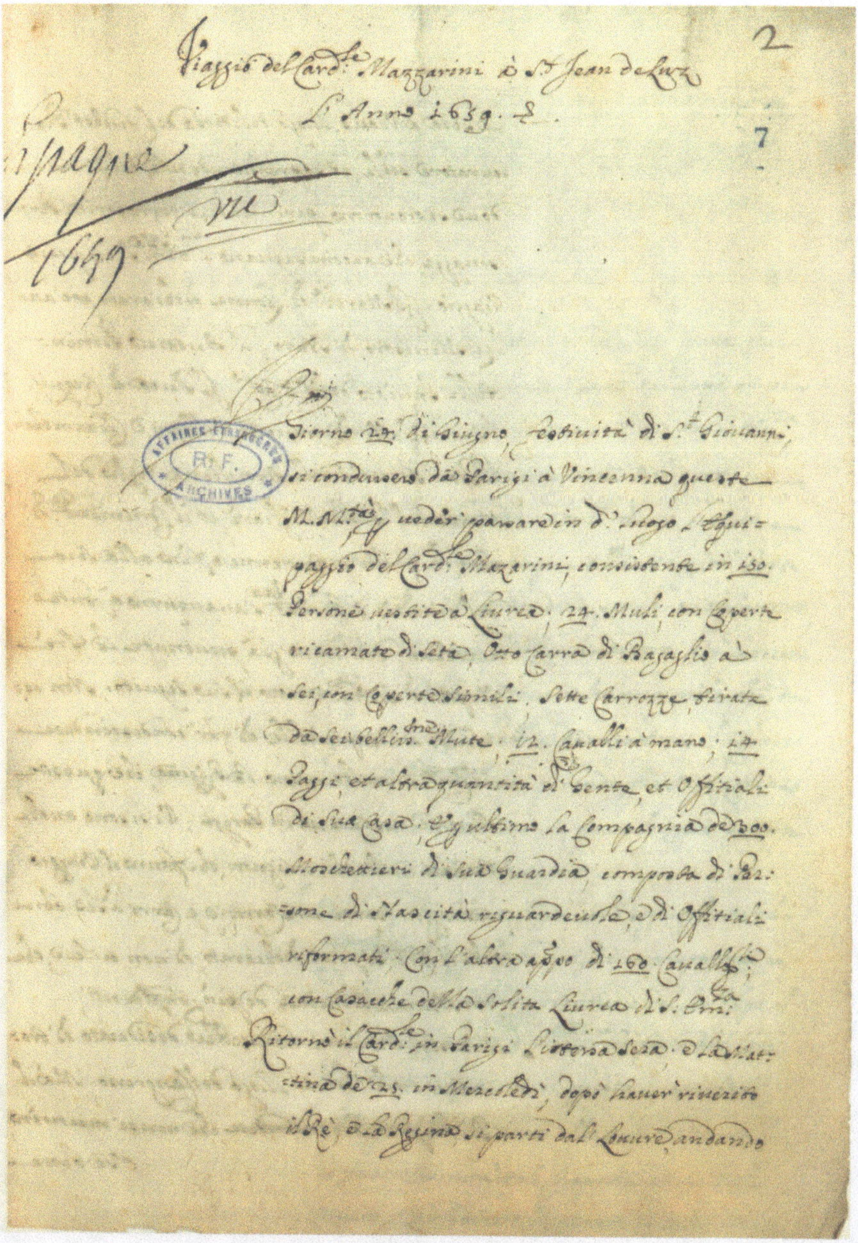

Le manuscrit du *Viaggio* d'Atto Melani.

MAÉE, Corr. pol., Espagne supplément, vol. 6, fol. 7 ; cliché MAÉE.

Peter de Jode (*sculp.*), *Portrait d'Hugues de Lionne en chevalier de l'ordre du Saint-Esprit*, 1658.

MAÉE, Collection iconographique, série A

Robert Nanteuil (*del. et sculp.*), *Portrait du cardinal Mazarin*, 1656.

MAÉE, Collection iconographique, série A.

Voyage de Mazarin (juin – juillet 1659)

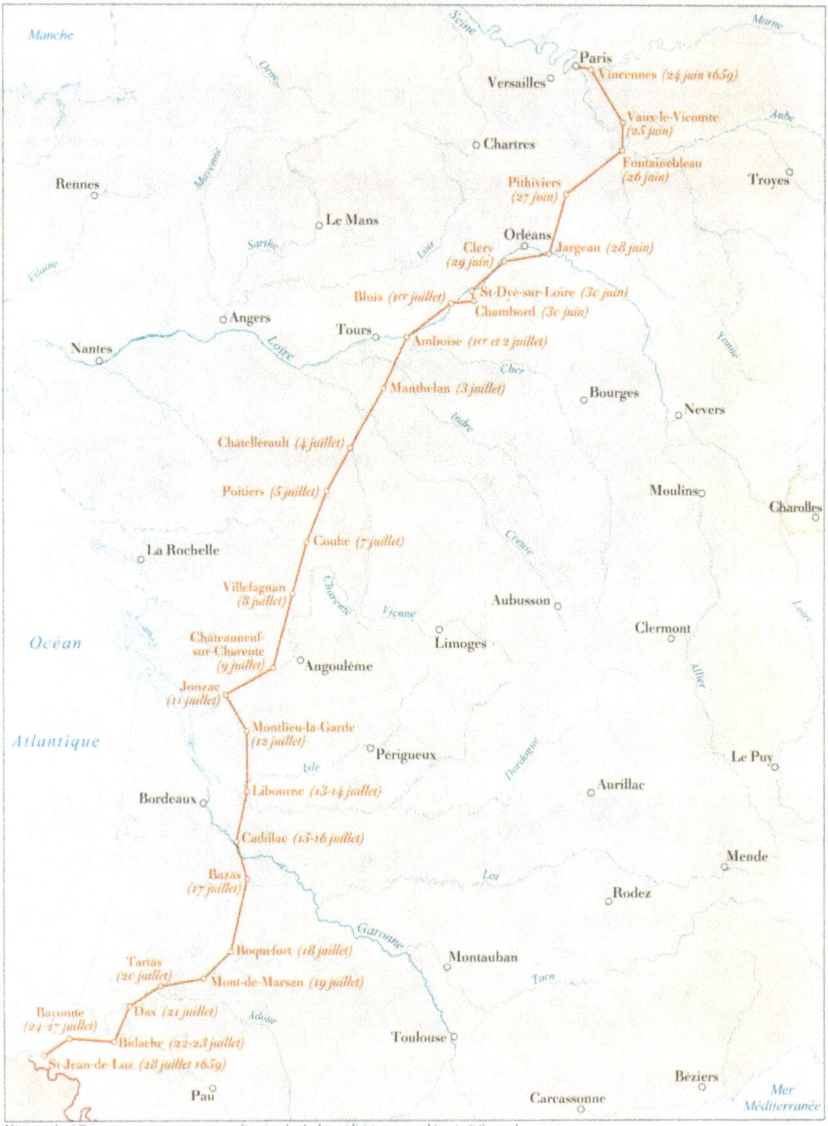

Ministère des Affaires étrangères et européennes, direction des Archives (division géographique) © Septembre 2009

0 100 km

Le royaume de France après la paix des Pyrénées (1659)

Ministère des Affaires étrangères et européennes, direction des Archives (division géographique) © Septembre 2009

- Royaume de France
- République des Provinces-Unies
- Saint Empire
- Possessions espagnoles
- Duché de Lorraine
- États pontificaux
- Acquisitions territoriales lors du traité des Pyrénées (7 novembre 1659)
- Acquisitions territoriales lors du traité de Vincennes (28 février 1661)
- Limite du royaume de France
- Frontières des États en 2009
- Hesdin Ville citée dans le *Viaggio* d'A. Melani

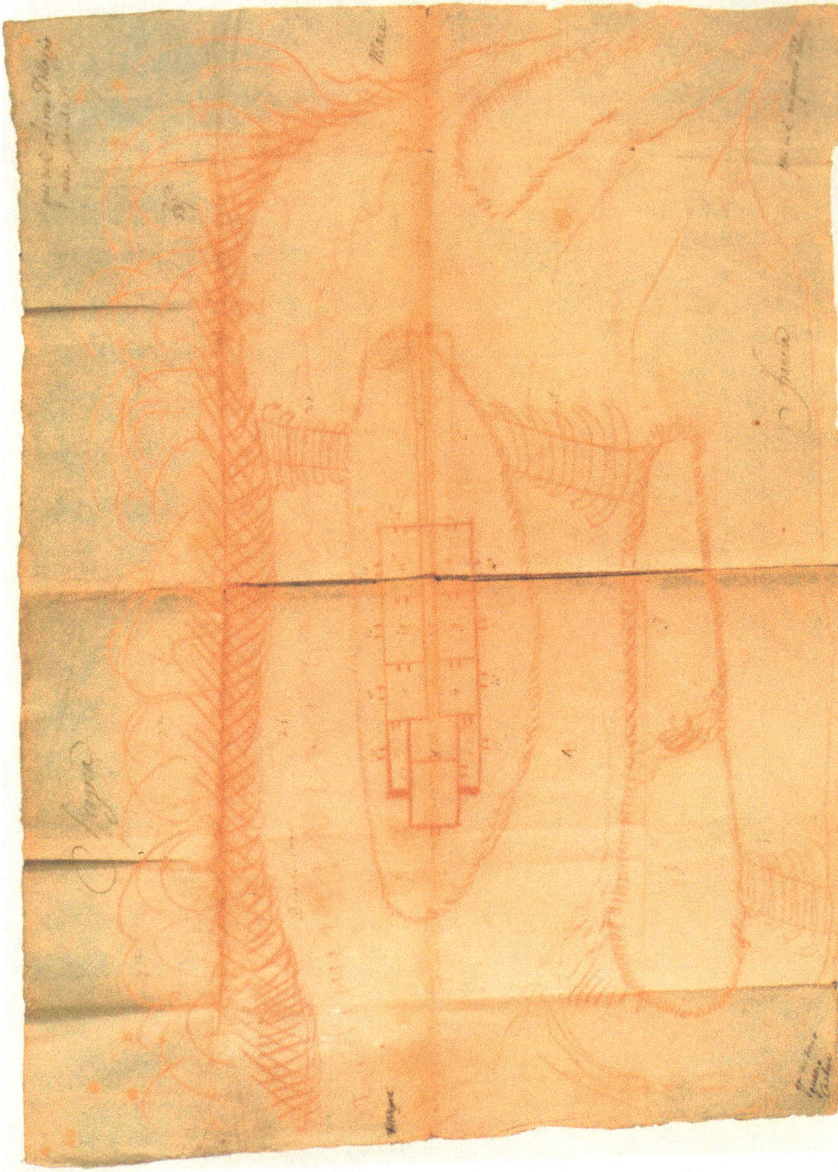

Atto Melani, *Plan des aménagements de l'île des Faisans, adressé en août 1659 au prince Mathias de Médicis*.

Florence, Archivio di Stato, Archivio mediceo del principato, filza 5408, fol. 587 ; cliché ASFi.

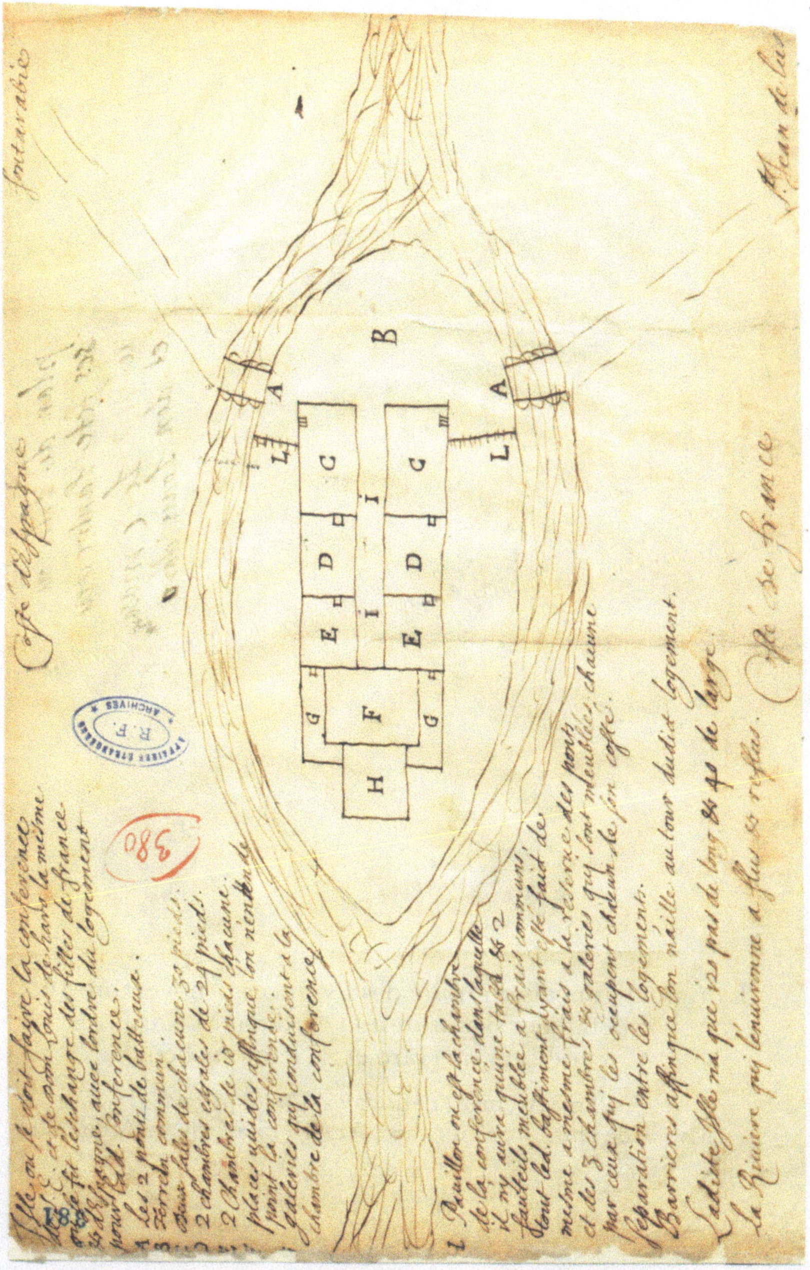

« *Isle où se doit faire la conférence de S. É. et de dom Louis* (...) »,
plan anonyme, 1659.

MAÉE, Corr. pol., Espagne, vol. 37, fol. 381 ; cliché MAÉE.

L'original français du traité des Pyrénées, 7 novembre 1659 :
détail des signatures du cardinal Mazarin
et de Luis de Haro et de leurs cachets.

Paris, Archives nationales, J/930, pièce n° 2
(Musée de l'histoire de France, AE/III/45/a) ; cliché Arch. nat.

VIAGGIO DEL CARDINALE MAZZARINI A S^T^ JEAN DE LUZ L'ANNO 1659

/fol. 7/ Il giorno 24 di giugno, festività di St Giovanni, si condussero da Parigi a Vincenna[1] queste M^tà^, per veder passare in detto luogo l'equipaggio del cardinale Mazarini, consistente in 150 persone vestite a livrea, 24 muli con coperte ricamate di seta, otto carra di bagaglio a sei con coperte simili, sette carrozze tirate da sei bellissime mule, 12 cavalli a mano, 14 paggi et altra quantità di gente et offitiali di sua casa, et per ultimo la compagnia de' 300 moschettieri di sua guardia, composta di persone di nascità riguardevole e di offitiali riformati, con l'altra appresso di 160 cavalleggeri con casacche della solita livrea di S. Em^za^.

Ritornò il cardinale in Parigi l'istessa sera, e la mattina del 25 in mercoledì, dopo haver riverito il re e la regina, si partì dal Louvre, andando /fol. 7v/ la sera a Veau[2], luogo delitioso del Fuchet, procuratore generale et sopraintendente delle finanze[3], dove si trovarono parimente l'infrascritti personaggi, che accompagnano l'Em^za^ S. in questo viaggio. Il marchese di Lionne, dichiarato poc'anzi ministro di Stato[4], Don Antonio Pimentelli, inviato del Re Cattolico[5], il duca di Crequy[6], i marescialli di Francia Villeroy[7] e Clerambault[8], il gran maestro dell'artiglieria, figlio del marescial della Migliarè[9], et il commendatore di Souvré[10] vi si trattennero fino alla sera del giovedì [26] e la medesima s'avanzarono a Fontenableau[11], dov'erano già pervenute le tre nipoti[12] di S. Em^za^ e tutto il suo seguito, non essendo stato possibile di far condescendere il cardinale e molto meno la regina, che queste signore restassero in Parigi. Vi si sono anche trovati molti altri signori che fanno il viaggio, la maggior parte con carrozze e carri a sei, benché il cardinale si fosse dichiarato di non volere che un numero limitato de' più confidenti.

I ministri stranieri haverebbero desiderato di trovarsi anch'essi al luogo del congresso, ma il re ha fatto loro intendere che non si muovino /fol. 8/ e, se bene tutti vi hanno interesse, pare che solamente il Piccolomini, nontio del papa[13], se ne chiami offeso, havendo penetrato che S. Em^{za} habbia[a] procurata questa dichiaratione di S. M^{tà} in riguardo solamente di esso, mentre sottomano ha fatto sapere alla maggior parte degl'altri che, andandovi, saranno i benvenuti. Onde il nontio, forse per vendicarsi, s'è lasciato scappar di bocca essere inverisimile che da questo viaggio habbia da riportare il Cristianesimo alcun sollievo, parendo che Mazzarini non possa voler la pace, quasi che per la guerra sussista il suo ministero.

I ministri di Savoia havevano significato al cardinale che il conte Filippo d'Aglié[14] si preparava per portarsi come plenipotentiario del lor principe al luogo del congresso, ma l'Em^{za} S. ha fatto dir loro che poteva risparmiarsi questo incomodo. Sarebbe parso forse strano alla corte di Turino che si fosse data una tal risposta ad un principe amico e confederato di questa corona, ma perché nell'istesso tempo si è fatto presentire a Madama Reale[15], col mezo dell'ambasciatore Servient[16], che il re haveva havuto notizia di un trattato /fol. 8v/ segreto che ella ha fatto con il governatore di Milano[17], non ha saputo che replicare, essendo ben restata mortificata e sorpresa che qui si siano risaputi i disegni di quel ministero per ogni caso[b] che continuasse la guerra.

Grandi però sono le diffidenze e le amarezze che passano fra questa e quella corte, non essendo di adesso che hanno principio, poiché quando il cardinale Mazarini fu necessitato di partirsi di Francia, meditò di refugiarsi in Piemonte, e vi spedì il Gontery, suo gentilhuomo, suddito di quella Serenissima Casa, per sapere se potesse farlo, a che fu risposto che andasse pure altrove, perché non volevano tirarsi addorso una guerra e l'odio di tutto il mondo per cagion sua[18].

Si pretende qua che nelle passate campagne non vi sia cosa che non habbiano fatta i savoiardi per difficoltare i progressi dell'armi di S. M^{tà} nello stato di Milano, essendo poi seguito il viaggio di Lione[19], che distrusse affatto quella poca buona corrispondenza che vi restava ; colà si portò il re volontarioso d'accasarsi con la principessa Margherita, sorella del duca[20], non essendo stato possibile alla regina il farli /fol. 9/ differire la partenza da Parigi, anche col fingersi ammalata, dopo haver tentato in vano ogni altro mezo.

Il cardinale v'impiegò parimente tutti i suoi artifitii, e vedendo di non poter superare la constante deliberatione di S. M^{tà}, si rivolse all'abbate Amoretto[21], che negotiava in corte per Madama di Savoia

[a] Un mot rayé : *ne*.

[b] Un mot rayé : *parte* ; correction à la suite : *caso*.

questo accasamento, insinuandoli di scriverle che trovasse qualche pretesto per prolongare la sua mossa da Turino, esponendosi a troppo rischio, mentre doveva comparire in Lione a far mostra di sua figlia, senza sicurezza che poi il re la prendesse in moglie. Procurò inoltre di persuaderlo della passione che haveva di servire a Madama et del desiderio che nutriva di veder succedere tal'accasamento, promettendo anche al detto abbate un beneficio di 15 m. lire d'annua rendita, se li fusso dato l'animo di romper per allora quel viaggio.

Haveva il cardinale contratta amicitia con il Pimentelli, fin dal tempo che uscì dal regno, in occasione dell'assistenza che li porse perché giungesse a salvamento nelli Stati dell'elettor /fol. 9v/ di Colonia[22], dove lo accompagnò per ordine del conte di Fuensandagna[23], e perché il cardinale haveva qualche antica notitia della persona di detto Fuensaldagna e della sua inclinatione alla pace, che l'Em^za^ S. haverebbe allhora comprata a qualsivoglia prezzo, propose però a Pimentelli di parlargliene, et havendo trovato riscontro nell'intentione di questi ministri per i gran vantaggi che egli esibiva alla Spagna, essi non mancarono d'insinuarli immediatamente con espressi corrieri al Consiglio di Madrid. Ma perché le cose di questo regno erano a quel tempo in pessimo stato, ricusarono li spagnoli di dare orecchie ad alcuno aggiustamento.

Ritornò in Francia il cardinale[24] e desiderando, mediante la consecution della pace, di abbassare l'autorità de' parlamenti e de' principi, e di stabilire la sua propria in quella del re, richiamò dall'ambasciata straordinaria d'Italia il s^r^ di Lionne, conosciuto dall'Em^za^ S. per il più habile a intraprendere e sostenere la direttione di così alto et importante maneggio[25] ; fu spedito questo ministro con ogni maggior segretezza alla corte di Madrid, dove si portò in /fol. 10/ abito sconosciuto, et il suo negotiato haverebbe prodotto fin dall'ora la conclusione della pace, se li spagnoli non vi havessero interposto l'ostacolo del principe di Condé[26].

Passò dalla Fiandra il conte di Fuensaldagna al governo di Milano[27], e seco condusse Pimentelli suo confidente, coltivando tanto più nel suo animo i pensieri di pace, quanto haveva lasciato quelle provincie in malissimo stato e che da per tutto le cose de' francesi andavano all'ora con molta prosperità.

Non tralasciava dal canto suo il cardinale di coltivare con lettere le buone intentioni d'ambedui, ripigliando di nuovo il filo de' medesimi negotiati. In questo mentre seguì l'apertura dell'accasamento del re con la principessa Margherita di Savoia, ma, perché la regina madre non aspirava[a] ad altra consolatione che di veder succeder queste nozze con l'infanta di Spagna, sua nipote[28], incalzò[b] il cardinale perché facesse sapere a Fuensaldagna che se questa volta gli spagnoli non operavano sinceramente et havessero aspettato che il re si fosse accasato con altra principessa, ella non l'haverebbe più consigliato alla pace, ma /fol. 10v/ alla continuation della guerra.

Da queste et altre più prossime cause, e similmente dal viaggio già pubblicato per Lione, spedì Fuensaldagna il Pimentelli a Madrid, acciò con la viva voce rappresentasse al re et a D. Luigi l'importanza di questo affare[29], e perché vi potesse andare e tornare con la medesima sicurezza e celerità, li mandò S. Em^{za} i passaporti[c] opportuni[30]. Intanto, s'accostava il tempo di partire per Lione e da Madrid non compariva alcuna risposta, onde la regina scrisse al re suo fratello[d], protestando che non era più in suo potere di trattenere il figlio, che non si ammogliasse, il che seguendo con altra che con l'infanta, vedeva perpetuata irreparabilmente la guerra e che però lo pregava di non perdere un sol momento di tempo a farle sapere le sue ultime resolutioni[31]. Si mosse finalemente la corte da Parigi et per la via della Borgogna s'andava avvicinando a Lione, ma con grandissima lentezza, perché con il pretesto di provedere a molte cose di quella provincia[e] il cardinale differì[f] l'avvanzarsi più oltre[32].

All'incontro Madama di Savoia proseguiva il suo /fol. 11/ viaggio con diligenza straordinaria e gionse a Chambery[33] in tempo che le L. M^{tà} si trovavano tuttavia a Digion[34]. Fu dunque necessitata la corte, attesa principalmente l'impatienza del re, a partire per Lione, dove prima che s'arrivasse comparve il Pimentelli, con allegrezza indicibile della regina e del cardinale[35]. Haveva egli, con arte ben grande, celato da per tutto la sua conditione, fingendosi un gentilhomo franzese ; e fatto sapere a S. Em^{za} il suo arrivo con un viglietto, il cardinale non ne confidò il secreto che al marchese di Lionne et a Besmeau, capitano della sua guardia, acciò l'introdussero a lui in tempo et hora da non esser osservati[36].

[a] Les mots : *Ma perché la regina madre non* sont soulignés au crayon, avec l'annotation marginale : « F ».

[b] À côté des mots : *incalzò il cardinale*, annotation marginale au crayon : « F ».

[c] Les mots : *mandò S. Em^{za} i passaporti* sont soulignés au crayon, avec l'annotation marginale : « F ».

[d] Les mots : *la regina scrisse al re suo fratello* sont soulignés au crayon, avec l'annotation marginale : « F ».

[e] Un mot rayé, illisible.

[f] Trois mots rayés : [differi]*re più che poteva*.

Rappresentò Pimentelli la causa della sua tardanza, derivata per quanto ei disse dall'esserli convenuto andare a trovar D. Luigi d'Haro alle frontiere di Portugallo, dove sopraintendeva al comando di quell'armi e che, essendo stato spedito da S. Ecc^za^ al re suo signore, e poi rispedito al campo dalla S. M^tà^, non haveva intermesso alcuna diligenza possibile per giungere a tempo[37] ; che, per le medesima consideratione, /fol. 11v/ l'haveva fatto partire il re senza l'instruttioni et altre facoltà necessarie, le quali li sarebbono state inviate con [alcanzo][38].

La nuova dell'arrivo di Pimentelli non produsse già alcuna mutatione nell'animo risoluto del re di Francia, poiché si dichiarò nuovamente con la regina e con il cardinale che se havesse trovata la principessa Margherita di sua sodisfatione, voleva pigliarla per moglie, havendo più a caro d'accasarsi con una che gl'havesse obligo d'esser fatta regina che con un'altra che disputasse seco la parità ; esser ben' venti anni che si discorreva di pace, senza che fosse mai seguita : onde non voleva invecchiare con la speranza d'haver l'infanta, aspettando l'esito incerto dei negotiati di Pimentelli[39].

Non restava altro conforto alla regina che quello del cardinale, sapendo l'ascendente che haveva sopra il genio del re ; che però, a lui rivolta, si raccomandò perché procurasse a tutto suo potere di secondare i suoi desiderii, ricordandoli quanto havesse fatto per sostenerlo et a qual rischio havesse esposta sé medesima, il re et il regno, per farlo /fol. 12/ tornare in Francia, onde lo pregava adesso a rendergliene il contracambio.

Si pervenne finalmente a Lione, dove non tardò molto a comparire Madama di Savoia, con le principesse Louisa e Margherita sue figlie, e pochi dì dopo il duca[40]. Il re, tutto impatiente di veder la sua pretesa sposa, si avvanzò buono spatio ad incontrarla fuori della[a] città, come fece anche la regina, la quale vivendo fra'l timore e la speranza che al re non fosse per piacere la principessa, restò tutta sbigottita in vederselo correre innanzi contentissimo d'haverla ritrovata, come appunto la desiderava[41].

E, perché la M^tà^ S. non solamente se ne lasciò intendere con la madre, ma con il cardinale et altri della corte, la principessa Margherita fu per tre[b] giorni creduta e riverita come regina, havendola il re medesimo corteggiata e servita quel tempo[42]. Non sapeva il cardinale a che partito appigliarsi, mentre il re faceva in ciò poco

a Un mot rayé : *porta* ; corrigé en interligne : *città*.

b Le mot : *tre* est souligné au crayon, avec l'annotation marginale : « F ».

o niun' conto de' suoi avvertimenti, si burlava della regina e molto più del viaggio di Pimentelli, e accerbandosi sopramodo quando se li /fol. 12v/ proponeva la dilatione del suo maritaggio ; onde pensò d'adoprar l'arte, dove non bastava la ragione. Sapeva che Madamigella Mancini, sua nipote, haveva un genio predominante sopra quello del re, e anche non ignorava l'inclinatione nascente di S. M[tà] verso di lei. L'impose adunque che esacerando col re l'imperfettioni della principessa si burlasse di lui, che volesse pigliare una moglie tanto brutta[43]. Questo artifitio non andò a vuoto, perché fu eseguito e portato con tal destrezza che quasì il re haveva rossore di essersi tanto inoltrato. Ma si un foco si spense, l'altro che di già covava sotto le ceneri maggiormente si accese.

Fatta questa breccia nell'animo di S. M[tà], non hebbe molta fatica il cardinale ad insinuarvi i suoi sentimenti, inducendola a differir per un'anno il suo matrimonio, dentro il qual tempo gli prometteva farli havere l'infanta di Spagna, o l'istessa principessa Margherita. Fu mirabil cosa il veder tutta la corte di Francia fuggire, non che allontanarsi da Madama Reale /fol. 13/ e dalla principessa, alla prima scoperta dell'alienatione del re, con grandissimo giubilo della regina, ma con altretanto sdegno della duchessa e de' suoi ministri, che vomitarono infinite querele et anche ingiurie contro del cardinale, attribuendo a lui solo una così fatta mutatione, non appagandosi punto delle ragioni che produceva il medesimo cardinale, il quale condottosi da Madame, li palesò la missione di Pimentelli e le propositioni che offeriva, tanto avvantaggiose alla Francia, facendo giudice S. Alt[za] Reale se conveniva trascurarle, dimostrando il biasimo che gl'ene risulterebbe, se con il precipitare l'accasamento del re, perdesse l'occasione di dar la pace al Cristianesimo. Conobbe Madama la necessità di accomodarsi a questi concetti, tanto più che li fu esibita una promessa sottoscritta dal re, che la M[tà] S. non seguendo le nozze con l'infanta, preferirebbe ad ogni altra quelle della principessa Margherita ; quale offerta, essendo stata accettata, fu distesa la scrittura nel modo che seppero più desiderare i ministri del duca[44].

/fol. 13v/ Non cessavano per questo le doglianze de' savoiardi contro il cardinale, perché, sapendo d'haverlo disobligato, temevano però che havesse voluto vendicarsene con usura, publicando che se sapeva la prossima venuta di Pimentelli, doveva farne avvisata la duchessa, acciò non havesse da muoversi. Ma a questo rispondeva S. Em[za] che non era tenuta a partecipare i segreti del re ad alcuno[a],

[a] Les mots : *partecipare i segreti del re ad alcuno* sont soulignés au crayon, avec l'annotation marginale : « F ».

e che si era dichiarato abastanza con l'abbate Amoretto, se l'havessero voluto intendere, dolendosi anzi lui della poca corrispondenza del duca, che nonostante tutto ciò che haveva fatto per suo servitio et per ingrandimento delle sue prerogative, trattasse hora seco come farebbe con uno che non havesse mai conosciuto, pigliando il pretesto di non visitarlo (contro lo stile degl'altri sovrani d'Italia e degl'antenati medesimi dell'Alt^za^ S.) in riguardo d'un titolo che il cardinale haveva procurato di stabilire alla corte di Francia[45] ; onde non si viddero che in luogo terzo alla radunanza solita tenersi nel cabinetto della regina, non havendo /fol. 14/ il duca voluto recedere dalla sua pretentione di rihaver la mano andando egli a visitare il cardinale.

Restò scandalizata tutta la corte che, potendo il duca salir d'improviso alle stanze di S. Em^za^ in tempo che fusse a letto, havesse voluto piutosto patteggiar seco la forma del suo ricevimento, disobligandolo allora che haveva maggior bisogno di cattivarselo[46]. Non hebbe già anch'egli tutte le sue sodisfationi, perché il duca d'Angiò, fratello del re, pretese di precederlo[a] in ogni luogo, come seguì, con tanta mortificatione del duca di Savoia che all'improviso si licentiò dal re sopra d'un ballo, partendosi al nascer del giorno senza far passare con il cardinale alcun complimento[47]. Pochi dì dopo, lo seguì Madame Reale, con le principesse, e la corte di Francia s'incaminò verso Parigi[48].

D. Antonio Pimentelli restò a Monte Argis[49] per attendervi la plenipotenza del suo re, quale subito gionta, si trasferì ne' contorni di Parigi e nel delitioso luogo di Berny[50], appartenente al s^r^ di Lionne, ma con tanta /fol. 14v/ segretezza che non vi era alcuno nella corte che sapesse che fosse in Francia, perché il detto Lionne, con il pretesto d'andare a quel feudo negotiava seco agiatamente, e volendo il cardinale abboccarsi con Pimentelli, lo faceva introdurre nelle stanze in tempo di non poter esser osservato. Quando poi le cose furono ridotte al porto di sicurezza, S. Em^za^ lo riceve nel suo proprio palazzo, dove si trattenne incognito, palesandosi solamente quando fu risoluto e stabilito questo viaggio a' Pirenei[51].

La mattina del venerdì, si partì S. Em^za^ da Fontanablò e la sera che fu del 27 alloggiò a Pluviers[52] ; sabato 28, a Gergeau[53], e saria stato più commodo a Orleans[54], ma il cardinale non vi è voluto andare, quantunque ne sia stato pregato da quei cittadini, sovvenendosi che nel tempo delle guerre civili gli chiusero le porte in faccia, e che ne vietarono l'ingresso al re medesimo[55].

[a] Les mots : *pretese di precederlo* sont soulignés au crayon, avec une croix en annotation marginale.

Domenica 29, si andò a Clery[56]. Lunedì a St Dié[57] e /fol. 15/ la sera a Sciambor[58], dove con apparente impatienza veniva atteso il cardinale dal duca d'Orleans, che gl'andò incontro, ricevendolo con segni di stima e d'affetto straordinario[59]. Il treno continuò il viaggio dritto a Bloys[60], facendo alto le nipote di S. Emza a St Dié, di dove partirono il martedì mattina assai per tempo per non essere in obligo di riverire Madama Reale d'Orleans[61], che si trova a Bloy. S. Emza l'ha visitata e s'è trattenuta seco in lunghi discorsi. Questa sera, primo di luglio, l'Emza S. si trova in Amboize[62].

Fin'hora sono comparsi ogni giorno due e tre corrieri spediti dal re, con lettere lunghissime per il cardinale e per Madamigella Mancini, uno de' quali gl'ha portato il ritratto di S. Mtà attorniato con grossi diamanti[63]. Vengono subito rispediti, onde anche per la parte di qua si consuma gran tempo nello scrivere. Il caldo non riesce eccessivo, provandosi solamente l'incommodo del dormir poco, perché S. Emza si pone in viaggio due hore dopo la mezanotte.

Nell giungere a Amboize, si hebbe il corriere con /fol. 15v/ le risposte di Madrid, sopra il trattato già sottoscritto a Parigi dalli sri Lionne e Pimentelli[64]. Ma come non si parla di quello che conteghino, se ne fa cattivo giuditio, essendovi qualche inditio che D. Luigi si sia riserbato di ratificarlo al tempo che si vedrà con S. Emza. Se questo fosse, sarebbe contro il concertato, perché Pimentelli s'era obligato di farla havere con il ritorno di questo corriere. Sono però discorsi, che fanno quelli che non hanno parte alcuna nel segreto, poiché il cardinale non confida in altri che nel sr di Lionne, molto però invidiato, ma non già superato da alcuno nell'esperienza, nel valore e nella destrezza.

Mercoledì 2 [luglio], si soggiornò in Amboize per fare una speditione al re sopra i dispacci venuti da Madrid, e giovedì [3] si continuò il viaggio, andandosi ad alloggiare a Montelan[65], dove s'intese più accertatamente che il corriere suddetto non haveva portato altrimente la ratificatione del trattato, ma si bene un /fol. 16/ semplice avviso che D. Luigi partirebbe da Madrid senza fallo il dì 5 di luglio, si come per il medesimo corriere S. Emza li haveva scritto che si sarebbe mossa da Parigi a 25 di giugno[66].

Questa seconda speditione fu fatta dieci giorni dopo un'altra che portava il trattato disteso e sottoscritto[67], onde il cardinale è restato tanto più sorpreso che D. Luigi non gl'accenne meno d'haver ricevuto il primo corriere. Vi è di più che S. Emza haveva scritto che si poneva in viaggio con supposto di ricever per strada la rattificatione del trattato fatto a Parigi, e che senza di ciò non si sarebbe indotta a partire, onde con questi motivi e con il timore che gli spagnoli pensino di volere equivocare qualche cosa nell'articolo che riguarda il principe de Condé, ha parlato il cardinale molto risentitamente a Pimentelli, protestandoli che non passerà la città di Poetiers[68] che non habbi havuto la ratificatione senza minima alteratione. Pimentelli assicura che verrà indubitatamente e promette che a Madrid si procede con /fol. 16v/ ogni maggior schiettezza, impegnandone la sua testa se succede diversamente[69].

Venerdì [4 luglio] si alloggiò a Chatteleraut[70] et in questo luogo i trovò il s^{r} di Cominge, che viene di Portugallo, dove hà riseduto qualche tempo in qualità di ambasciatore[71]. Riferisce di haver lasciato i portughesi in tanta consternatione per la decantata pace fra le due primarie corone, che non sapevano a che partito risolversi, e tanto più che i spagnoli havevano fatto a Badajos[72] gran fuochi et altre demostrationi d'allegrezza, publicandola per conclusa e rattificata con l'abbandonamento del Portugallo[73], e nell'istesso tempo facevano correr voce che per i portughesi non restava altro scampo che di riscorrere alla clemenza del Re Cattolico, perché se havessero aspettato di esser forzati, non saria stata in Spagna tanta corda per appiccarli.

Tal voce haveva prodotto grandissima commotione in quei popoli, e l'istesso Comi[n]ge dichiara a S. Em^{za} che quella regina[74] si duole altamente /fol. 17/ della Francia, in vedersi sacrificata con tutta la sua casa, per un capriccio della regina di Francia, ostinata a voler l'infanta di Spagna per suo figlio, a qualsisia prezzo e conditione ; che la povera principessa quasì se le inginocchiò perché non partisse, temendo di un sollevamento generale in Lisbona, mentre il suo consiglio era diviso, guadagnato e corrotto, e che li principali signori di quel regno non havevano rispetto alla propria stanza di S. M^{tà}, nella quale alcuni si erano lasciati intendere che se saranno necessitati a tornar sudditi del re di Spagna, potranno sperare maggiori ricompenze et impieghi ; onde l'infelice regina si vedeva priva d'adherenti e di forze.

Questi avvisi hanno molto perturbato il cardinale, prevedendo il biasimo che gl'ene risultarebbe se, con il solo nome di pace, havesse dato campo a' spagnoli di ricuperare il Portugallo e di perdere alla Francia una campagna nella quale, secondo tutte le apparenze, si sarebbe dato un gran crollo alla Fiandra[75]. Pensa nondimeno, quando non giunga la /fol. 17v/ ratificatione, di poter far qualche impresa rilevante, havendo intanto spedito ordini alle frontiere perché tutto si tenga preparato a fine di poter entrare in Fiandra subito che sia spirata al tregua, alla quale non sarebbe mai condesceso senza gli efficaci impulsi della regina. S. Em^{za} ha fatto dire a Cominge di seguirla, non senza disegno di rispedirlo in Portugallo, se lo richiederà l'occorrenza.

Pimentelli non tralascia d'animare il cardinale contentandosi di soggiacere a tutta la colpa, se di Madrid non è già mosso il corriere con la ratificatione tanto aspettata. Ma qui la discorrano diversamente, dicendo che forse da principio hebbero li spagnoli buona intentione, ma che l'arrivo della flotta ricca di 24 millioni, come ha divulgato la fama[76], l'alteratione del governo d'Inghilterra[77], la mala positura del re di Svetia[78], e l'offerte che fa l'imperatore di rompere apertamente con la Francia, purché le diano l'infanta[79], saranno forse i motivi che gl'indurranno a procurar qualche vantaggio dall'impegno in cui si è posto il cardinale, essendo certo /fol. 18/ se tornasse a Parigi senza la pace, di vedersi sollevata contro tutta la Francia e di dover essere la vittima dell'odio e dell'abominatione del mondo, perché li suoi emoli gliene attribuiranno la colpa, così come il biasimo adesso d'haver acconsentito alla tregua e di essersi mosso da Parigi senza prima haver assodata e bene stabilita la pace, onde non restasse che il trattare dell'accasamento di S. M^{tà}. Si continua però il viaggio, fral timore e la speranza, ma con lenti passi e con ferma deliberatione di non passare la detta città di Poetiers, mentre non giunga la rattificatione suddetta.

Il timore che si ha delli spagnoli è nell'articolo che riguarda il principe di Condé, dubitandosi che non rigettino la colpa sopra Pimentelli, per haver egli acconsentito e sottoscritto che deva restare in Francia senza piazze e governi, che S. M^{tà} Cattolica sia tenuta di forzarlo a render Rocroy e le altre che ha in poter suo, e che la M^{tà} S. non possa nemeno ricompensarlo del proprio, come pretendeva di fare, dandoli Air[80] e St Omero[81] in sovranità, al che non si è solamente voluto porgere orecchie, prevedendosi che sarebbe stata una ritirata per li malcontenti /fol. 18v/ di Francia, peggiore e più pregiuditiale che altre volte non fu La Roccella[82].

Sabato [5 luglio] si gionse a Poitiers, et ad una lega di questa città si trovò il duca di Roanez, governatore della provincia[83], con mille gentilhuomini a cavallo, venendo fatti a S. Em^{za} in ogni luogo dove passa quei medesimi honori che si renderebbero all'istessa real persona di S. M^{tà}.

Avanti di partire di Chattelraut, scrisse al re il dubbio che ha della fede de' spagnoli[84] e la M^{tà} S. con lunga lettera gl'ha risposto non restar meno sorpresa di veder una tanta negligenza nella corte di

Madrid ; tuttavolta, se è vero che D. Luigi sia di quella probità e honore che viene supposto, non vuol condannarlo senza evidenza del contrario ; esser[a] il suo maggior sentimento il veder l'Em[za] S. avanzata in un viaggio tanto penoso in questa stagione, dandoli più travaglio l'incommodo che riceve che la mancanza de' spagnoli. Più cara nuova non potrà sentire S. M[tà] che quella della sua buona salute, onde lo prega a far tutto il possibile per conservarsi e, se non volesse farlo /fol. 19/ per servitio proprio, lo faccia almeno in consideratione di lui e del regno, potendo ben persuadersi S. Em[za] quanto perderebbe se Dio glielo togliesse e che intanto viveva impatientissimo di rivederla[85].

Il cardinale ha riportato non poca consolatione dal tenore di questa lettera, havendola communicata ad alcuni, che, mossi da tenerezza o piutosto da finissima adulatione, hanno gettato qualche lacrima, ammirando lo spirito e la prudenza di S. M[tà] non meno che l'amore che palesa verso questo gran ministro, a cui scrive sempre di suo pugno, volendo anche da per se sigillare e por l'indirizzo alle lettere, perché alcuno non sia parte di sì alta confidenza.

Domenica 6 luglio. Si fece alto, in Poitier, e sul mezogiorno vi comparve un corriere spedito a Pimentelli con la tanta sospirata ratificatione[86] ; havendo però D. Luigi riserbato a sé la diffinitione di molte cose, che dice non essere state bene intese e spiegate nel medesimo trattato, non fa già alcuna mentione dell' /fol. 19v/ accasamento del re con l'infanta, che è quello che più desidera la regina.

Milord Locarti[87] è venuto a ritrovare il cardinale per offerirli a nome del governo d'Inghilterra l'assistenza di 15 m. soldati per ogni campagna, quando il Re Cristianissimo voglia continuar la guerra[88]. Con tale occasione ha significato a S. Em[za] d'esser stato confermato in tutte le cariche che possedeva sotto il Cromuel[89] ; e perché quella republica con particolar finezza s'è dichiarata d'haver havuto mira d'incontrare anche in ciò le sodisfattioni dell'Em[za] S., ha però egli protestato al cardinale di professargliene molta obligatione. S. Em[za] l'ha ringraziato dell'offerta, con riserbarsi a rispondere quando sarà a St Gio. de Luz[90], il che, fattosi pervenire destramente alla notizia di Pimentelli, se n'è egli grandemente turbato.

Pretendano gl'inglesi di conservarsi Doncherchen[91] et in ordine a questo disegno, il medesimo Locart, che n'è governatore, ha fatto

[a] Par erreur, ces mots ont été placés après un alinéa, comme s'il s'agissait d'un nouveau paragraphe ; cela a été corrigé a *posteriori*, en reportant le mot « esser » à la fin de la ligne précédente, accompagné d'un signe de renvoi.

principiare molte fortificationi per difesa di quella piazza, a effetto di renderla inespugnabile, il che sarà tanto più facile quanto agl'inglesi /fol. 20/ non potrà impedirsi di soccorrerla per via del mare. Intanto, per non essere astretti a pacificarsi presentemente con i spagnoli, procurano di rimuovere le cause di venir a rottura con gl'olandesi, i quali, essendosi portati con armate poderose a difesa della Danimarca, non hanno potuto evitar gl'inglesi di far l'istesso per accudire al re di Svetia[92].

L'Inghilterra si loda molto del cardinale, perché nonostante l'essere spirato il termine della confederatione, habbia voluto nondimeno parteciparle il negotio che si tratta con i spagnoli[93]. In proposito dell'allianze della Francia[a] si deve lode al cardinale in havere egli non solamente rigettato le smisurate offerte de' portughesi, per esser compresi in esse, ma fatto anche le altre a tempo prefisso e limitato, perché se oggi si dovesse dipendere dalla volontà de' principi confederati, vi sarebbe tanta diversità di pretentioni e contrarietà di fini che difficilmente si saria luogo a sperare il buon esito de' presenti maneggi, essendo stata /fol. 20v/ massima di S. Em[za] il farle in tal modo per trovarsi in libertà di riassumerle o scioglierle a suo compiacimento, quando i spagnoli havessero veramente havuto sincera intentione di voler la pace.

Il cardinale da questa città ha spedito il s[r] di Cominge verso le L. M[tà] et, in occasione di licentiarsi, ha soggiunto a S. Em[za] che la regina di Portugallo non poteva darsi pace che non si volesse permettere ad un suo ministro l'assistere al congresso, mentre D. Luigi pretende di condur seco quello che risiede a Madrid per il principe di Condé[94].

Risolve il cardinale d'avvanzarsi a St Jean de Luz con ogni maggiori sollecitudine, havendo havuto certezza della mossa di D. Luigi da Madrid ; e perché le sue nipoti non potrebbero forse resistere a' patimenti di un si longo viaggio, le ha fatte chiamare a sé per sentire dalle medesime se hanno più caro di venire a Baiona[95], o di restare a Bruaga[96]. Hanno eletto di andare in questo secondo luogo, forse su la speranza di ritornare in breve alla corte, sapendo che il re vuol condursi /fol. 21/ fra poco a Bordeos, nella provincia di Guienna[97].

Lunedì [7 luglio] si proseguì il viaggio e si venne ad alloggiare a Cohé[98], dove il cardinale ha scritto dalla sera fino a due hore dopo la mezanotte per ragguagliar le L. M[tà] di quanto è seguito fino a questo giorno[99].

[a] Huit mots rayés : *deve il Cristianesimo havere non poca obligatione* [al cardinale] *che* [non solamente] *habbia* ; correction en interligne.

Martedì 8 luglio, si andò a Villefagnan[100] e mercoledì [9] a Chattoneuf[101], fuori del qual luogo si sono trovati 2 000 gentilhuomini a cavallo, condotti dal marchese di Montoize, governatore di quel paese[102].

Finalmente viene a sapersi la cagione del ritardo del corriere che ha portato la ratificatione, essendo occorso un caso corrispondente alla gran fortuna del cardinale. Havendo i spagnoli abbandonato il principe con l'esclusione delle ricompense che proponevano di darli[a] come appunto volenano i francesi, risolsero, prima che per altra parte gliene pervenisse l'avviso, di spedirli un'espresso in Fiandra, per informarlo della precisa necessità che gl'haveva astretti di /fol. 21v/ ceder finalmente al voler del cardinale. Questo fu fatto partire da Madrid quattro giorni prima del corriere venuto a Pimentelli e doveva fare il suo viaggio per la via di mare, a fine di giunger tanto più presto a Brusselles, ma il suo legno è stato tanto combattuto dall'acque e da' venti, che per non far naufragio, gl'è convenuto gettarsi nelle spiaggie di Francia, dove preso il messaggiero, fu condotto ben custodito a Baiona come spia del nemico. Lo riconobbe il duca di Gramont[103], governatore di quella provincia, per un francese attuale servitore del principe di Condé, anzi de' più confidenti, onde le dimandò dove andasse e per quale affare. Rispose il Cagliet[104], che tale si chiama, che non poteva palesarli la cagione del suo viaggio, ma che se si fosse compiaciuto di darli accompagnatura che le conducesse al cardinale, rivelerebbe tutto a S. Em[za], com'è seguito, essendo comparso a Cohé con un gentilhuomo del detto maresciallo.

Hà raccontato in primo luogo la sua avventura et il soggetto della sua missione, ma di tutto /fol. 22/ facendosi meraviglia S. Em[za] come di cose che non fossero a sua notizia, gli domandò come sapesse che i spagnoli havessero abbandonato il principe ; rispose il francese che haveva veduto ratificare e sottoscrivere il trattato il giorno tale ; che il capitolo che riguarda il principe suo signore dichiara le tali e tali cose, il foglio contrasegnato in un certo luogo, con diverse altre circostanze, che fecero comprendere a S. Em[za] che egli non mentiva, onde a lui rivolto disse : « Eh bene ? Poiché lo sapete et havete veduto il medesimo trattato, non ve lo negherò. Forse altri però nonostante farebbero aprire i vostri dispacci, ma io mi fido di D. Luigi e potete partire quando vi piace[105] ».

Il medesimo D. Luigi haveva con sua lettera pregato molto caldamente il cardinale acciò si contentasse di non publicare la ratificatione

[a] Deux mots rayés : *e finalmente*.

che dopo si sarebbero veduti e S. Em^{za} li osservava religiosamente il segreto, ma quando ha veduto che altri n'è partecipe, non ha difficultato il confessarlo, doverà ben la pace non publicarsi che /fol. 22v/ dopo si saranno abboccati per convenire insieme del modo e forme d'eseguirla[106].

Il principe di Condé vien' solamente restituito nei beni e honori che possedeva in Francia, ma escluso dall'havervi piazze e governi nel modo di prima ; quelle che in oggi possiede devono tornare al re e gli converrà tratternersi tre anni fuori del regno in quel luogo che le assegnerà la M^{tà} S. Questa è la conditione che se li fa, se vorrà consentirvi.

Per quelli di Esdino, vi è il perdono, mentre rendino amichevolmente la piazza e si rimettino alla clemenza di S. M^{tà}.

All'incontro s'abbandona il Portugallo in preda alla severità del suo implacabile nemico, come prezzo della pace e vittima del ben publico ; ma per il maritaggio del re, si urta in un grande scoglio, volendo il Consiglio Cattolico[107] che si dia l'infanta all'imperatore, a cui è stata promessa. Pimentelli fa sperare il contrario, dicendo che l'imperatore è giovane e che fra tre anni potrà pigliare l'infanta minore[108] ; essere una semplice rimostranza quella che fa al suo re il Consiglio di Stato, alla quale non sarà dato orecchie perché il detto Consiglio non ha altra /fol. 23/ prerogativa che la formalità solamente del nome, pigliandosi[a] tutte le risolutioni importanti nelle giunte private, che si tengono in casa [di] D. Luigi, come ha potuto sapere il s^{r} di Lionne quando fu a Madrid per l'affare della pace, mentre anche a quel tempo tutto si maneggiò in casa del privato, non con altra assistenza che del marchese Spinola[109], del conte Peñeranda e del Contreras, segretario del Dispaccio[110], senza che neanche fusse partipato al detto Consiglio la sua venuta, non che i di lui importantissimi maneggi[111] ; usar D. Luigi sua autorità con somma moderatione, ma anche prevalersene secondo le occorrenze, et havendo egli non ordinaria premura che segua l'accasamento di S. M^{tà} con l'infanta, non esser da dubitare che non sia per succedere, mentre il re suo signore lo desidera e vuole.

Considerano i francesi questa pace tanto più avvantaggiosa e gloriosa, quanto che oltre l'acquisto di tante piazze e di un pegno così grande come sarà quello dell'infanta, si lasciano i spagnoli imbarazzati in una guerra /fol. 23v/ così viva e fastidiosa con l'Inghilterra e col Portugallo, che sarà facilmente di più durata di quel che essi

[a] Un mot rayé : *solamente*.

pensano. Milord Locart promette che la sua republica sia per dare ogni assistenza a' portughesi e l'ambasciatore di quella corona che è rimasto a Parigi va provvedendosi di offitiali bravi, havendone fin'hora assoldati sopra 200 di quelli solamente che servono all'artiglieria[112]. Il marescial della Migliarè, che n'è gran' maestro, ha fatto saperlo al cardinale, che dicendo non esser possibile trattenere i francesi che vadino dov'è guerra e dove corre danaro, forse intrinsecamente non ha dispiacere che i portughesi pensino alla loro difesa, prevedendo che, se in quel regno non succede qualche rivolta, dureranno gran' fatica li spagnoli a riacquistarlo[113]. Egli fonda la sua opinione nell'esperienza, havendo veduto che un pugno di gente ha difeso lo Stato di Milano contro un'armata reale, e che l'acquisto d'una piazza non serve per far cadere una provincia, quando i sudditi sono fedeli al principe e risoluti a diffendersi, comme certamente faranno i portughesi /fol. 24/ per l'avversione che portano ai castigliani. Il detto ambasciatore sta adesso in prattica per trovare un capitano che intenda bene il mestiere e, poiché non vogliono i spagnoli che la pace si publichi per adesso, si chiude gl'occhi e si lascia fare al portughese tutto ciò che vuole.

Giovedì 10 luglio, si soggiornò a Chattoneuf, venerdì [11] a Josanc[114], sabato [12] a Montlieu[115] e domenica [13] a Liburne[116], dal qual luogo s'è partito il Pimentelli per andare a trovare D. Luigi, essendosi imbarcato la mattina de' 14 sul fiume Dordona, per discendere a Bordeos e continuare il suo viaggio per la strada di Baiona.

Il cardinale ha scritto con questa occasione una lunga lettera tutta di suo pugno a D. Luigi, molto obligante e cortese, havendoli specialmente dimostrato l'impatienza et il desiderio che ha di vederlo per contrar seco una eterna et inviolabile amicitia[117].

Pensa l'Em[za] S. di voler condursi a riverire il re di Spagna e, per le difficoltà che vi potessero essere per il cerimoniale quanto alla porpora, ha incaricato il Pimentelli di parlarne a D. Luigi /fol. 24v/ per potergliene dare qualche notitia, quando si rivedranno. Voleva far dono a questo cavaliere, par parte del re, d'un cintiglio di diamanti et un paro di pendenti per la sua moglie, del valore di 50 m. franchi, ma esso si è scusato di non poterlo per hora accetare, dicendo che lo lasciava in deposito per riceverlo dopo la publicatione della pace.

S. Em[za] ha risoluto, all'esempio de' spagnoli con il principe de Condé, d'inviare un espresso al re di Portugallo per annuntiarle la pace e per farle sapere[a] che non havendo seco la Francia

[a] Un mot rayé : *comprendere* ; correction en interligne : *sapere*.

alcun'impegno, non può dolersi se la medesima non li ha fatto comprendere nel trattato.

Pimentelli s'è lasciato intendere che a Madrid non sarebbono lontani a dar orecchio a qualche propositione per esimersi dalla necessità della guerra, la quale se bene per ogni apparenza vien giudicata da' medesimi spagnoli di non molta durata, è sempre però incerta la sorte dell'armi ; e quando i portughesi arrivassero a cognoscere le proprie forze et si credessero bastevoli a potersi /fol. 25/ difendere, tornerebbe altretanto più difficile a' spagnoli il soggiogarli ; e però alcuni parlando di questa impresa hanno insinuato a D. Luigi che non torni ad impegnarvisi, se prima non ha radunate insieme tutte le forze de' regni e delli Stati di S. M^{tà} Cattolica, per poter assalire il Portugallo da più bande in un medesimo tempo, ponendo il paese a ferro e fuoco senza ritenere in esso alcuna piazza, acciò i popoli habbiano a sollevarsi e tornare alla prima obbedienza. Quando poi non vi fussero mezi da poter condur la guerra con questa risolutione, vi sono molti dal Consiglio della M^{tà} Cattolica che vorrebbero si lasciasse il Portugallo nel suo essere, senza intraprendere un'impresa incerta, la quale riuscendo fallace, non havesse poi da trovarsi la Spagna in necessità di continuarla per sostenere il pregio e la gloria della monarchia.

Le conditioni che vorrebbero accordare i spagnoli alla casa di Braganza[118] sono : il darle il regno di Sardigna, con qualche portione del Brasil, purché rinontiasse[a] ad ogni altra sua pretentione /fol. 25v/. Il personaggio che si pensa inviarvi da questa banda haverà incombenza di farne l'apertura a quelle M^{tà} et, in caso voglino mantenersi nel Portugallo, si fara sperar a loro ogni possibile aiuto ; quando poi volessero accomodarsi per la via del negotio con i spagnoli, la Francia gl'esibisce la sua mediatione et il s^{r} Mondeverghe[119] vien destinato a questo impiego.

La speranza che concepiscano questi ministri è tutta risposta nella guerra di Portugallo, dandosi a credere che vi habbia da tener occupati lungo tempo i spagnoli e che siano per consumarvi gli huomini et il danaro, mentre intanto questo regno anderà respirando col riformarsi gl'abbusi che la guerra vi ha introdotti. Il primo passo che medita di fare il cardinale, vuol che sia indirizato contro a' governatori delle piazze, che si sono usurpati tanta autorità che di sudditi non portano che il nome ; i soldati, che in esse si trovano, sono tutti di loro intiera dipendenza, poiché gl'arruolano a nome proprio,

[a] *Renontiasse*, corrigé en surcharge en *rinontiasse*.

facendosi giurare il più delle volte di /fol. 26/ obbedire solamente a loro, benché venghino pagati con il soldo delle contributioni.

In proposito di queste, haverebbe voluto il cardinale che i governatori delle piazze frontiere si fussero contentati di esigerle con ogni più ragionevole moderatione, acciò i fiammighi havessero havuto occasione di lodarsene, ma perché l'ingordigia smisurata di questi tali non era satia, ne non gli succhiava fino all'ultima goccia del sangue, fu più volte discorso nel Consiglio di S. M^tà^ di levare affatto le dette contributioni e per non esservi mezi da poter supplire in altro modo al mantenimento di tante piazze, si tralasciò d'eseguire così importante disegno, il quale se havesse potuto havere effetto, i popoli della Fiandra si sarebbono volontariamente soggettati a questa corona ; ma i mali trattamenti che hanno ricevuto da' francesi gl'hanno fatto sopportare con patienza il giogo de' spagnoli.

Non era più in poter di S. M^tà^ il disporre d'un governo, se ne moriva il comandante, perché l'offitiale subalterno lo pretendeva per giustitia, e se non se li dava, si faceva rendere omaggio dalla guanigione, come seguì del Farghes e della Riviera /fol. 26v/ in Esdino[120]. Se il cardinale nell'invernata meditava qualche impresa per la futura campagna et in ordine a ciò pensava di fare un magazino in quella piazza che li pareva più commoda, il comandante non vi voleva consentire, facendoli temere la propria coscienza che non fusse un pretesto per introdurvisi ; e così molte buone congiunture si perdevano di fare acquisti nella Fiandra et altrove, dovendosi caminare con maggior riserva e circonspettione con gl'amici che con il nemico. Infine, non si poteva promettere il re medesimo d'esser ricevuto in alcuna piazza, se prima non dava, per così dire, ostaggi di non farvi innovationi.

Il rimedio che vuole applicarvi adesso S. Em^za^ sarà d'annullare tutte le soldatesche che non sono pagate a conto del re, e di stabilire nelle piazze un luogotenente per S. M^tà^, al quale più che al comandante obbedisca la guarnigione, che sarà composta de' reggimenti vecchi e delle compagnie svizzere e francesi delle guardie della M^tà^ S.[121].

Sono rivolti in secondo luogo i pensieri del cardinale /fol. 27/ a porre un'ordine alle finanze per disimpegnare il fondo dell'entrate regie a fine di mettere il re in stato di potersi valere del suo, senza dipendere dalla indiscrettione de' finanzieri, havendola esperimentata al maggior segno in pregiuditio degl'affari della corona durante le guerre passate, essendo la M^tà^ S. stata più volte costretta di cedere loro assegnamenti di quattro millioni per esigere dugento mila scudi ne' suoi bisogni, il che ha sopra ogni altra cosa contribuito all'esterminio di questi popoli, atteso che i finanzieri, col pretesto di rimborsarsi, operavano in modo che per quattro millioni, i sudditi ne sentivano un aggravio di otto, e dieci.

Temano adesso che si venga al saldo di queste partite e per tal consideratione si sono di maniera impauriti che non si trova più alcuno di essi che dica di havere un soldo, e dopo che hanno creduto la pace, è stato impossibile trovare un'avvanzo per provedere a quelle spese che richiederà il viaggio el matrimonio del re. È vero che per questa campagna s'era procurato di stabilire un fondo di alcuni millioni per la /fol. 27v/ guerra, ma perché non si potrebbe nemeno far capitale di questa somma non bene ancora assodata, sarà però necessario il dimandare un dono a tutte le provincie e città principali per supplire alle spese che richiede tal occorrenza[122].

Questa debolezza giustificherà uno dei principali motivi che ha havuto l'Em^{za} S. in facilitare al possibile i trattati di pace, perché se ne haveva bisogno quanto li spagnoli, nonostante l'esterne properità della Francia, e che apparisce il contrario, correndosi azardo di un fallimento generale nelle finanze.

Il cardinale si è maggiormente confermato in questa sua opinione dopo che è qua comparso l'abbate Fuchet[123], il quale, o per desiderio di rendere un nuovo e considerabile servitio all'Em^{za} S., o per sdegno che habbia concepito contro il sopraintendente suo fratello, stante che questo non vuol più tenerlo pasciuto d'oro e d'argento come ha fatto per prima, ha presentato a S. Em^{za} una scrittura concernante gl'abbusi delle finanze, dimostrando, tra l'altre cose, quanti millioni ha speso e spende nelle fabbriche di Veaus e /fol. 28/ St Mendet[124], quanti ne ha dissipati nel lusso della tavola e quanti ne impiega nelle pensioni esorbitanti che paga ad ogni sorte di persone[125]. Son molti che vorrebero che il cardinale, dopo la pace, autorizasse qualche tribunale che rivedesse i conti a' partitanti et a' finanzieri, a fine che fusse riconosciuto quello che havevano e quello che si trovano di presente, essendo giusto che habbino guadagnato ; ma vi è tal uno che, sei anni fa, non haveva dieci mila lire di rendita, che adesso ha il valsente di sei e otto millioni. Tutta la Francia applaudirebbe S. Em^{za}, poiché potria disimpegnare le rendite del dominio reale, senza che il publico ne fosse aggravato. Molti la consigliano a questo et per le difficoltà che vi potessero essere in giustificare i profitti di questi tali, li dimostrano che quando il re dichiarerà confiscati quegl'effetti che possano esser divertiti e nascosti, e ne accorderà qualche portione a chi le rivelasse, che mal potranno i finanzieri tenersi tanto a coperto, che li basti ; ma quando non si venga a questa effettiva revisione, il solo nome di essa li porterà /fol. 28v/ ad offerire un dono considerabile, purché si lasci a loro godere in pace quello che hanno acquistato.

Il cardinale, che non inclina a procedere con tanto rigore, reflettendo a' servitii che ad ogni modo hanno reso i detti finanzieri et alla necessità che s'ha di essi in tempo di guerra, non vuole inasprirli di maniera che non possino nuovamente servire al re, bastandoli di cavarne per hora tanto che sia sufficiente a riempire gl'errarii regii, che si trovano affatto esausti[126].

Pensa successivamente S. Em^{za} per il terzo de' suoi progietti, che sarà forse il primo in eseguirsi, di ridurre l'autorità de' parlamenti al segno che era quando furono creati, essendo ben ragionevole che amministrino la giustitia a' popoli, ma non che voglino e pretendino entrare nel governo di Stato, come hanno fatto questi ultimi anni, con tanto scandalo di tutto il mondo e pregiuditio irreparabile di questa monarchia[127].

L'insolenza di questi tribunali era pervenuta a tanta sfacciataggine che fin' pretesero d'esaminare quanto si estendesse l'autorità del re, come se essi l'havessero maggiore e potessero /fol. 29/ darla a S. M^{tà} più e meno.

Il cardinale, per non scordarsi il danno apportato da' medesimi al servitio del re, si fa leggere ogni qual volta gl'avvanza il tempo, un certo volume stampato, nel quale sono tutti gl'atti, arresti et altri decreti che le camere di Parigi fulminarono ne' loro passati trascorsi[128], e certamente la maggiore consolatione che riporti S. Em^{za} in oggi da questa pace, è il vedersi in grado di poter sicuramente consigliare il re a porre un freno per sempre al parlamento di Parigi, che serva d'esempio agl'altri ancora.

Quando si porrà mano a questa grande opera, vuole che il re medesimo vi si porti per far stracciare in sua presenza, non solamente i decreti fatti nelle guerre civili, ma tutti i privilegii e facoltà che la M^{tà} S. e suoi predecessori gl'hanno concesse. Pensa inoltre d'estenuare l'autorità del parlamento suddetto con l'erettione d'altri due, onde non resti a quello di Parigi che il giudicare le cause quasì della sola città e suo distretto, il ché, se succedesse, risulterebbe in gran benefitio a molte provincie, perché i popoli di esse sono tenuti di venire fino /fol. 29v/ da Lione, Poitiers et altre remotissime parti a sperimentare le loro ragioni, con la destruttione delle proprie sostanze.

Son'alcuni anni che fu risoluto nel Consiglio di Stato di non impor gravezze sopra i popoli per le quali fusse necessaria la verificatione del parlamento di Parigi, volendo far prova se, a lasciarlo stare, bastava per ritenerlo nell'obbedienza e nel rispetto dovuto alla maestà regia, già che ogni qual volta si era havuto occorrenza di quelle camere per simili affari, era succeduto che maggiormente intraprendessero di opporsi alle deliberationi dell'ministero.

Ciò non bastava, perché in questi ultimi tempi, andavano studiando i mezi per introdursi nelle materie che non le appartenevano, e senza la battaglia delle Dune[129] e gl'altri prosperi successi della passata campagna, si sariano veduti cadere in nuove e manifeste[a] ribellioni. Vivono però adesso con gran timore e circonspettione, dandosi nulladimeno a credere che la pace non habbia da seguire, prevedendo le mortificationi che haveranno, se il re sarà in grado di prevalersi delle sue forze, perché, quando altro non /fol. 30/ si possa, si leverà la pauletta, che è un certo canone che pagano annualmente al re, in virtù del quale perpetuano le cariche e gl'offitii nelle loro famiglie[130], che per il contrario quando S. M[tà] non lo vorrà più ricevere, s'intenderanno ricadute e la M[tà] S. ne potrà gratificare quelle persone che haveranno maggior merito e che saranno bene intentionate per la preservatione et ingrandimento della corona, essendovi in oggi tal consigliero che a pena sa leggere, numerandovisi una multitudine di gioventù pazza e spentierata, che dalle scuole e dalle accademie è ascesa a' primi gradi di quell'assemblea, la quale certo non cambierebbe l'autorità sua con quella del re medesimo[131].

È così palese ad ognuno il castigo che sovrasta al parlamento di Parigi, che molti cercano già disfarsi delle loro cariche, e non trovano compratore, quantunque siano in vendita a prezzo basso rispetto a quello valevano pochi giorni sono, essendo arrivate quelle de' presidenti fino alla somma di 900 e più mila lire, tanto era straordinaria la stima che ne veniva fatta[132].

Durerà però gran fatica il cardinale a provedere a tanti /fol. 30v/ disordini, a meno che non sollievi i popoli dal peso di quelle gravezze che l'affligono, rendendoseli in tal modo favorevoli ; sarà impossibile che lo possa eseguire il primo e secondo anno, perché le spese che devono farsi sono immense, e volendo il re tenere in piedi un considerabil' nervo di soldatesche, pagare le pensioni solite darsi alla corona di Svetia et altri potentati, l'amicitia de' quali rende più temuta e potente questa monarchia, assistere la republica di Venetia nella guerra che sostiene contro il comune nemico[133], converrà piutosto imporre qualche nuova gabella che levarne.

[a] Ajout en interligne : *e manifeste*.

Già principiano a Parigi d'esclamare contro la pace, persuadendosi che nella continuatione della guerra, vi fusse il maggiore utile di quella città, per l'oro che vi correva per il consumo di tante milliara d'offitiali che vi si provedevano, temendo in oltre che non solamente adesso vi sia per mancare il danaro, ma anche il popolo.

I padri di famiglia che si trovano haver molti figli la detestano, mentre nella guerra potevano liberarsene, com'essi dicano, con un cavallo /fol. 31/, una spada et poca quantità di danaro ; ma dalla gioventù principalmente vien'abborrita, mancandoli il miglior mezo di sussistere et il più opportuno per avvanzarsi, sì che non vi è persona che non la biasimi. Misera conditione del cardinale Mazarino ! Se procura la pace a questo regno, che tanto l'ha desiderata, fa male. E se non l'ottiene, per lui è peggio. Poco prima lo chiamavano autore di tutte le loro calamità, attribuendo a lui solamente la continuatione della guerra, et hora che procura il contrario, lo lacerano per ogni verso.

Questo però non sono voci che lo perturbino, dandoli più inquietudine l'esser lontano dalla corte et il dovere aderire a' sentimenti della regina contro la volontà et il desiderio del figlio, prevedendo le difficoltà che haverà da superare quando torni anche a Parigi con tutte quelle satisfattioni che può pretendere da' spagnoli, havendo da distruggere l'amore, lo sdegno, la gelosia e la diffidenza che introdotte si sono ne' cuori dell'istesse persone reali. Del cardinale adunque può dirsi che di tanti pensieri che le ingombrano la mente, il minor di tutti sia /fol. 31v/ quello che impiega in questa negotiatione, che pure appare agl'occhi d'ognuno la maggiore e più laboriosa.

Intanto ha ordinato che s'abbattino una quantità di tempi, che gl'uganotti havevano edificati nelle passate guerre e che si atterrino molti ripari e trinciere che essi a poco a poco havevano rialzati attorno ad alcune città, sotto pretesto di porsi in difesa contro le forze del principe di Condé et gl'altri malcontenti[134] ; et, acciò deva dilegarsi questa setta, che tanto ha infettato et afflitto il regno, ha voluto che si rinuovino gl'editti che portano come alle dignità, ufficii della corona e magistrati di qualunque sorte, non possino esser ammesse se non persone publicamente professanti la cattolica religione, pensando poter in tal modo, senza strepito o violenza, consumare[a] insensibilmente questo partito, acciò da sé medesimo s'estingua affatto[135].

Vuol'anche procurare d'unire insieme tutti i potentati della Cristianità contro l'Inimico commune[136], sebene alcuni di questi

[a] Un mot rayé : *di* [consumare].

ministri hanno principiato a dirli, in proposito dell'assistenza che pensa dare a' venetiani, che li passati re hanno /fol. 32/ havuto una straordinaria premura di mantenere e conservare l'allianza con la monarchia ottomanna, considerata per la guerra et per il commertio utile e necessaria alla Francia, et infine non vorrebbero che S. Em^{za} rovinasse quello ch'è da tanto tempo in qua edificato e conservato ; tanto più che, volendosi far la guerra a essi, converrebbe passare i mari et esser questa non solo la più lontana dal genio de' francesi, ma la più difficile e dispendiosa ; e quando pur seguisse di riportarne acquisti, esser così remoti che ridonderebbero più tosto a commodo e profitto d'altri che di questa corona. Insistano parimente che, aggiustandosi con l'imperatore una buona corrispondenza, non se li deva mai porgere con tutto ciò in alcuno aiuto, ma darlo più tosto a' venetiani, tanto bene meriti della Francia et del Cristianesimo, inviando loro somme di danaro invece di militie, acciò l'assistenza riesca più cauta et al Senato maggiormente opportuna.

Risponde il cardinale esser vero che ne' tempi andati fu giudicata di molta importanza l'amicitia /fol. 32v/ del turco, perché dal traffico solamente ne ricavavano grandissimi utili i sudditi del re ; esser ben diversa in oggi la constitutione delle cose, mentre la Porta ottomanna non è in grado di far male né a' francesi, né agl'austriaci, discreditata et senza militie agguerrite, disprezzante et insolente con tutti, come ha dimostrato poco tempo fa, senza nessun rispetto nella persona dell'ambasciatore di S. M^{tà} residente in Constantinopoli[137] ; onde convenire per ogni conto che il re ne faccia risentimento, non tanto per risarcire l'honore che per stabilire il credito in quelle parti ; non esservi più l'utile de' sudditi di questa monarchia nel traffico, trovandosi hora principalmente in poter degl'inglesi et olandesi, e dovendosi pensare a dare qualche esito a tante truppe che dovranno licentiarsi se succede la pace, e specialmente di quelle che appartengono al principe di Condé, che vien constituito in obligo di rassegnale a S. M^{tà} ; non sapere dove meglio impiegarle che a' danni d'un nemico di quella sorte ; non esser solamente suo pensiero che la Francia assista la republica di Venetia, ma d'indurre gl'austriaci /fol. 33/ mediante l'opera di D. Luigi a portar la guerra contro del turco, havendo S. Em^{za} già parola del re Casimiro[138], che all'esempio degl'altri, egli pure si porterà a' danni di esso con 100 m. pollachi ; non voler già l'Em^{za} S. cimentarsi a questa impresa, se non vi vede prima disposti et impegnati il papa et tutti i potentati del Cristianesimo, conoscendo molto bene il pregiuditio che ne risulterebbe alla Francia, con altretanto vantaggio dell'imperatore e delli spagnoli, se intraprendesse senza il concorso degl'altri una guerra tanto disastrosa e lontana ; haver bisogno la Francia di riposo e di pace, dopo si lunga e dispendiosa guerra, e che però le sue maggiori occupationi sarebbero rivolte a ordinare le cose del regno et al sollievo de' popoli, perché, in caso di morte del re di Spagna o di qualché disgratia del principino[139], possa esser la Francia in stato di approfittarsi di tali emergenze, volendo poi invigilare sopra ogni altra cosa che per il matrimonio della piccola infanta, non cada sotto un medesimo scettro l'Impero e la Spagna[140].

Considerando al traffico perduto per mancanza di legni, /fol. 33v/ convenendo a' sudditi di questa corona il pagare i noli agl'olandesi et altre nationi perché le faccino transporto delle loro mercantie, e che è immenso il danaro che per tal causa và fuori del regno, disegna di voler applicar seriamente al ristabilimento della marina[a], promettendosi in meno di sei anni di render questa corona così potente in mare come in terra. E perché in caso di nuova et improvisa rottura non habbia la Francia da trovarsi sprovista degli apparati necessarii alla guerra, pensa l'Em[za] S. di[b] ordinare quattro grand'arsenali : in Arras[141] per la Fiandra, a Brisac[142] per l'Alemagna, a Pinarolo[143] per l'Italia, et a Perpignano[144] per la Spagna.

Martedì 15 luglio, il cardinale partì da Liburne et in proseguimento del suo viaggio, andò la sera a Cadigliac[145], dove fece alto tutto il mercoledì in quel superbo palazzo del duca d'Espernon[146], che lo riceve con ogni maggiore splendidezza. Giovedì si andò a Bazas[147], e venerdì a Rochefort[148].

/fol. 34/ Havendo la regina di Pollonia[149] scritto a lungo alla principessa Anna Palatina sua sorella[150] con rappresentarle lo stato delle cose sue domestiche, e le publiche di quel regno, la principessa, che si trova alla corte, ha con espresso inviato la detta lettera al cardinale[151]. Vorrebbe quella M[tà] che si applicasse con un poco di calore a quelgl'affari, e si duole, parendole di non esser secondata dalla Francia in un'attione nella quale doverebbe interessarsi per ogni regola di buon governo. Desidererebbe parimente che se le mandasse grosse partite di danaro per guadagnare gl'offitiali dell'armate et i senatori independenti, e le pare strano che si abbandoni un'opera tanto grande, mentre gl'austriaci vi impiegano ogni loro industria senza nessuno sparmio. Qui vorrebero consolarla, ma non essendovi il modo per adesso, si ha più [a] caro che ella creda che ciò segue

[a] Treize mots rayés : *havendo già ordinato in molti luoghi la fabbrica di più galeoni, vascelli e galere.*

[b] Un mot rayé : *fare* ; correction en interligne : *ordinare.*

per mancanza d'applicatione che di farli sapere in realtà lo stato di queste finanze.

Avvisa la medesima regina che in un consiglio tenuto /fol. 34v/ alla presenza del re e de' principali senatori si fusse esaminato qual successore potrebbe eleggersi. Sono stati proposti i fratelli del re d'Inghilterra[152], il principe de Condé el' duca d'Anghie suo figlio[153], il principe Mattias di Toscana[154], il principe Massimiliano di Baviera[155], il duca di Mercurio[156], i figlioli del duca di Longavilla[157] et il conte di Arcurt[158].

In primo luogo si è adoperata la regina, con l'aiuto de' suoi partiali, perché sia esclusa dalla successione la casa d'Austria, et all'incontro gl'amici et adherenti di questa hanno dato eccettione a tutti i fratelli dei re, alla riserva di quelli d'Inghilterra, purché il re si trovi ristabilito nel suo regno.

Il principe Mattias sarebbe stato facilmente preferito ad ogn'altro, con approvatione uniforme, atteso la peritia dell'armi comandate da S. Alt[za] per tanto tempo in Germania, con applauso corrispondente al concetto che universalmente[a] riporta d'affabile e generoso ; ma la sola età poco diseguale a quella del re Casimiro ha potuto essere la cagione d'impedirne il successo[159].

/fol. 35/ Il principe di Baviera non ha incontrato applauso, benché si dica ch'egli habbia maggiore habilità del fratello.

Per il conte di Arcurt, vi sono stati ben pochi che non gl'habbiano trovato qualch'eccettione.

Il principe di Condé vi è stato assai considerato, stante che haverebbero precisa necessità d'haver un capo per domar tanti nemici, che ogni dì vanno scoprendosi dentro e fuori del regno ; ma, temendo quei senatori il suo spirito, inclinerebbero piutosto ad acclamarlo per condottiero de' loro eserciti.

A questo crede di trovar compenso la regina, proponendo che si elegga il duca di Anghien, perché così verrebbero ad havere un re giovane, che apprenderebbe i costumi del paese, col padre valorosissimo capitano, di cui potrebbero interamente fidarsi, mentri gl'interessi del regno sarebbero proprii della sua casa.

Spera la detta regina che le corti austriache[160] non siano per opporvisi in riguardo agl'obblighi[b] che hanno al principe, persuadendosi parimente che il cardinale non haverà discaro d'allontanarlo dalla Francia.

[a] Un mot rayé : *generalmente* ; correction en interligne : *universalmente*.

[b] Un mot rayé : *atteso* ; correction en interligne : *in riguardo a* [gl'obblighi].

/fol. 35v/[a] Per il duca di Mercurio, ch'era stato raccomandato del Re Cristianissimo, non vi è stata risposta corrispondente al suo desiderio. Si son' però ristretti ad un fratello del re d'Inghilterra, al duca d'Anghien et a' figli del Longavilla[b].

Pretende la regina di dare una sua nipote per moglie a chi di questi sarà eletto successore del marito, havendo scritto alla principessa sua sorella che faccia imparare la lingua latina alle sue figlie maggiori, chiamate l'una Maria et l'altra Anna[161]. La prima non è molto bella, ma spiritosa assai ; la seconda può dirsi bellissima, e pare che in questa deva cader la sorte[162]. Si protesta per ultimo che se non viene assistita, vuol lasciar correre, faccino successore chi vorranno, già che per essersi palesata tanto partiale della Francia, ha pregiudicato notabilmente a' proprii interessi et alla sua salute. Il cardinale se riserba a rispondere dopo che haverà bene assodata la pace, trattandosi particolarmente dell'interesse del principe di Condé, che non si sà fin'hora se vorrà starsene al concordato sottoscritto da Pimentelli in Parigi.

Sabato 19 luglio. È arrivato il cardinale a Monte Marsan[163], dove s'/fol. 36/è inteso che D. Luigi conduce seco maggior comitiva di quello haveva detto, e particolarmente diversi grandi, il che ha sorpreso S. Em[za] perché se l'havesse creduto, non sarebbe stata tanto rigorosa in prohibire a questa nobiltà francese di seguirla.

I mareschialli di Francia pretendono andar del pari con i grandi di Spagna, volendo pure esser considerati nell'istesso modo il duca di Crequy et il Migliaré, gran maestro dell'Artiglieria. Il cardinale si dichiara voler usare ogni possibil cortesia verso i spagnoli, protestando però di non far cosa che disconvenga all'eminenza del suo grado. E se in Spagna hanno l'esempio di più cardinali che han reso la mano a grandi, vi è ancora quello del defonto cardinale Orsini[164], che sostenne la mancanza degl'altri. Queste sono difficoltà che si prevedono, ma più d'ogn'altra cosa affligge l'Em[za] S. che oggi appunto l'habbia attaccato la podagra in un ginocchio, perché non vorrebbe che li spagnoli pensassero che fusse un'artificio per ricever le visite in letto.

/fol. 36v/ Domenica 20 luglio. Si andò a Tarbas[165], dove comparve di ritorno un gentilhuomo del cardinale per prima spedito al re, acciò non si movesse da Fontanablò senza nuovo avviso ; sarà[c]

[a] En haut à gauche du fol. 35v est inscrit au crayon : *Louise M. Hoest.*

[b] Ajout dans la marge : *Si son'* [...] *a' figli del Longavilla.*

[c] Un mot rayé : *però.*

impossibile il trattenerlo, scrivendo la Mtà S. che troppo si annoiava e che non li sarebbe pesata tanto l'assenza del cardinale quando a lui fusse stato più presso, meditando però di porsi in camino per la volta di Bordeos li 25 di questo corrente mese, il che, se succederà, sarà con grandissimo disgusto del cardinale, che teme molti inconvenienti da una mossa tanto fuori di tempo.

Questo giorno di lunedì [21 luglio] siamo a Dax, frontiera del Bear'[166]. Il cardinale ha voluto continuare il viaggio, nonostante i gran' dolori che soffre et, essendo sopragiunta nuova flussione, sta molto male.

Mondeverghe difficulta di fare il viaggio di Portugallo, parendoli che sia un'impiego da ricever piutosto affronti che carezze. Si scusa con dire di trovarsi indisposto, /fol. 37/ onde si pensa a mandarvi qualche altro[167].

Martedì [22 luglio] si venne a Bidasche[168], luogo del marescial di Gramont, molto bello e signorile, e perché il cardinale si trovava straordinariamente faticato del viaggio e da' dolori della podagra, vi si trattenne però tutto il mercoledì [23 luglio]. Vi fece due speditioni, l'una per la corte, e l'altra per Parigi. Con la prima avvisò le L. Mtà dello stato di sua salute e le persuase a non muoversi da Fontanablò[169]. Con la seconda rispose a' duchi e pari, sopra la pretentione che hanno che li forieri segnino ai loro allogiamenti il *pour* nel modo che fanno per li nuovi principi, o che lo tralascino anche per questi, havendo protestato di non trovarsi al viaggio del re se prima non è risoluta questa differenza[170].

È solito, andando il re in campagna, che gl'alloggiamenti de' principi venghino contrasegnati da' forieri con il *pour*, non usandosi questa parola in tale occasione, ne attribuendosi la qualità di principe ad altri in Francia che a' soli descendenti delle Case sovrane, onde ne /fol. 37v/ segue che non sia principe chi non è trattato d'Altza. S'era compiaciuto il re di comunicare questa prerogativa alla casa di Buglione e di Mombason, pretendendosi che l'una discenda dagl'antichi duchi di Bertagna e l'altra da quelli di Sedano ; ma sopportando mal volentieri i pari del regno che questi signori in riguardo di ciò habbino da esser trattati differentemente da loro, fecero però l'accennata instanza al cardinale.

La risposta di S. Emza è stata che quando sarà con il re, vederà quello si potrà fare, e già che S. Mtà non fa loro alcuna instanza che si muovino, non hanno occasione d'inquietarsi, potendo restare in Parigi.

Nell'istesso luogo di Bidasche è comparso il cavaliere di Gau[171], che ha servito a Pimentelli fino alle frontiere di Spagna ; dice haver havuto per strada, mentre sene veniva a questa volta, un corriere con lettera del detto Pimentelli, il quale fa sapere che ha trovato a St Sebastiano[172] D. Luigi, che vive molto impatiente d'haver nuove del cardinale[173]. Si è ordinato al detto Gau di rispondere che nonostante la gotta sopragiunta a S. Em[za], /fol. 38/ la medesima ha continuato il viaggio e che giovedì procurerà, per quanto le sarà possibile, d'esser'a Baiona per avanzarsi a St Gio[vanni] de Luz subito che senta D. Luigi arrivato a Iron[174].

Questa mattina, giovedì 24 luglio, il cardinale è arrivato a Baiona, havendolo ricevuto il marescial duca di Gramont con triplicato sparo di tutta l'artiglieria e con la militia in arme. Si è subito posto il letto, sentendosi notabilmente aggravato dal suo male.

Oggi poi è venuto qua Pimentelli con la risposta di D. Luigi alla lettera che ultimamente li consegnò il cardinale, la quale non contiene altro che un'affettuoso complimento ; esagera il sentimento che ha della indispositione di S. Em[za] e la prega a non affrettarsi, ma a cercare di guarire, mentre dalla sua salute dipende il bene et il riposo di tutta la Cristianità[175]. Dice il medesimo Pimentelli che a Iron non vi può essere alloggiamento per la metà della gente che ha seco D. Luigi, per lo che bisognerà pensare a qualche altro luogo più commodo.

/fol. 38v/ È gionto anche in questo luogo di Baiona un ministro del duca di Parma[a] residente in Madrid[176], per fare instanza al cardinale che nel congresso sieno esaminate le ragioni di S. Alt[za] e fatta riflessione all'ingiustitia che pretende ricevere dalla Camera apostolica sopra lo Stato di Castro[177]. Assicura che D. Luigi habbia inclinatione d'intraprendere la difesa del duca, purché il cardinale faccia l'istesso ; asserendo di più che i spagnoli si dichiarino altamente molto malsodisfatti del pontefice, attribuendoli tutte le loro maggiori disgratie, con havergli impegnati (com'essi dicono) a far la guerra al Portugallo, con la dichiaratione che fece di non poter più differire le provisioni di quelle chiese, mentre il figlio di Giovanni IIII si vedeva nel pacifico possesso de' regni hereditati dal padre ; che si dolghino ancora che, nonostante la parte che hebbero nell'esaltatione di S. S[tà], la medesima ricusasse di far partire da Roma l'ambasciatore portughese ; che nella mossa del duca di Modena contro lo Stato di Milano[178], non havesse ne pure impiegato una parola per

[a] Un mot rayé : *suo*.

divertirlo, nonché la forza /fol. 39/ come haverebbero creduto e desiderato ; havendo poi anche negato a S. M^{tà} Cattolica molte altre sodisfattioni e fatta la nomina del nuntio senza partecipatione de' regii ministri, il che haveva dato a conoscere quanto si fussero ingannati quelli che supposero alla corte di Madrid, che il cardinale Chigi sarebbe stato più spagnolo che senese, quando fusse assunto al papato[179].

Non hanno forse minor motivo di dolersi i francesi, e particolarmente il cardinale Mazarino, che, per quanto scrivono da Roma a lui medesimo, vien chiamato da S. S^{tà} promotore della guerra, nemico della concordia, protettore degl'eretici, e autore d'ogni male, essendo di più avvisato da publici rappresentanti che sono in quella corte, che il papa passi più oltre, havendo detto a' medesimi in più d'un'occasione che, se il suo predecessore non hebbe petto et cuore da vendicare i torti che Mazarino faceva alla Chiesa, egli haverebbe petto e forze da farlo.

E cosa degna d'osservation, che non ostante questi riporti, l'Em^{za} non parli del papa, che con somma veneratione e rispetto, uscendo solamente /fol. 39v/ tal volta dalla di lui bocca leggierissime rampogne della poca corrispondenza che ha ritrovato[a] in S. Beatitudine, e della disgratia che hanno gl'huomini in non poter penetrare nei cuori degl'altri, come credevano haver fatto li cardinali Sacchetti[180] e Bichi[181], promettendosi tanto di questo pontefice. Mostra però che solamente li dolga che essi habbiano havuto ad essere i primi a sperimentare la fallacia de' loro supposti, sperando quanto a sé che il mondo habbia da esser giudice delle sue operationi.

Al ministro di Parma ha risposto con parole generali e senza impegno, riserbandosi a parlarne con D. Luigi. Il medesimo residente riferisce che il re di Spagna sia stato indisposto con qualche pericolo di vita, e che il duca di Lorena si trovi in libertà[182].

Pimentelli se n'è ritornato a trovare D. Luigi e domenica [27 luglio] si anderà a St Jean de Luz, tuttoché S. Em^{za} si trovi più che mai aggravato, non essendo stata per alcun tempo così male quanto adesso.

Hier mattina [27 luglio] fece partire M. di Lionne per rendere /fol. 40/ il complimento a D. Luigi e, nell'istesso tempo, dovrà negotiare il modo per agevolare l'abboccamento de' due primarii ministri, non essendosene fin'hora parlato con Pimentelli che superficialmente.

[a] Le début d'un mot rayé : *trova* ; correction à la suite : *ritrovato.*

Oggì lunedì 28 di luglio, siamo venuti a St Jean de Luz, dove si sono trovate le 300 guardie a piedi del cardinale, che fanno una bellissima comparsa, havendo casacche di sua[a] livrea con galloni d'oro e ricami d'argento. Queste mutano[b] la guardia alla porta del palazzo di S. Em^za cinquanta per volta, e nella sala vi stanno quaranta cavalleggieri con casacche simili, ma più ricche assai, et essendosi data la livrea a tutto il resto della famiglia, riesce molto numerosa e vaga.

Martedì 29 detto. È tornato il s^r di Lionne con Pimentelli da St Sebastiano. A meza lega di quella piazza, che è tutta la distanza dove possano andar le carrozze, ne trovò due a sei con gentilhuomini di D. Luigi, che lo condussero all'habitatione /fol. 40v/ destinatali. Quivi ricevè subito il complimento per parte del medesimo signore, che fu poi ad incontrarlo a meza la sala delle guardie, con haverli dato la mano e l'Ecc^za ; si trattennero insieme lo spatio di due hore, venendo raccompagnato da D. Luigi poco meno che tutta la detta sala, servendolo fino all'alloggiamento i medesimi sei gentilhuomini che furono ad incontrarlo. Il s^r di Lionne li trattenne a cena seco, e la mattina seguente, che fu quella di hieri, venne visitato dal baron di Batteville, governatore della piazza[183], e da tutti i grandi e signori che vi si trovano, essendo poi stato a pranzo con D. Luigi, che pure a tavola li cede il primo luogo, et vi si trovarono i medesimi s^ri e grandi di Spagna al numero di dodici in tutto. Si fermò il resto del giorno con S. Ecc^za et oggi se n'è venuto a questa volta, havendo visitato il luogo di Iron con l'assistenza di Batteville, che poi se n'è tornato indietro, essendo convenuti non esser capace di potervi alloggiare D. Luigi, attesoché non vi sarebbe da dar recapito alla metà della sua gente, onde facilmente risolveranno di accomo/fol. 41/darsi in Fonterabie[184], se bene sarà anche molto angusto.

Hanno ancora considerato e disegnato il piano d'una piccola isoletta, chiamata de' Fagiani, situata nella riviera di Bidassoa, a meza lega del borgo d'Andaia[185] et altretanto da Iron, larga 50 piedi e lunga 160, giudicata però molto a proposito per tenervisi il congresso, essendo l'istessa dove fu fatto il baratto[c] delle due regine di Francia e Spagna l'anno 1615[186]. Onde si propone adesso di farvi una baracca con ugual portione di stanze e che habbino solamente communicatione nell'ultima sala, dove si terrà la conferenza. Vi

[a] Ajout en interligne : *sua*.

[b] *Sic*, pour : *montano*.

[c] La ligne commençant par les mots *dove fu fatto* est signalée par une croix au crayon dans la marge.

saranno due porte, l'una incontro all'altra, per evitare nell'ingresso ogni sorte di preeminenza. Pare che Dio habbia fatto nascere a questo effetto la detta isola, non essendovi alcuno che possa appropriarsene il dominio, perché il fiume che fa la separatione dei due regni lo dà e toglie, secondo il corso dell'acque[187]. Si è di più negotiato di far precedere al congresso una visita di reciproco complimento, mentre si anderà fabricando la casa nell'isola ; e perché D. Luigi non habbia da far /fol. 41v/ tanta strada in venire a questo borgo di St Gio. de Luz, pensa il cardinale di avvanzarsi ad Austobie[188], meza lega di qua distante ; e già che continua ancora a stare in letto per la solita sua indispositione, sarà buon mezo per agevolare questo abboccamento, pretendendo D. Luigi trattarsi del pari con S. Em[za][189].

S'esibiscano gli spagnoli di pigliarsi l'incumbenza della fabrica della casetta, a titolo di servire S. Em[za] per meno sua briga, onde non resterebbe a' francesi che fare il ponte per passare nell'isola[190].

Mercoledì 30 luglio. Si è penetrato che il cardinale habbia non poco sentimento che D. Luigi conduca seco Lesné, agente del principe di Condé in Madrid, parendo anche strano a tutti che il medesimo non habbia rossore di comparire in questa occasione con habito alla spagnola[191].

S'è di più saputo che D. Luigi habbia spedito due corrieri in sei giorni al detto principe, dopo il ritorno di quello che li portò l'annuntio della pace e, venendo scritto di Fiandra che S. Alt[za] stia di buon animo, il cardinale ne stupisce /fol. 42/ dubitando della cagione che ne possa havere. Non essendo però cessati affatto i sospetti che si hanno de' spagnoli, si sospende la speditione del gentilhuomo destinato al re di Portugallo[192], già che il cardinale viene avvisato di buona parte che, quando verrà a parlare con D. Luigi dell'accasamento del re con l'infanta, lo troverà molto diverso da quello si crede.

Non sarebbe gran fatto che i spagnoli si riserbassero a far cadere il cardinale in questo inciampo, mentre ben' sanno che egli sarebbe perduto nella gratia della regina se non si concludesse questo accasamento, essendosi la M[tà] S. dichiarata che se il cardinale non lo fa succedere, vuol ella stessa trasferirsi a Madrid per negotiarlo con re suo fratello[a]. Haverebbe desiderato il cardinale che questa principessa havesse saputo nascondere tanta sua passione, temendo che li

[a] La phrase : *Non sarebbe (...) suo fratello* est signalée par une grande croix au crayon dans la marge.

spagnoli non habbino da persuadersi di poterne riportare qualche avvantaggio e che s'habbino per ciò a render più difficili in questi negotiati.

Giovedì, ultimo di luglio. Questa mattina Pimentelli /fol. 42v/ è tornato a St Sebastiano.

Non è stato giudicato a proposito il castello d'Autorbia per farvisi la prima visita, onde pare che D. Luigi deva portarsi in questo luogo e che poi il cardinale si trasferisca a Fonterabie. Ha però fatto sapere il detto D. Luigi che quando si è condotto a queste frontiere, non pensava di vedere il cardinale che al tempo e luogo delle conferenze ; che molto loda la propositione di S. Em^{za} di far precedere questa visita, ma anche si scusa di non poterla effettuare senza saputa del suo re, non essendosene parlato che adesso ; onde ha stimato essere in obligo di porgerne avviso alla M^{tà} S., come ha già fatto per corriere espresso, havendo rappresentato alla medesima che li pareva giusto e molto a proposito che al congresso predecesse questa cortesia ; e perché non ignora che qua si teme che nella conclusione voglino i spagnoli innovar qualche cosa nel capitolo del principe, ha fatto soggiungere al cardinale che in mez'hora di tempo vuol levarli tutti i sospetti che possa havere per questa parte[193].

Vien destinato il marescial duca di Gramont per /fol. 43/ andare a ricever D. Luigi, ma anch'egli s'è dichiarato con Pimentelli che, rappresentando la persona del re come governatore di questa provincia, et andando per honorar e servir S. Ecc^{za}, pretende di non ceder la mano a' grandi che saranno seco[a] nella carrozza del cardinale, facendosi l'incontro a D. Luigi e non agl'altri. Pare che Pimentelli non habbi disapprovata la pretentione del maresciallo, con tutto ciò s'è riserbato a rispondere dopo che l'haverà conferita con in medesimi grandi.

Venerdì primo agosto. Siamo stati senza notizia.

Sabato 2. È gionto milord Locart che era restato indietro, e questa sera è comparso un corriere inviato da Pimentelli al s^{r} di Lionne, il quale lo ha subito rispedito con poche righe di risposta, aspettandosi di sapere quello risolveranno a Madrid sopra la visita che meditano di farsi i due ministri ; è ben vero che, sé gl'affari principali porteranno il tempo innanzi a misura di questo semplice complimento, non haveranno mai fine.

/fol. 43v/ È anché arrivato un valletto di piedi del re, con le risposte di S. M^{tà}, la quale ha poi voluto muoversi per andare a Bordeos,

[a] Ajout en interligne : *saranno seco*.

essendo già a Cléry, con venti compagnie delle sue guardie francesi e svizzere, che fanno il numero di 14 000 fanti de' più eletti e veterani.

Il giorno di domenica [3 agosto] si passò senza alcuna novità, e lunedì 4 del mese comparve Pimentelli, tutto carico di complimenti e scuse. Dice che a Madrid non hanno approvato che il plenipotentiario di Spagna passi in Francia il primo, per andare a visitare un ministro che porta l'istesso carattere ; onde, se bene il cardinale è in letto con la gotta, farebbe nulladimeno un brutto suono ne' tempi avvenire che si lasciasse questo esempio. Quì si sono accettate le scuse, ma non senza qualche amarezza ; e poiché i spagnoli caminano con questi puntigli, vuole il cardinale che si osservi ogni maggior rigore nel partimento del isoletta e che la portione della fabbrica che apparterrà a' francesi, sia fatta da questi operarii, acciò facendola i spagnoli come s'era offerto D. Luigi, non possino mai dire che il /fol. 44/ congresso si sia tenuto in casa loro.

Se havessero da principio promosse queste difficoltà, sarebbe parso meno strana una tal risposta, essendo verisimile che fin da principio D. Luigi sapesse ciò che se ne poteva promettere, et il cardinale non è senza sospetto che l'altro habbia adherito alla propositione della visita per portare il tempo alla lunga.

S. Em^{za} ha incaricato il s^{r} di Sciuppe[194] di condursi questo medesimo giorno a misurare e far la partitione dell'isola, et è restato d'accordo con Pimentelli di vedersi con D. Luigi nel detto luogo giovedì per la prima volta.

Martedì 5 agosto. Questa mattina si è trasferito a misurar l'isola del congresso il marescial di Villeroy, con altri signori qualificati e gente del paese, ma non è comparso alcuno per parte delli spagnoli, non ostante che fussero rimasti in appuntamento di trasferirvisi.

Hanno portato il piano e disegnato sopra il terreno il lavoro che appartiene a' francesi et oggi si sono incaminate a quella volta le maestranze, con tutto ciò che vi bisogna per /fol. 44v/ dar principio alla manifattura che aspetta per di qua.

A sera è stato rispedito il valletto del re et il cardinale ha scritto alle L. M^{tà} che, se non hanno passato Poitiers, vi si fermino per non impegnarsi[a] di vantaggio, parendo a S. Em^{za} che habbino havuto troppo fretta e ne ha sentito dispiacere estremo, perché saranno forse cagione che i spagnoli anderanno con altretanta lentezza[195]. Haverebbe la regina potuto trattenere il re, ma anch'essa ha l'ali a'

[a] *Impegnarvisi*, corrigé par surcharge en *impegnarsi*.

piedi per condursi a questi monti, dove spera di veder il fratello e ottener la nipote.

Pimentelli a Parigi assicurò il cardinale che d'altro non si sarebbe parlato a questa frontiera che del matrimonio del re con l'infanta, e delle forme e modi da tenersi nella visita delle L. M^{tà}, stante che il Re Cattolico si dichiarava volere accompagnar la figlia e consegnarla egli stesso alla regina sua sorella. Onde D. Luigi si sarebbe portato precedentemente a' questi monti per concertare con S. Em^{za} gl'articoli del matrimonio e le formalità /fol. 45/ sopradette, senza toccar punto al trattato di pace concluso e sottoscritto dal medesimo Pimentelli in Parigi. Si sente hora per lettere di Madrid che vi si parli della pace, ma non già di nozze, non essendovi principio immaginabile d'apparecchio per la mossa di quelle M^{tà}, il che apporta grande inquietezza al cardinale[196] ; onde non vuol più differire a vedersi con D. Luigi, per accertarsi dell'intentione de' spagnoli, havendo fatto partire il s^{r} di Lionne perché si dia fine una volta a tante lunghezze, non essendo fin'hora seguita la partitione del'isola.

Mercoledì 6. Pimentelli, Batteville et il governatore di Fonterabie si trasferirono a Iron per risolvere diffinitamente con il s^{r} di Lionne la fabbrica che si deve fare nell'isola, essendovisi anche condotto il marescial di Gramont. Tutti insieme sono convenuti che il disegno fatto da Battevilla sia il più adeguato[a], essendo anche stato approvato dal cardinale, che però sopra di quello si è principiato a dar mano alla fabbrica. Il marescial sudetto ha fatto entrare la sua compagnia di guardia, che tiene come governatore di provincia, nell'/fol. 45v/ isola con trombe e timbali battenti in contrasegno d'autorità sopra quel terreno, di che è parso molto sorpreso e sdegnato Batteville, che lo pretende di sua giurisditione, essendovi però successivamente comparso anch'egli con timbali et trombe sonanti. Con tutto ciò non lasciarono questi signori di desinare insieme nel detto luogo d'Iron, trattati splendidamente dal suddetto Batteville.

Giovedì 7. Quelli di Fonterabie hanno mandati alcuni deputati all'isola, facendo protestare alle maestranze che vi fabbricano, che quel terreno appartien' loro, e ne hanno fatto instrumento autentico ; è poi andato un notaro con altra comitiva di questo borgo a far la medesima protesta, pretendendosi che l'isola si sia sottoposta a questa jurisditione, perché il fiume che fa la separatione delle due nationi,

[a] La phrase commençant par les mots : *tutti insieme* est signalée par une croix au crayon dans la marge.

come sopra si è detto, ha il suo corso per l'altra parte ; vi è ancora contestatione sopra il paramento che[a] ha da servire per la sala dove si devono tenere le conferenze, perché dovendovene contribuire la metà ciascheduno, accade che D. Luigi non habbi damaschi né tappezzerie /fol. 46/ con oro, e non volendo che una sia più ricca dell'altra, si è mandato a Baiona per veder se vi fusse del taffetà colorato, perché ciascuno ne comprasse la metà, ma non vi hanno trovato cosa a proposito. Haveva proposto il cardinale che si lasciassero le tavole nude, senza coprirle, che così vi saria stata maggiore ugualianza. Si sono poi accordati che S. Em^za^ vi faccia porre una piccola tappezzeria che ha d'arazzi d'oro, et D. Luigi certe portiere ricamate[197].

Venerdì 8 agosto. È qui comparso il Pimentelli per dire al cardinale che questa sera D. Luigi sarebbe stato a Fonterabie e che, subito sarà terminata la fabbrica, si potrà dar principio alle conferenze. La lentezza con la quale vi operano li spagnoli è veramente straordinaria, di modo che il cardinale ne ha fatto doglianze, dichiarandosi che vuole andar domenica all'isola, quando anche non vi fosse fatto niente, havendo ordinato che si applichi solamente a finire la /fol. 46v/ la camera del congresso.

Pimentelli è tornato a Fonterabie a portar questo avviso, essendo restato di trovarsi dimani all'isola, dove si trasferirà ancora il Lionne per vedere insieme quello che sarà possibile di fare.

Hanno convenuto che non vi s'introduca più di 60 persone per parte, e che il restante si fermi su le ripe del fiume[198].

Eviteranno i plenipotentiarii di entrarvi in un medesimo tempo, e lo farà con maggiore osservatione il cardinale, perché nel modo che sta la fabbrica, alla quale vi sono nel prospetto due porte, verrebbe D. Luigi ad haver la mano dritta, essendo quella per lo lungo dell'isola, e non per il traverso, come si era detto da principio, onde i francesi nell'entrare restano alla mano manca[199]. È ben vero che nella sala del congresso, che è l'ultima, viene il cardinale ad haver il primo luogo, considerandosi sempre la porta dell'appartamento ove si entra, per dare e toglier la mano, e però quando saranno a sedere et in quella stanza /fol. 47/ dove solamente si vedranno, resta la porta del cardinale alla sua dritta. Li spagnoli possano dire d'haver la loro entrata alla dritta de' francesi, ma qui rispondano che non s'hà riguardo alle porte, se non vi sono le persone.

[a] Un mot rayé : *deve* ; correction en interligne : *ha da*.

È comparso il residente di Portugallo, chiamato dal cardinale, già che D. Luigi ha seco l'agente del principe di Condé. È anché gionto il marchese Giovanni Luca Durazzo, inviato della republica di Genova[200], che per le molte qualità sue, viene non ordinariamente stimato in questa corte. Sono parimente comparsi i ministri di Savoia[201] e di Mantova[202]. L'abbate Bonsi, residente del gran duca[203], haveva seguitato il cardinale fin da Parigi, stante la particolar propensione dell'Em[za] S. verso di esso.

Il duca di Modena non ha mandato qui alcuno, essendosi dichiarato il cardinale di voler'egli medesimo sostener le parti di quella Serenissima Casa, che stima sua propria in riguardo non menó della congiuntione che dell'affetto[204] ; e di qui nacque che, seguita la morte del duca Francesco, permesse l'Em[za] S. al figlio d'accomodarsi /fol. 47v/ separatamente con la corona cattolica, acciò potesse conseguir la gloria di non esser compreso nella fola generale di tutti gl'altri collegati, i quali professando di volere stare uniti alla Francia, anche in tempo di pace, ciò non haverebbe potuto fare il duca di Modena, tanto lontano dalla Francia e circondato dalle forze de' spagnoli[205].

Il ministro di Savoia ha fatto qualché doglianza contro il cardinale d'Este[206], perché non habbia voluto trattare l'ambasciatore del duca suo signore in Roma in quella forma che si pratica co' regii, non ostante l'esempio d'altri cardinali, il che maggiormente sperava da questo, per essere il duca non solamente suo stretto parente, ma anche confederato et amico della Francia[207]. Il cardinale Mazarino non solamente non[a] biasima il cardinale d'Este, ma piutosto disapprova la facilità degl'altri, tanto più che, havendo risoluto il re d'inviare dopo la pace un ambasciatore a Roma, si dichiara il cardinale che questo haverà ordine espresso di non render la mano né l'Excellenza che a quelli che hanno la Sala regia[208].

Sabato 9 agosto. Si è fatta la lista di quelli che /fol. 48/ devono entrare nell'isola et il cardinale, per non alterar di una sola persona il numero concertato, vi ha compreso un'aiutante di camera et un valletto di guardarobba per fare il compimento di 60, essendone stati esclusi tutti questi ministri stranieri con non poco lor dispiacere[209].

È passato un corriere che viene di Fiandra, spedito a D. Luigi, e perché si crede che la lentezza de' spagnoli procede dall'aspettare essi qualche risposta dal principe di Condé, si vorrebbe che questo corriere l'havesse portata.

[a] Ajout en interligne : *non*.

Il s[r] di Lionne s'è trasferito all'isola, in ordine all'appuntamento preso con Pimentelli, che pur vi si deve ritrovare per vedere se sia possibile che dimani segua il primo abbocamento[210].

Domenica 10 e lunedì 11. Il s[r] di Lionne non è più tornato, non havendo voluto abbandonar di vista li spagnoli, sino a tanto che l'isola non sia in grado di potervisi andare ; egli medesimo ha assistito tre e quattro hore per volta al lavoro delli spagnoli, che nonostante la di lui presenza non s'affrettavano più del /fol. 48v/ solito, onde ha fatto sapere a D. Luigi che s'egli non ordina che si spedischino, vi saranno attorno tutto quest'anno.

Martedì 12. Il cardinale ha scritto a Lionne, che si trova a Iron, che, dando hormai nell'eccesso le lunghezze de' spagnoli, è risoluto, mentre domani non segua l'abboccamento con D. Luigi, volere assolutamente partire da queste frontiere[211].

L'affettatione e gl'artifitii de' spagnoli sono così palesi che uno del seguito di S. Em[za] gl'ha detto, maravigliandosi di tali dilationi, che se l'armata del re fusse in Fiandra, come di presente si trova in quartiere, non toccherebbe ad esso a sollicitare, ma più tosto a D. Luigi di chieder la speditione. Ha operato la protesta del cardinale che gli spagnoli habbino consentito immediatamente alla conferenza, nonostante che il loro appartamento non si trovi del tutto in ordine, di che havendo subito dato avviso il s[r] di Lionne, che si trova a Iron, resta intimata la mossa per domattina a X hore.

Mercoledì 13 agosto. È partito da questo luogo il /fol. 49/ cardinale verso l'isola del congresso, havendo fatto prima avvanzare la metà della sua guardia a piedi, la quale si è trovata squadronata alla testa del ponte, quando S. Em[za] vi è gionta. Precedevano la sua carrozza 14 paggi a cavallo, con abito molto galante e vago, e con pinnachiere di ben intesi colori, diciotto cavalli a mano, con le coperte ricamate di seta con l'armi di S. Em[za], condotti da altretanti palafrenieri a cavallo.

Haveva seco in carrozza il duca di Créquy et i marescialli di Gramont, Villeroy, Clerambeau con il comendante di Souvré. 24 lacché stavano alle portiere et un numero grande di gentilhuomini a cavallo, dopo de' quali veniva la compagnia de' suoi cavalleggerie e 30 carrozze a sei piene di nobiltà. Con quest'ordine entrò nell'isola contigua a quella della conferenza, grande assai più dell'altra e capace di molte centinara di persone.

Li paggi con la scuderia si posero alla dritta del ponte, lungo le ripe del fiume, le carrozze per di dietro, e li cavalleggieri al fianco sinistro delle guardie a piedi. Tutta l'altra gente a cavallo /fol. 49v/ finiva di bordare quelle sponde, onde l'isola era poco meno che ricoperta di gente, facendo una vista ammirabile per la quantità e la varietà delle pennacchiere, degl'abiti e de' colori, perché oltre le persone di livrea del cardinale, che sono sopra 400, tutti gl'altri personaggi[a] che sono seco hanno fatto a gara per honorarlo e servirlo, essendo il tutto passato con grandissimo ordine, stante la particolar premura che n'hanno havuta questi signori per incontrare anche in ciò il gusto dell'Em[za] S.

Il s[r] di Lionne, in cui risiede tutta la mole del negotio, s'era anticipatamente portato all'isola per dar ordine insieme col Pimentelli, acciò[b] le cose s'adempino conforme il concertato.

Li spagnoli non potevano così bene fare apparire la loro gente, per mancanza di terreno, perché l'isola della conferenza resta per quella parte al piede d'una collinetta con poco spatio di pianura[212]. La lor' cavalleria si postò in due squadroni, dirimpetto alle guardie a cavallo del cardinale, essendovi anche una compagnia di 100 moschettieri, non già con casacche di livrea e con /fol. 50/ gala, ma con i loro vestiti ordinarii, alla confusa su l'entrata del ponte.

All'ingresso dell'altro, per la parte di Francia, stavano due moschettieri della guardia di S. Em[za], et all'entrar dell'isola, un'offitiale con due cavalleggeri che non lasciavano passare, se non quelli che erano in nota. Un'altra guardia era alla porta dell'appartamento francese, et una sentinentella sotto la finestra della sala, dove si teneva la conferenza, essendovene anche una spagnola al quanto distante e fuori del rastrello che chiude la punta dell'isola fino all'acqua, acciò alcuno non possa scendervi ne fermarsi, stando le sentinelle medesime in tal posto che non possano sentire i discorsi de' due ministri.

Si è fatta parimente una liza che divide per mezo l'un dell'altro appartamento e ciò perché, mentre si tengono le conferenze, non habbiano quelli de' due partiti a comunicar trà di loro, dovendo anche servire per ovviare che se i ministri giungessero a caso ad un tempo stesso, non[c] venghino ad incontrarsi né vedersi, il tutto per escludere qualunque atto di pretesa preeminenza, che anche impensatamente /fol. 50v/ potessero attribuirsi.

Entrato il cardinale nell'isola, comparvero alcuni battelli coperti di scarlatto et altre barche con stendardi e banderole di Spagna, sopra

[a] Un mot rayé ; correction en interligne : *personaggi*.

[b] Un mot rayé, vraisemblablement : *tutte*.

[c] Deux mots rayés : *habbiano ad* ; correction en interligne : *venghino ad*.

le quali erano diverse persone di quella natione ; et essendo scesi questi dalla lor banda nell'isola, si vedde comparire D. Luigi in lettiga, preceduto dalle sue guardie a cavallo al numero di 200, con la cornetta e casacche di sua levrea guarnita di passamenti di seta, ciaschedun soldato di quella compagnia havendo una sciarpa rossa.

Il capitano era con casaccha di velluto verde trinato d'oro e simile a questa l'havevano otto trombetti. La gente non è molto bella, ma i cavalli lo sono al maggior segno. Veniva dopo la lettiga la carrozza di S. Ecc^{za} con attiraglio di mule et appresso di questa sei altre lettighe con i grandi di Spagna, chiudendo la fila altre 14 carrozze parimente con 6 mule per ciascheduna. Diciotto paggi e 24 staffieri circondavano la lettiga di D. Luigi, coperti della sua solita livrea, che nemeno ha rinovata in questa occasione, di modo che non ci è stata alcuna comparatione trà la nobil comparsa /fol. 51/ de' francesi e la positiva de' spagnoli.

Entrato D. Luigi nel suo appartamento, Lionne e Pimentelli si partirono dalla camera della conferenza per avvertire i loro principali, a fin che ambidue vi giungessero in un medesimo tempo, come seguì, essendo corsi ad abbracciarsi l'un l'altro, et rimasti soli, vi si trattennero la spatio di quattro hore et un quarto.

Hanno una sedia a bracci e un piccolo tavolino per ciacheduno, con carta e calamaro, e questi non sono fra lor due, ma alla destra di essi, sì che voltando solamente la persona, possono scrivere, porre e prendervi ciò che vogliono. Il pavimento della detta stanza è di legno[a] così come il resto della fabbrica, e questo è contrasegnato con una striscia che ne fa la divisione, onde viene a restare[b] in mezo alle sedie de' plenipotentiarii[c]. Il parato per la parte di Francia è di mola incarnata e dalla banda di Spagna di raso dell'istesso colore, non essendosi poi giudicato a proposito di porvi le portiere superbamente ricamate di D. Luigi, perché riuscivano troppo basse, onde se ne son serviti nelle altre camere, così come ha fatto il cardinale de' suoi arazzi a fondo d'oro.

/fol. 51v/ Nel fin' della conferenza sono stati chiamati i grandi dell'una e l'altra natione, et essendovisi successivamente poi introdotte ambidue le Corti, non hanno potuto farvi lunga dimora, perché la moltitudine haveva cagionato un'eccessivo caldo.

[a] Deux mots rayés : *venendo separato* ; correction en interligne : *così come il resto della fabbrica, e questo è contrasegnato*.

[b] Deux mots rayés : *e resta* ; correction en interligne : *onde viene a restare*.

[c] Deux mots rayés : *delli due* [plenipotentiarii], corrigé en : *de'* [plenipotentiarii].

Per questa parte s'era dato ordine rigoroso che alcuno passasse da quella de' spagnoli, ma essendosi accostate due barche al ponte de' francesi, piene di gentilhuomini del seguito di D. Luigi, furono invitati a scendere con tanta gentilezza che non seppero disdire ; onde dopo la rottura di quel guado, passarono similmente tutti i spagnoli, dal primo fino all'ultimo, all'esempio de' quali havendo fatto lo stesso i francesi per di là, hanno garreggiato a chi si faceva maggior cortesia, si è dato bere a tutti nelle case di Francia e Spagna, non essendovi alcuno che non vi sia stato invitato, et appena la notte ha potuto separargli.

Nella conferenza di questo giorno, dopo la comunicatione delle plenipotenze, dicesi che si sia parlato in generale del trattato concluso a Parigi e ratificato a Madrid, come di cosa sta/fol. 52/bilita ; ma che D. Luigi habbia detto al cardinale non credere che voglia che si sia portato a questo luogo solamente per confermare ciò che Pimentelli haveva già fatto, sperando però che l'Em^{za} S. vorrà cooperare che egli con reputatione possa tornare al suo re. Quello poì che di certo s'è saputo è che il s^{r} di Lionne et il Coloma, segretario di Stato del Re Cattolico[213], doveranno trasferirsi alternativamente, l'uno a Fonterabia e l'altro a Andaia, per porre al netto un nuovo trattato, essendo finalmente condesceso il cardinale di compiacer D. Luigi in recedere apparentemente dal primo, purché nella sustanza non s'alteri punto il negotiato che fece il suddetto Lionne a Madrid, il che, con gloria uguale al suo merito, deve servire per base e fondamento di tutto. E perché D. Luigi s'è contentato che il Coloma sia il primo a passare in Francia, il cardinale ha però ordinato al Lionne che immediatamente si trasferisca in Andaia, già che domattina deve comparirvi il segretario spagnolo per dar principio alla capitulatione con la maggior chiarezza e diligenza possibile.

Il giovedì [14] si passò senza novità.

/fol. 52v/ Venerdì 15 agosto. È comparso in questo luogo il residente del re d'Inghilterra che sta appresso la persona di D. Luigi e, senza saputa d'alcuno, si è portato nell'anticamera del cardinale, addimandando egli medesimo l'udienza. S. Em^{za} non solamente glie l'ha negata, ma anche gl'ha fatto sapere che senza dilatione si parta di qua, maravigliandosi che vi sia venuto, mentre il suo re ha portato l'armi contro questa corona in Fiandra, onde quando altro rispetto non vi fusse, questo basterebbe per non ammetterlo senza precedente negotiato[214].

Il motivo principale che veramente ha havuto Mazarino in questa attione, è stato il rispetto degl'inglesi, perché, havendo professato di non avvanzarsi in alcuno impegno senza la partecipatione di milord Locart, che si trova a Baiona, haverebbe egli potuto molto ingelosirsi, se il cardinale havesse ammesso il residente suddetto senza sua saputa, volendo S. Em^{za} caminare con ogni maggior schiettezza verso di esso, acciò i spagnoli non habbiano a far nascere qualche diffidenza. Non par già al cardinale che D. Luigi operi con la medesima sincerità verso di lui, essen/fol. 53/doli sommamente dispiaciuto che habbi condotto seco nell'isola medesima della conferenza Lesné, ministro del principe, l'abbate suo fratello, e due altri francesi, i quali veramente non si pensava che si mostrassero in detto luogo. Potrebbe S. Em^{za} condurvi il residente di Portugallo, che è qui, e chiamare ancora D. Giuseffo Margherit, catalano[215], et il duca di Castelnuovo, di casa Caraffa[216], ma perché vuol tenersi attaccato alla sostanza del negotio, s'è contentato di passarne solamente qualche leggiera doglianza, facendosi meraviglie che i quattro suddetti francesi sieno così sfacciati di comparire in abito spagnolo.

Vorrebbe D. Luigi che il cardinale si contentasse che almeno il Re Cattolico potesse dare un'annua recompensa in danaro al principe di Condé ; ma l'Em^{za} S. se ne mostra del tutto aliena, parendoli cosa troppo disdicevole che un principe del sangue habbia da esser pensionario del re di Spagna.

Fu ben cosa scandalosa il vedere i francesi del seguito del cardinale correre a fola per abbracciare e salutare i ministri e partigiani di Condé, attione che molto dispiacque a S. Em^{za} /fol. 53v/ che ha detto a' medesimi in tal proposito che, al tempo di Richegliù, non haverebbero ardito di fare una tal' dimostratione.

Sabato 16 agosto. Si tornò alla seconda conferenza, che principiò a mezogiorno e terminò a hore 5. Il cardinale vi giunse mez'hora prima di D. Luigi, il quale partì poi dall'isola poco dopo S. Em^{za}.

Vi fu libero commertio fra l'una e l'altra natione, essendosi fatte due porte alla liza che lo impediva. È ben vero che furon' poste due guardie del cardinale all'ingresso della casa di Spagna, e dui simili di D. Luigi a quella di Francia, acciò vietassero l'entrarvi ai staffieri et altra gente vile dell'una e l'altra banda. Non si osserva più che tan poco il numero de' 60, poiché vi passa ogniuno, eccetuato i ministri de' principi stranieri.

Avanti che principiasse il congresso, S. Em^{za} presentò a D. Luigi i prelati che sono seco, i quali non volsero trovarsi con li duchi e marescialli la prima volta, e questi sono gl'arcivescovi di Tolosa[217] e Lione[218], e li vescovi di Poitiers[219], Baiona[220], Fregius[221] /fol. 54/ e Ses[222]. Nell'appartamento del cardinale si è trovato apparecchiata un'abbondantissima colatione di frutti e confetture per li grandi e nobiltà di Spagna, che si sono trattenuti il più del tempo nella casa di Francia, così come hanno fatto i francesi in quella di Spagna, dove vi si sono gustati pretiosissimi liquori di vini, aqque, sorbetti et accioccolati, ma perché non erano preparati per il resto, vi furono solamente quattro bacili di confetture.

Prevale ad ogni modo la cortesia e generosità de' spagnoli, perché a Fonterabie, non vi può giunger francese che non sia subito incontrato, servito d'alloggio, banchettato e condotto da D. Luigi se lo desidera ; e questo non lo fanno solamente alla nobiltà, ma fino ai lachè, i quali vi si erano così bene assuefatti che il cardinale è stato necessitato dichiararsi, non haver piacere che alcuno vi vada

Questa seconda volta i ministri del principe si sono veduti nell'isola e nella casa di Spagna, in abito francese, et la gente di questa natione s'è astenuta d'accostarseli

Corre voce che in questa seconda conferenza, Don Luigi si sia rivolto al cardinale, predendolo per la mano e che gli habbia detto, se era possibile che non /fol. 54v/ volesse impetrare la gratia per un signore così bravo e generoso quale il principe di Condé ; se haveva preso l'armi et aderito a' spagnoli, essere stato solamente per propria sicurezza et in una estrema necessità ; sapere egli da medesimi francesi che i Re Cristianissimi in ogni tempo erano stati soliti di concedere il perdono a' contumaci della lor[a] corona, onde tanto meno poteva mancare il Re Cattolico d'intercederlo per il principe, a cui professa tanta obligatione. Pregava dunque il cardinale a vincer sé stisso, impetrando dalla M^{tà} Cristianissima questo perdono, volendoli star per sempre sicurtà che S. Alt^{za} non riconoscerà da altri che dall'Em^{za} S. il proprio ristabilimento.

Si asserisce che la risposta del cardinale sia stata del seguente tenore :

« Sr D. Luigi, quelgl'oblighi che V. Ecc^{za} confessa dovere il suo re al principe, sono quei medesimi che hanno fatto durare la guerra tre anni di più, non essendosi prima conclusa la pace a Madrid in riguardo di questo medesimo articolo, e dopo non è seguito cosa che possa ridurre la Francia a sì estrema necessità che habbia da lasciare un'essempio /fol. 55/ a tutti li principi del sangue, di collegarsi con i nemici della corona, e di pigliar l'armi per ottener ricompense e vantaggi ».

[a] Ajout en interligne : *lor*.

[Disse ancora di] non essere a questi monti per trattar della pace, perché già questa è stabilita, sottoscritta e ratificata, ma ben sì per renderla durabile et eterna, col matrimonio del re e dell'infanta, e con un concerto tale di governo e di buona corrispondenza che non solamente le due nationi, ma tutta la Cristianità ne provi ristoro e vantaggio ; darli parola di voler procurare le sodisfattioni del principe nel modo che S. Ecc^{za} puol più desiderare, quando li faccia constare un solo esempio che alcun principe di Francia che habbia portato l'armi contro il suo re sia stato gratiato del perdono, con la restitutione degl'honori, cariche, governi e piazze ; esservene nulladimeno, ma in persone che hanno preso l'armi per un parlamento, per la causa commune de' principi del sangue, o per motivo di religione, e non già ne' modi e forme che ha praticato il Condé ; che mai la Francia pretese né parlò dell restabilimento de' ribelli di Fiandra, benché principi e signori tanto qualificati, per non pretendere una cosa /fol. 55v/ ingiusta, che repugna alla natura, alla legge et alla convenienza[223] ; promettersi nulladimeno che il re suo signore non solamente perdoni al principe, con la reintegratione in tutti governi et onori che possedeva per l'innanzi, ma di far restituire al re di Spagna tutte le piazze conquistate in queste ultime guerre, se S. Ecc^{za} havesse voluto consentire che la casa di Braganza possedesse pacificamente il regno di Portugallo. Proseguendo il suo ragionamento, si dolse del Carazzena[224], governatore de' Paesi Bassi, perché dopo la sospensione dell'armi[225] e la conclusione del trattato[226], habbia tenuto in Brusselles una conferenza col cardinale di Retz[227] e'l principe di Condé, per muovere i popoli di Francia a nuove seditioni, havendo in oltre fatto offerire al conte d'Arcurt dugento mila scudi se voleva dichiararsi e porsi alla testa de' malcontenti del regno.

Rispose D. Luigi, querelandosi, che Pimentelli fusse stato troppo facile in adherire a tutto ciò che S. Em^{za} haveva voluto, replicando che non si sarebbe mosso per venire a confermare un trattato tanto pregiuditiale alla reputatione della Spagna ; onde faceva giudice l'istesso cardinale se li pareva /fol. 56/ che dovesse tornare a Madrid con la sola rattificatione dell'operato da Pimentelli. Si dice que il cardinale habbia impugnato la difesa del detto Pimentelli, dimostrando l'obligo che li deve la Spagna, mentre le sue persuasioni hanno havuto forza di far sospendere l'armi del re, quando erano in punto di occupare tutta la Fiandra[228] ; che anch'egli non si sarebbe partito da Parigi per venire a distruggere un trattato già fatto e sottoscritto, rimettendo al giuditio di S. Ecc^{za}, se potesse scusarsi con la Francia di non haver saputo sostener ciò che il s[r] di Lionne haveva conseguito a Madrid[229] ; non essersi determinato a Parigi altro di[a] più che l'abbandonamento del principe, senza di che la Francia non haverebbe sospese l'armi e sarebbe pronta a ripigliarle quando la Spagna mancasse a questo articolo ; che non era[b] poco il merito che S. Ecc[za] riportava[c] presso Dio, comprando la pace al Cristianesimo col prezzo d'un sol'huomo, dovendogli bastare quanto al mondo d'haver saputo far risolvere la Francia ad'abbandonare un regno intero per il principe di Condé ; che se l'Ecc[za] S. haveva ragioni in contrario, si /fol. 56v/ risolvesse a lasciare il Portugallo nello stato presente ; che con questa reciproca sodisfattione, sarebbero stati d'accordo et il principe conseguirebbe a contemplatione del re di Spagna tutto ciò che possedeva per l'innanzi in Francia.

Il cardinale parla sempre spagnolo, già che D. Luigi non intende il francese, e poco l'italiano, et a S. Em[za] sono egualmente familiari queste tre lingue. Vien però detto che D. Luigi, per evitare il discorso in ordine agl'interessi del principe, non sapendo forse che risponde alle vive ragioni del cardinale, sia passato a lodarlo di sapersi così ben'esplicare in un idioma che, quantunque a lui proprio, confessa[d] non haver così facile e pronto[230].

Domenica 17 agosto. Se ne passò il s[r] di Lionne a Andaia allo spuntar del giorno, per di là trasferirsi a Fonterabie a effetto di proseguire il disteso della capitulatione.

Il lunedì [18] s'è passato senza novità.

Martedi 19 agosto, si andò al solito e per la terza volta all'isola. D. Luigi anticipò d'un hora per /fol. 57/ vedere l'appartamento del cardinale, dove sono state poste altre tappezzerie, molto più ricche delle prime[231], eccettuata la camera della conferenza, in cui non si può innovare cosa alcuna. Nel giungere all'isola prima o doppo, non vi è precedenza, essendo d'accordo che solamente si parta alla medesima hora, senza misurare altro tempo.

La conferenza di questo giorno è durata cinque hore e mezo. Vi è stata da' francesi la solita bella colatione et in tutti l'istessa civiltà e cortesia dell'altre volte. Vi sono anche comparsi i ministri de' principi forestieri, havendo havuto finalmente licenza d'andarvi.

[a] Ajout en interligne : *di*.

[b] Deux mots rayés : *non sarà* ; correction en interligne : *che non era*.

[c] Le mot : *riporterà*, corrigé en surcharge en : *riportava*.

[d] Un ou deux mots rayés, illisibles.

Si è parlato della causa del duca di Parma, circa la scameratione di Castro, e pare che in questi plenipotentiarii vi sia gran' dispositione a promuoverla[232].

Il s^{r} di Lionne se n'è venuto con S. Em^{za} per ricever gl'ordini e per partire domattina verso Andaia, dove si stendano in francese e spagnolo gl'articoli che si vanno concertando.

Mercoledì 20 agosto. Si è fatta una bellissima conversatione in Andaia, havendovi il marescial' /fol. 57v/ di Gramont lautissimamente banchettati tutti i grandi e altri notabili signori del seguito di D. Luigi, e vi s'è bevuto piutosto all'uso d'Alemagna che di Francia e Spagna.

Giovedì 21 agosto e venerdì 22. Vi è stata oggì la quarta conferenza, più breve delle altre un'hora. D. Luigi ha anticipato il tempo per godere la commodità del reflusso, riuscendoli più facile che l'andar per terra.

Si è osservato il cardinale molto turbato nel ritorno, e dall'inditio di qualche parola che si sono lasciata cadere i ministri del seguito di D. Luigi, si raccoglie che il congresso di questo giorno sia stato molto pericoloso, non volendo assolutamente consentire i spagnoli di vedere abbandonato il principe, senza poterli dare ricompensa[a] e che di più deva esser forzato da essi a rendere alla Francia Esdino, Rorcroy e le altre piazze occupate da S. Alt^{za}.

Vogliono alcuni che in questa giornata si sia anche parlato dell'accasamento del re con l'infanta, e che il cardinale habbi molto dibattute[b] le ragioni di questa principessa nell'articolo della renuncia /fol. 58/ che pretendono i spagnoli prima di consegnarla al re, riducendosi tutto il punto alla Fiandra, la quale vorrebbe S. Em^{za} che in vacanza di successione fusse riservata per compenso di tutte le ragioni dell'infanta e della regina madre di Francia.

Il punto del principe e del matrimonio reale sono i due articoli che tengono in sospeso questo negotiato, e stante le difficoltà che s'incontrano in essi, non lasciano intanto i due plenipotentiarii di passare avanti nell'altre materie più facili, a fine di spedirsi da questi monti e con la speranza ogn'un di loro di superare con gl'artifitii del negotio le durezze del compagno.

Sabato 23 agosto. Volevano i spagnoli portar la quinta conferenza a lunedì, ma il cardinale ha desiderato che si faccia domani, vivendo

[a] Six mots rayés : [senza] *che il Cattolico possa darli ricompense* ; correction en interligne : *poterli dare ricompensa*.

[b] Le mot : *dibattuto* est corrigé par surcharge en : *dibattute*.

impatiente di tornare alla pugna con D. Luigi per venire in chiaro di quello si possa promettere ; S. Ecc^{za} vi ha con prontezza aderito, tanto scrivendo il s^{r} di Lionne, che al solito si trova a Fonterabie. Per ogni articolo si fanno quattro copie, due per li re, a' quali /fol. 58v/ subito vengono spedite, e le altre per i plenipotentiarii, dispensandosene però il cardinale, la di cui autorità non è così limitata come quella di D. Luigi[233].

Domenica 24. Si tenne la quinta conferenza e D. Luigi vi giunse il primo per non perdere il favore della marea. Quello che di certo s'è saputo è che habbino parlato del cambio e restitutione di alcune piazze, come della Bassea[234] e Berghes[235], per le quali devono i spagnoli darne una che vaglia le due.

Il cardinale ha offerto a D. Luigi di rilasciar non solamente le sopradette due piazze, ma anche Gravellines[236], se vogliono darli Roses[237] ; fin'hora non pare che gli spagnoli vi siano punto inclinati, forse per la medesima consideratione che induce il cardinale a desiderare questo baratto, venendo giudicato il posto di Roses di grandissima consequenza, perché oltre all'havere un gran' paese di territorio che serve d'adito per entrare nella Catalogna, è molto utile e commodo alla navigatione, tutto all'opposto di Gravellines, che non ha né porto, né paese, e che alla Francia è per così dire /fol. 59/ inutile, havendo Cales[238].

È qui giunto il segretario del gabinetto del re[239], spedito da S. M^{tà} al cardinale, perché le porti nuove della salute di S. Em^{za} e per farli sapere che si trova a Bordeos con sette mila soldati, alloggiati nella città, con grandissimo dispiacere et incommodo di quegl'abitanti, che alla voce precorsa di doversi ridurre il Castello Trompetta in fortezza reale, si sono grandemente commossi, e volentieri vi si opporrebbero se havessero mezi da poterlo fare. Non sarà solo Bordeos che haverà delle cittadelle, già che s'è risoluto di fabricarne anche altrove per provedere a quei luoghi che in occasione[a] delle passate rivolutioni si son resi sospetti[b]. Il castello risiede in sito eminente su la riva della Garonna, onde verrà a signoreggiare tutta la città. Alcuni presidenti di quel parlamento havevano proposto d'esporre al re che era contro i privilegii l'alloggiarvi gente di guerra, ma gl'altri in maggior numero non hanno havuto ardimento di seguitare ques'oppinione. Si pretende in oltre che nessun governatore di provincia possieda piazze forti nella sua jurisditione, per renderli

[a] Ajout en interligne : *in occasione*.

[b] Quatre mots rayés : *maggiormente* [sospetti] *per il t (...)*.

inabili /fol. 59v/ in tal maniera a disobedire al re et a tiranneggiare i popoli, come la maggior parte han fatto fin'hora.

Lunedì 25 agosto. M. di Lionne sta sempre a Fonterabie, negotiando anche con D. Luigi medesimo tre e quattro hore per giorno, a effetto d'accelerare molte cose, che non è necessario riserbare alle conferenze.

Martedì 26. Corre voce che, stante le tergiversationi di D. Luigi, non voglia il cardinale più fidarsene e che pretenda non restituire a' spagnoli alcuna piazza che prima l'infanta non sia in Francia, e che il principe habbi rese a S. M^{tà} Cristianissima quelle che tiene a sua dispositione. A sera è tornato da Fonterabie il s^r di Lionne e domattina si deve andare all'isola, parendo a D. Luigi, per quanto dicono i medesimi spagnoli, che questo ministro sia troppo rigoroso in sostener le parti del suo re e che il cardinale gli riesca assai più facile.

Mercoledì 27. Si tenne la conferenza per la 6ª volta /fol. 60/ e durò dalle undici hore e mezo di mattina fino alle cinque e mezo della sera, conforme l'orologio di Francia.

D. Luigi vi giunse un'hora prima di S. Em^{za}, havendo goduto il solito benefitio dell'acqua. I plenipotentiarii sono rimasti d'accordo che questo re mandi un ambasciatore a chieder l'infanta, e si stima che l'elettione possa cadere in persona del marescial' di Gramont, altri dicono del conte di Soessons[240].

Diversi spagnoli, et in specie D. Gasparo Bonifatio[241] e D. Cristovall, segretario delle Lingue[242], parlando con certi francesi sopra questi negotiati, hanno detto che il cardinale et il Lionne vogliono le cose troppo a modo loro ; che Pimentelli è stato un temerario a sottoscrivere alcuni articoli, e trà gl'altri quello del principe de Condé ; che non è di ragione abbandonare S. Alt^{za} e che, se la M^{tà} Cattolica condescende a dar l'infanta al re di Francia, è anche ragionevole che si faccia qualche cosa a intuito di questa principessa. Con questi medesimi concetti si vocifera habbi parlato l'istesso D. Luigi al cardinale, protestando che, se l'Em^{za} S. vuol tenersi ne' puri termini del trattato concluso da Pimentelli, il suo re non ne ha repugnanza di sorte[a] alcuna, ma che si il re di Francia vuol l'infanta, questo è /fol. 60v/ un negotio a parte, da non potersi stabilire senza la correlativa sodisfattione del principe di Condé.

Giovedì 28 agosto. È giunto questa mattina Pimentelli, che più hore s'è trattenuto con S. Em^{za}.

[a] Ajout en interligne : *di sorte*.

Venerdì 29. Il maresciallo di Gramont è stato preferito al conte di Soessons per l'ambasciata di Spagna, stante che questo pretende l'Alt^{za}, con l'esempio del principe Tommaso suo padre[243], che l'hebbe alla corte Cattolica. Il maresciallo si mette all'ordine per partire al primo avviso e farà il viaggio in posta, già che la strettezza del tempo non li permette di portare l'ambasciata con quel decoro o splendore che è proprio del suo grand'animo. Fin'hora non s'ha certezza che il re di Spagna sia per avvanzarsi a queste frontiere, trovandosi con poco buona salute, et in tal caso, mentre succeda il matrimonio, farà D. Luigi a Madrid la funtione di sposare l'infanta, il duca di Medina dellas Tores[244] la condurrà fino alla frontiera, et il re di Francia si porterà per riceverla a Baiona.

Mentre i plenipotentiarii disputano sopra questo punto del matrimonio del re con l'infanta, ha /fol. 61/ scritto S. M^{tà} al cardinale una lettera di sei fogli di proprio pugno, dichiarandosi che ben gradisce che la pace si faccia ne' termini conclusi con Pimentelli, ma che quanto alle sue nozze, non aspira ad altre che con la signora Maria Mancini, nipote dell'Em^{za} S., desiderando di compiacere in ciò, prima a sé stesso, e poi di far palese al mondo quale sia la sua gratitudine verso un ministro alla di cui prudenza e valore egli ascrive meritamente la conservatione e l'aggrandimento della sua corona, non meno che la publica felicità di tutto il Cristianesimo ; onde lo prega di non si tormentare divantaggio sopra l'articolo dell'accasamento, già che questo non deve dependere dalle durezze degli spagnoli, ma dalla gentilezza di S. Em^{za} in compiacere la M^{tà} S.

Penetratosi dalla regina madre il tenore di questa lettera, ha spedito subito al cardinale pregandolo di non far fondamento alcuno sopra i trasporti giovenili del re suo figlio, ma di star fisso sul primo punto, che ha per oggetto la gloria del cardinale nel magnanimo rifiuto di queste nozze, la sodisfattione di essa regina nel procurarli la nipote, e la sicurezza della pace nell'aqquisto dell'infanta, tornando con /fol. 61v/ tale occasione a ricordarle che, havendo essa arrischiato tante volte l'honore e l'autorità per gl'avvanzamenti dell'Em^{za} S., ben doveva questa in tale occasione mostrare al mondo la sua gratitudine.

È cosa incerta se il cardinale s'induca di renuntiare a queste nozze per desiderio di compiacere la regina e di contribuire alla gloria del re, et alla stabilità della pace, o pure per timore ch'egli habbia di fabricarsi il precipitio, salendo tant'alto. Ha discorso di sì importante materia con alcuni suoi confidenti, li quali, per quanto fin'hora s'è potuto penetrare, rappresentano a S. Em^{za} li pericoli e l'inconvenienti che potrebbero nascere dall'esporsi in così fatta maniera all'invidia et alla censura di tutto il mondo[245].

Sabato 30 agosto. S'è tenuta la 7ª conferenza che è stata più breve dell'altre, havendo durato poco più di due hore. Ha ben fatto una grandissima pioggia, la quale ha dato motivo ai due ministri di risolvere che bastino all'avvenire solamente 30 cavalleggieri per guardia di ciascuno di essi quando /fol. 62/ vanno all'isola e questo fa credere che vi habbino da essere ancora molti colloquii.

Si è saputo che nel preambolo del trattato vi fusse stato specificato qualche cosa che si riferiva alle buone intentioni del papa et alle sue orationi, ma che D. Luigi l'habbi fatto cancellare, dicendo che non bisognava principiare con una bugia.

Domenica 31. Pimentelli è venuto in questo luogo e dopo essersi trattenuto più hore con il cardinale, se n'è tornato a Fonterabie. Si combatte sempre il punto del principe, l'articolo della renuntia dell'infanta e le dipendenze che dovranno havere le piazze che restano a S. Mtà Cristianissima. Circa questo ultimo capo, non vi è stata dichiaratione sufficiente nel trattato fatto a Parigi, onde pretendano hora li spagnoli di estenuare in tal modo le dependenze suddette, che quasi si riduchino al niente. Intende S. Emza di conseguire con le piazze tutto il paese ad esse attenente, e perché si trovano sopra di ciò molto discordi, ne seguano varie contese, che producano nuove difficoltà et impedimenti per gl'altri articoli.

Il cardinale, al ritorno della conferenza di questo giorno, /fol. 62v/ s'è lasciato intendere che non cessando D. Luigi di molestarlo circa l'interessi del principe di Condé, gl'haveva risposto che quello li pareva potersi fare, era di palesare al mondo con quanta premura S. Eccza continuasse in tutti i congressi di promovere le sodisfattioni dell'Altza S.

Intanto D. Luigi, per dimostrare la prontezza del re suo signore in effettuare quanto dalle Mtà Cristianissime vien desiderato, ha non solamente consentito che per un articolo del trattato generale venga dichiarato come sono convenuti allo stabilimento del matrimonio del Re Cristianissimo con la serma infanta, ma di più ha consegnato al cardinale la minuta della lettera che S. Mtà Cattolica pensa di scrivere al papa, per dimandare alla Stà S. la dispenza[246].

Si è sodisfatto grandemente il volgo francese di questo nuovo impegno del Re Cattolico, dandosi a credere che la pace et lo sposalitio del re non possa più tornare indietro, tanto più che a Madrid publicano l'uno e l'altro per terminato e concluso, il che pone in grandissimo pensiero il cardinale, mentre D. Luigi nella sostanza delle cose che restano ancora farsi, si dimostra altretanto inflessibile a lasciarsi persuadere ; onde, succedendo che il /fol. 63/ negotiato non havesse quel buon esito che il mondo già tiene per sicuro, pretenderebbero i spagnoli d'attribuirne tutta la colpa a Mazarino.

Varii però sono i discorsi che sopra di ciò fanno i politici, presupponendo che, stante la notitia che tengono i spagnoli di quello che brama la regina di Francia dell'inclinatione del re e del pericolo che corre Mazarino, se non corrisponde a' sensi della regina, habbia però[a] preteso D. Luigi con il consegnare questa minuta, d'impegnare il cardinale a non poter tornare indietro senza suo rischio. Fondano questa oppinione su la clausula restrettiva apposta da' spagnoli, che la lettera di cui danno la minuta non deva spedirsi a Roma, se non dopo che l'ambasciatore del Cristianissimo destinato a passare a Madrid haverà esequite le sue commissioni, essendovi in oltre che questo non deva muoversi fin' tanto non sia terminato l'aggiustamento, onde concludono che, dimostrandosi hora D. Luigi altretanto inflessibile in ordine a tutte le altre materie quanto si dà per facile in quella del matrimonio, aspiri a fare una capitulatione molto diversa da quella di Parigi.

Quanto alla lunga et importantissima lettera che ultimamente /fol. 63v/ scrisse il cardinale in ordine al matrimonio[247], s'è penetrato che questo habbia risposto alla M^tà^ S. esagerando in primo luogo i grandi oblighi che le deve, lo stato di questi maneggi, gl'avvantaggi che apporterà a S. M^tà^ l'accasarsi con la serenissima infanta e la speranza di poter terminare in breve, con utile e reputatione della corona, questi negotiati ; non esser degna sua nipote di divenir moglie di un re, e che egli partirà dal regno, se la M^tà^ S. non depone tal pensiero, poiché sarebbe suo malservitore se vi acconsentisse, supplicandola per ultimo a nascondere e celare tal sentimento, acciò non venga risaputo a Madrid e che l'infanta non habbia da credere di dover esser consorte d'uno sposo che habbia altrove impegnato il suo cuore.

È anche corsa la voce che il cardinale, per distogliere il re da così fatto pensiero, habbia ordinato all'intendente di Bruages, suo confidentissimo servitore[248], di stare avvertito quando compariranno messaggieri di S. M^tà^ per farsene consegnare le lettere dirette a madamigella Mancini e, fingendo d'havergliele portate, glie le renda immediatamente come per parte della medesima, che non havesse

[a] Ajout en interligne : *però*.

/fol. 64/ voluto riceverle, afinché l'istesso latore in nome di essa le riporti sigillate alla M[tà] S.

Lunedì primo settembre. Non volevano gl'inglesi essere i primi a mostrar desiderio di bramar la pace, ma dopo varii trattati s'è risoluto il Locart di portarsi a Fonterabie a visitare D. Luigi, com'è seguito questo giorno, essendo stato trattato da S. Ecc[za] e da tutta quella corte con molta cortesia. Si crede che gl'habbia fatto la prima apertura dell'accomodamento della sua republica con la Spagna, e che sia per continuare la pratica con Pimentelli, mediante l'intromissione del cardinale. Conoscono forse adesso gl'inglesi la necessità d'aggiustarsi, in riguardo principalmente a certii semi di discordie civili che cominciano a pullulare in quel regno, et i spagnoli vi danno volentieri orecchie, per tentar se all'amichevole potesse da loro recuperarsi Doncherchen.

Martedì 2. Avanti di portarsi il cardinale all'ottava conferenza, s'è trattenuto più hore con il Locart, il che ha fatto credere che oggi si dovesse trattare delle cose d'Inghilterra. /fol. 64v/ Questa sera poi s'è osservato che D. Luigi, uscendo dalla conferenza, ha parlato all'orecchio del residente del re brittanico, e che questo inchinandosi gl'ha abbracciato la gamba, e dalla serenità del volto d'ambedui s'è potuto argomentare che le cose di questo fuggitivo monarca sieno per pigliare qualche buona piega.

Mercoledì 3. Il baron di Batteville, governatore di S. Sebastiano e della provincia frontiera di Spagna, ha dato a pranzo a tutti i prelati, duchi, marescialli e persone qualificate di questa corte, all'esempio del marescial di Gramont, che trattò tutti li grandi di Spagna a Andaia, e, chiamandosi i francesi pienamente sodisfatti, deve darsene molta loda al Batteville, che ha saputo incontrare in ciò il lor gusto tanto delicato e difficile.

Giovedì 4. S'andò all'hora solita all'isola del congresso, per la nona volta.

Venerdì 5 settembre. La conferenza di hieri[a] durò più dell'altre, se ben tutte terminano alle 5 hore, portandovi il cardinale una /fol. 65/ mostra sonante che serve d'avviso per il tempo che si devono separare e, secondo la qualità de' negotii, si trattengono insieme più e meno ; ma quando suonano le cinque hore, s'intende sciolto per quel giorno il congresso. D. Luigi ha fin'hora spedito un corriero a Madrid ogni mattina dopo la conferenza, per render conto al suo re di ciò che vi s'è trattato e stabilito, ma per il contrario il cardinale non scrive alla

[a] Quatre mots rayés : *che fu la nona.*

corte Cristianissima che due volte la settimana, regolarmente, valendosi dell'occasione degl'ordinarii che vanno di qui a Parigi e passano a Bordeos, o sia per ostentare anche in ciò la sua despotica autorità, o pure, come altri dicono, per risparmiar questa spesa[249].

Questo residente di Portugallo ha fatto un manifesto assai ingiurioso alla Francia et a' ministri di essa, accusandola d'ingratitudine e questi d'ingannatori, mentre hanno animato il Portugallo a sollevarsi con promesse e sicurezze di non esser già mai abbandonato, come ne conservano lettere tutte di pugno del defonto re e del cardinale di Richegliù, esclamando che hora si servino di quei popoli per farne tante vittime, sacrificando la parola e la fede per conseguire /fol. 65v/ una pace a profitto della Francia su la rovina del Portugallo. Il cardinale essendo stato avvisato in tempo di questa scrittura, ha mortificato il residente et ha procurato che venga subito soppressa, come è seguito, onde pochi l'hanno veduta et è stato impossibile haverne alcun'esemplare stampato[250].

Il s[r] Dumas, gentilhuomo di S. Em[za], doveva andare in Portugallo in luogo di Mondeverghe, ma non si sa per qual motivo sia stata sospesa tal missione[251]. È incredibile l'avversione che la maggior parte di questi francesi hanno a questo viaggio, parendo, com'essi dicono, che si vadi a dimandare al re di Portugallo di che morte vuol morire.

S. Em[za] porta con molta premura gl'interessi del duca di Neuburgo[252] in questo congresso, offerendo di restituire alli spagnoli Tionville[253] o Gravelline perché rendino Julliers[254] a quella Alt[za], al che fin'hora non si mostrano punto inclinati.

Quando il s[r] di Lionne fu in Spagna, D. Luigi[a] si contentava che restasse il Rossiglione alla Francia, senza altra specificatione, e perché hora si esaminano[b] i confini del paese dipendente alle piazze che /fol. 66/ restano a questa corona, pretendano i spagnoli che la Cerdagna non sia compresa col Rossiglione, e che sia una cosa a parte ; si è disputato questo articolo e fatte diverse scritture sopra di esso, asserendo i francesi che la Cerdagna sia divisa in due, una di qua e l'altra di là da' monti ; condescende il cardinale di rilasciare questa seconda, purché li resti la prima, pretendendo che i monti habbiano da fare la separatione de' due regni.

Tutti si sono stancati d'andare alla conferenza e l'ultima volta non vi furono dieci cavalieri francesi con il cardinale, onde si sono anche

[a] Ajout en interligne : *D. Luigi*.

[b] Le mot : *examinano* est corrigé par surcharge en : *esaminano*.

sospese le colationi che si facevano da principio, quando il popolo invitato dalla novità soprabondava, dove hora manca, attediato dalla lunghezza.

È arrivato un gentilhuomo del re d'Inghilterra, spedito a S. Em^{za} ; porta avviso che in quel regno vi siano già 20 mila huomini dichiarati a favore di S. M^{tà} e che presto si udirebbe una rivolta generale nella maggior parte di quelle provincie. Locart[a] asserisce il contrario, e però s'attende che l'esito discuopra chi di loro ha più detto il vero. Intanto, il gentilhuomo, contro lo stile di /fol. 66v/ prima, è stato cortesemente accolto et udito, havendo ordinato S. Em^{za} al vescovo di Fregius di negotiar seco, ma con ogni segretezza, e di penetrare destramente quale sia il fondamento delle speranze del re brittannico.

Sabato 6 settembre. Quando si pensava che il congresso dovesse esser vicino al suo fine, i plenipotentiarii sono da capo, et il cardinale non mostra più tanta fretta di spedirsi da questa frontiera, havendo ordinato che si ponghino i vetri alla finestra della casa di Francia nell'isola, come se pensasse d'havervi a andare tutto l'inverno. Anche il sig^{r} di Lionne haveva sospeso i suoi viaggi a Fonterabie, et erano ben cinque o sei giorni che non vi era stato, ma su l'avviso che ha havuto S. Em^{za} che l'imperatore habbia mosso le sue armi per invadere la Pomerania, il detto Lionne s'è trasferito da D. Luigi per intimarli che, se non vi apporta rimedio, la Francia sarà necessitata di porvelo[255].

S'è anche penetrato che la remora che trattiene questi maneggi sia l'haver dichiarato D. Luigi al cardinale esser d'huopo che si risolva ad uno de' due partiti, o a /fol. 67/ sottoscrivere la pace ne' termini che Pimentelli l'haveva conclusa a Parigi, senza più parlare del matrimonio[b], o pure a cedere in ricompensa di questo la remissione del principe di Condé, a conditioni più moderate. S. Em^{za}, che non ha voluto decidere da sé stessa un punto di sì alta importanza, ha spedito corriere alla corte, rimettendolo al volere delle L. M^{tà}[256].

Domenica 7, lunedì 8, martedì 9 settembre. Oggi si è tenuta la conferenza dove, per quanto si sente, s'è parlato solamente degl'interessi de' collegati, stante il non esser tornata dalla corte di Francia la risposta che s'aspetta.

[a] Un mot rayé : *dunque*.

[b] Les mots : *senza più parlare* sont soulignés à l'encre, et signalés par une croix dans la marge.

Mercoledì. Non ci è stata novità considerabile et il s[r] di Lionne al solito s'è trasferito a Andaia per continuare il disteso della capitulatione.

Giovedì 11. Vi fu l'undecima conferenza.

Venerdì 12 e sabato 13. Lionne e Pimentelli sono venuti da Fonterabie e dopo l'haver negotiato con il cardinale, si sono partiti insieme a quella volta. Procura ciascuno d'avvantaggiarsi nell'/fol. 67v/esplicatione degl'articoli e difficilmente si sodisfanno questi ministri, benché convenghino nella sostanza, soffisticando sì fattamente[a] sopra la forma di spiegarli, che per un solo è convenuto tal volta far cento minute. Il cardinale non si satia di commendare il valore e la destrezza del suo secondo, ricevendo da esso tanto sollievo.

Desiderava il re che le nipote del cardinale si portassero a Bordeos, e con tal disegno la corte s'era avvanzata tant'oltre in vicinanza di Bruages, ma la regina e S. Em[za] non hanno voluto consentirvi[257]. Ha nuovamente scritto il re a madamigella Mancini per intender da essa la cagione del rifiuto delle sue lettere, ma perché l'intendente di Bruages ha rispedito questo secondo inviato, come haveva fatto del primo, si presente che la M[tà] S. ne sia restata molto sdegnata contro la detta signora, supponendo che venga da lei questo disprezzo, onde per vendicarsene habbia[b] risoluto di rinnovare l'apparenza degl'antichi affetti verso la contessa di Soesson[258].

Domenica 14 settembre. È comparsa la risposta /fol. 68/ di queste M[tà] al cardinale sopra la dichiratione fatta da D. Luigi a S. Em[za] circa l'accettare o la pace appuntata con Pimentelli, o, volendo l'infanta, moderare l'articolo del principe di Condé.

Protestano le M[tà] L. di non consentire mai che un[c] ribelle, il quale ha inferito tanti pregiuditii alla corona, sia ristabilito in Francia mediante l'interpositione del Re Cattolico, e che però, quando D. Luigi pretenda questo, il cardinale tralasci di più parlare del matrimonio del re e stabilire la pace nel modo già convenuto a Parigi. Vogliono alcuni che, havendo la regina madre spedito qui nell'istesso tempo al cardinale personaggio di sua gran' confidenza, sia stato ad oggetto di pregarlo che non per questo si abbandoni il trattato delle nozze reali, trovando qualche spediente che ponga a coperto la reputatione del re, con l'aderire in parte a' desiderii del

[a] Ajout en interligne : *sì fattamente*.

[b] Deux mots rayés : *s'è* ; en interligne : *habbia*.

[c] Un mot rayé : *principe*.

ministro di Spagna. L'istesso messaggiero ha portato avviso a S. Em[za] che siano stati arrestati tre gentilhuomini normandi che venivano di Brusselles, dove /fol. 68v/ s'erano trasferiti come deputati del corpo della nobiltà malcontenta di detta provincia, ad oggetto di fare un trattato col principe di Condé, con partecipatione di Carazzena et del cardinale di Retz. Si devono esser trovate sopra li tre normandi scritture assai chiare, dalle quali si può comprendere che, se bene a questi monti di tratta la pace, altrove li ministri spagnoli procurano con ogni loro industria di far nascer la guerra in Francia.

Lunedì 15 settembre. Vi fu la duodecima conferenza. Prima che il cardinale partisse questa mattina per il solito viaggio, il Locart, ministro inglese, li fece sapere come il general Lambert[259] haveva rotto e disperso il partito del re Stuardo a Cester[260], nuova che è stata intesa dal cardinale con straordinaria allegrezza, essendo giunta molto opportuna per facilitare il negotio che qua si tratta. Egli dunque molto lieto di tal successo s'è trasferito all'isola, con pensiero di dolersi con D. Luigi del Carazzena e con disegno di farli vedere ad un tempo stesso la lettera del /fol. 69/ re, che dichiara haver più a caro che si tralasci di parlare del suo accasamento che soffrire che il principe di Condé sia rimesso in Francia con piazze, governi et altre cariche da S. Alt[za] già possedute. Vien però detto che, havendo S. Em[za] operato in questa conformità, il ministro spagnolo, senza punto alterarsi, gl'habbia dato campo di fare le sue premeditate exacerationi, rispondendo poi che, dovendosi in breve publicare la pace, S. Em[za] non haverebbe havuto più causa di dolersi di alcun ministro del re suo signore, poiché tutti haverebbero cooperato alla buona corrispondenza delle due corone. Quanto alle nuove d'Inghilterra, habbi mostrato di crederle, pigliando da esse il motivo d'insinuare a S. Em[za] che non è servitio della corona di Francia il permettere che la republica inglese si stabilisca e si renda più formidabile di quello che è al presente ; esser costume e regola di tutte le republiche l'invidiare le monarchie e, per conseguenza, molto pericoloso l'haver tanto vicine quelle d'Inghilterra e d'Olanda ; la causa dei re esser comune e non solamente la Francia /fol. 69v/ ma ogni altro potentato dover procurare la vendetta del paricidio commesso nella persona dello Stuardo[261], ridondando in pericolo d'ognuno il lasciare impunita una tanto grande sceleratezza ; richieder per ciò le leggi divine e humane non meno che quelle della politica che non si abbandoni il legittimo successore di quei regni. A così vive ragioni altro non ha risposto il cardinale, se non che il tempo haverebbe dato consiglio e che fra tanto si pensasse a terminare quello che premeva di vantaggio e che era il motivo di questo loro abboccamento, non potendosi rendere maggior servitio al re d'Inghilterra che lo spedirsi da questo congresso con la pace stabilita.

In proposito della lettera del re, si dice che D. Luigi habbia pregato il cardinale a fargliene sentire il tenore una seconda volta e, perché in essa, non v'è alcuna specificatione che S. M[tà] Cristianissima non voglia che il re di Spagna possa ricompensar del proprio il principe di Condé, D. Luigi ha preteso che ciò non importi alla M[tà] S., onde rivolto a Mazarino gl'habbia detto che non poteva negare d'esser /fol. 70/ egli che pretende che il Re Cattolico non possa ricompensare[a] il principe ne' proprii Stati per ciò che viene a perdere in Francia, onde haverebbe potuto sempre attestare che egli, per odio e per interessi particolari, impedisce che il re di Francia non si accasi con l'infanta.

Altro non si è saputo della conferenza di questo giorno, ma dalla letitia che appare sul volto del cardinale e del Lionne, si comprende abastanza quanto sia grande quella che risentano nel cuore.

Il marescial' di Villeroy, dopo essersi licentiato da S. Em[za], ha complito parimente con D. Luigi, dovendo partir domattina verso Bordeos, dove si trovano tuttavia le L. M[tà], in seguito delle quali vi sono arrivati il nuntio Piccolomini et il Giustiniani, ambasciatore di Venetia[262].

È gionto un corriero spedito dal conte Guglielmo di Furstembergh[263] per far sapere al cardinale il suo arrivo in Parigi, con espressa commissione dell'elettor di Colonia suo signore di doversi qua trasferire, ad effetto di esporli la positura degl'affari della Germania e la resolutione de' principi della Lega del Rheno[264], ad op/fol. 70v/porsi a' perturbatori della pace dell'Imperio, mentre il re voglia assistergli con le truppe che si trovano aqquartierate su la frontiera di Germania.

Martedì 16 settembre. Pimentelli è venuto a negotiare con il cardinale et al ritorno che ha fatto[b] a Fonterabie, si è seco accompagnato il s[r] di Lionne.

Mercoledì 17. Haveva ragione il cardinale di stare allegro, mentre ha procurato per il re suo signore quella mercede che i spagnoli destinavano al principe di Condé, vantandosi adesso d'haver tirato D. Luigi nell'agguato che fin da principio gl'haveva teso.

[a] Deux mots rayés : *del proprio.*

[b] Quatre mots rayés : *il s[r] di Lionne.*

Racconta S. Em^{za} di haver previsto che mai si sarebbero quietati li spagnoli fino a tanto che non havessero ridotto l'articolo del principe a segno di qualche moderatione ; e che pur seguendo che S. Alt^{za} dovesse restare in Francia senza piazze e governi, essere impossibile che il re non li dasse qualche impiego, così per conformarsi al solito del paese /fol. 71/ che per non disperare affatto un principe tanto valoroso et accreditato ; onde in sé stesso deliberò d'acquistare a questa corona le considerabili piazze che li spagnoli proponevano di cedere a Condé per sua ricompensa e che all'incontro il re desse al principe ciò che per sua real benignità gl'haverebbe nulladimeno conferito ; intanto, per avvantaggiare gl'interessi della M^{tà} S. nel resto della capitulatione, si fusse mostrato alienissimo dall'acconsentire che si alterasse in alcuna benché minima parte l'articolo spettante a S. Alt^{za}[a], parlando di tutto il resto a fine di riportar qualche vantaggio da D. Luigi con la speranza che li lasciava che egli in contracambio non havesse ad essere tanto difficile in compiacerlo nelle materie principali ; e, non reputando per altro vergognoso l'abbandonare il Portugallo, non essendo la Francia in alcun'obligo di sostenerlo, pretendeva di fare un gran' piacere al ministro di Spagna, acconsentendo a tutto ciò che bramava su questo articolo ; che però, dopo d'haverlo spremuto per ogni verso, li facesse vedere non senza mistero /fol. 71v/ la lettera del re accennata di sopra, dalla quale havendo preso D. Luigi motivo di reflettere che S. M^{tà} Cristianissima non faceva mentione che il Re Cattolico non dovesse dare ricompensa al principe, si condusse dov'egli l'aspettava. Qui impiegò tutta la sua eloquenza per levar dal pensiero di D. Luigi che il re fusse mai per condescendere che S. M^{tà} Cattolica desse al principe piazze né governi e che con questo vantaggio havesse da restare in Francia per haver maggior obligo e dipendenza da un' potentato straniero che dal suo signore naturale ; volere ad ogni modo far qualche passo in gratia di S. Ecc^{za}, purché si trovasse un mezo termino o espediente che salvasse la reputatione della Francia. Questo non bastava a far risolvere lo spagnolo che ogn'altra[b] cosa meditava che di lasciare ad un nemico ciò che per diverse ragioni di Stato pretendeva dare ad un'amico ; onde sempre cadeva nell'intercalare che ben poteva il re di Francia perdonare a S. Alt^{za} e ristabilirla ne' suoi governi. Propose finalmente il cardinale che se S. M^{tà} Cattolica dava /fol. 72/ alla Francia le piazze d'Air et St Omero, egli haverebbe procurato che il re conferisse in contracambio a Condé uno de' migliori governi del regno.

[a] Deux mots rayés : *al principe* ; en interligne : *a S. Alt^{za}*.

[b] Trois mots rayés : *il cardinale sopra* [altra] ; en interligne : *ogn'*[altra].

D. Luigi non rigettò la propositione, ben disse che la Fiandra haveva troppo bisogno di quelle due piazze ; che dal principe si saria potuto sperare di ricuperarle e che per mantenerle, sarebbe stato facile, che havesse havuto necessità di conservarsi buon' amico della Spagna ; che S. Em^{za} proponesse altrove questo baratto, che egli molto volentieri vi haverebbe aderito.

Si prevalse dell'opportunità il cardinale, promovendo con l'interesse della Francia quello anche del duca di Neuburgo, essendogli sortito d'ottenere, dopo varie ritorte, l'acquisto d'Avena[265], Mariamburgo[266] e Filippovilla[267], e per il duca la restitutione della città e fortezza di Julliers. Pareva tuttavolta molto vergognoso a D. Luigi che per un solo articolo la Spagna si privasse di tante piazze e perciò convennero che Mariamburgo e Filippovilla apparissero cedute a questa corona in contracambio di Berga e della Bassea, le /fol. 72v/ quali già dovevano esser restituite a' spagnoli.

All'incontro si dà a Condé il governo della Borgogna et al duca d'Anghien, suo figlio, la carica di Gran'Maestro di Francia[268], con brevetti di sicurezza al detto principe, a effetto di conservarla, caso che detto duca d'Anghien venisse a morir prima di lui ; e per ultimo, ristabilito in tutti i beni e dignità tanto sue proprie che di primo principe del sangue, con tacita permissione di ricevere una volta tanto il danaro che convengano darli i spagnoli, ma con dichiaratione espressa che, mancando all'avvenire a tutto ciò che li vien imposto, decada subito dalla real gratia della M^{tà} S. e da quanto li viene accordato per il presente istrumento di pace.

Essendo stato riportato alli[a] spagnoli che il cardinale si vantava d'haver fatto pagar caro il ritorno del principe, col prezzo di tre importantissime piazze, Avena, Filippovilla e Mariamburgo, dicono essi che haverebbero dato anche Cambray[269], se fusse stato necessario per lasciare un'esempio tanto glorioso e proffittevole alla Spagna, alla cui grandezza poco o nulla importano una dozina, più o meno, di piazze e provincie ; essere /fol. 73/ il maggiore honor loro che s'habbia a dire e leggere nelle historie che, per sostenere un principe amico e confederato della Spagna, che non porta seco altra consequenza che del proprio valore, si sia fatta la guerra per tant'anni e che mai haverebbero consentito alla pace, se con l'autorità di S. M^{tà} Cattolica e con un publico e solenne trattato non si fusse ristabilito ne' suoi beni, dignità e cariche, obligando in un' medesimo tempo l'inimico da abbandonare un regno di Portugallo tant'importante.

[a] Quatre mots rayés : *pervenuto alla notitia de'* ; en interligne : *stato riportato alli*.

Passano più oltre i loro discorsi[a], perché misurano questa pace dal nobile al plebeo, dicendo che essi hanno proceduto da cavalieri, e Mazarini da mercante, havendo havuto più mira all'utile che all'honore et alla gloria. In effetto, non solamente danno al principe et a' francesi che l'hanno seguito ricompense considerabili in danaro, ma fino agl'istessi lacchè dell'Alt[za] S.

Va hora disponendo il cardinale i regali che pensa fare a' signori e grandi di Spagna, et in particolare a D. Luigi, a cui destina una cassetta tempestata di pietre pretiose, piena di quante galanterie ha saputo inventare l'industria fran/fol. 73v/cese, stimandosi che tutto insieme ascenda al valore di 50 m. scudi.

Giovedì 18 settembre. Corre voce che Milord Locart offerisca a' spagnoli la restitutione di Doncherchen, purché lascino all'Inghilterra la Giammaica[270] e che, D. Luigi esibendo di dar loro in cambio di quella piazza un millione, essi persistino di voler l'equivalente in Stati, e non in danari. Il cardinale non pensa d'interessarsi più in alcun maneggio[b] concernente questi affari, volendo osservare l'esito delle turbolenze che minacciano hora quei regni e le risolutioni che piglieranno i spagnoli dopo la pace. Il re d'Inghilterra ha però toccato un tasto molto risonante per produrre lo sconcerto nell'armonia delle sue massime politiche, havendo domandata per moglie madamigella Ortentia, sua nipote, con protesta di voler riconoscer da S. Em[za] la corona e di conservare un pegno di tanta obligatione nella persona d'una regina che sarà protettrice de' cattolici di quelli Stati[271].

Venerdì 19, si tenne la 13[a] conferenza, e sabato non /fol. 74/ vi è stato novità.

Domenica 21. Essendo pervenuti a notitia del cardinale i discorsi de' spagnoli, pregiandosi essi d'haver fatto un trattato tanto glorioso alla Spagna, in riguardo al Portugallo et al principe di Condé, S. Em[za] mostra sodisfarsi che si paschino dell'apparenza e che a' francesi lascino la sostanza, pretendendo d'haver fatto maggiore acquisto con la penna che tanti valorosi capitani con la spada, stimando le piazze che restano a questa corona, e particolarmente le tre che vengono cedute a contemplatione del principe, di altissima consequenza, et altretanto utili alla Francia quanto pregiutiali saranno alle provincie di Fiandra, se mai l'armi francesi tornassero ad assalirle. La frontiera di Sciampagna, che per l'addietro è stata

[a] Trois mots rayés : [i discorsi] *de' quali spagnoli* ; en interligne : *loro*.

[b] Un mot rayé : *negotio* ; correction à la suite : *maneggio*.

la parte più debole e per la quale sono penetrati in Francia gl'eserciti forestieri, verrà hora ad essere insuperabile, sì che da Gravellines fino a Tionville resteranno le provincie di questa monarchia coperte et assicurate da dupplicati argini di fortezze reali ; meditando di più il cardinale di rendere al duca di Lorena il Barrois /fol. 74v/ in cambio di Marsal[272] et altre due piazze contigue, le quali dandosi mano con quelle di Metz, Verdun e Thionville, vadino a congiungersi con Brisac ; per questa scala potrà entrarsi nella Germania con sicurezza e facilità, e la Lorena restarà priva d'ogni soccorso che potesse mai sperare da quella parte.

Pretende in oltre S. Em^{za} d'haver fatto un grandissimo colpo per la gloria che ne risulterà al re appresso tutte le nationi straniere, e particolarmente nell'Imperio, che, potendo S. M^{tà} havere una piazza di più e di non minore importanza che quella d'Avennes, si sia contentata di preferire l'interesse del duca di Neuburgo al suo proprio.

Stima poi per molto leggiera et insussistente la renuntia che li spagnoli vogliono esigere dall'infanta, essendo in minorità et in casa sotto l'autorità del padre, e però quando havesse a discutersi questo punto, si persuade non vi sia che la forza che possa disputarglielo[273] ; onde pensa di collocare le cose della Francia in un posto che, dandosi tal caso, non possa esser superata né abbattuta, concluendo che l'acquisito dell'infanta sia maggiore d'ogn'altro, mentre non può /fol. 75/ togliersi che, in mancanza di maschi, ella non sia la vera erede delli Stati paterni.

Lunedì 22 settembre. Si andò al congresso e non vi fu novità, perché essendosi superate e composte le materie più difficili, non si parla adesso che dei modi da tenersi per sopire le differenze de' principi amici, proponendosi D. Luigi di quietare l'imperatore, et il cardinale il re di Svetia, l'esempio de' quali, suppongono, habbi da esser sufficiente per indurre gl'altri potentati a fare il medesimo.

Martedì 23. Questa mattina il marchese di Lionne, dopo haver scritto più hore con il cardinale, s'è trasferito a Fonterabie, essendovi qualche discrepanza nella forma di spiegare l'articolo del principe.

Mercoledì 24. È tornato il s^{r} di Lionne, e poco dopo è comparso Pimentelli, non mancando i spagnoli di apportar difficoltà e lunghezze per ogni minima cosa, onde è bene che in Inghilterra et altre parti non segua novità /fol. 75v/ perché da tutto pigliano motivo di sollevare le loro speranze.

Oggi poi è venuto un gentilhuomo di D. Luigi, accompagnato da uno scudiero, che ha condotto per il cardinale a nome di S. Ecc^{za}

dodici bellissimi cavalli da sella e otto da carrozza. E, perché in questo borgo non vi era luogo spatioso per farli vedere all'Em^{za} S. la medesima s'è portata alla spiaggia del mare, dove havendo ammirato la qualità del dono, n'ha anche palesato uno straordinario gradimento.

Il cardinale si prepara a passare una nuova doglianza con D. Luigi contro il Carazzena, havendolo già fatto hieri il s^{r} di Lionne. Si conosce evidentemente che per estrema necessità s'inducono i spagnoli a questa pace, non ostante tutta la vana gloria che prendano nel haver superato il punto più scabroso, dando a conoscere di non essersi portati a questi monti con quella buona intentione che precipitò il cardinale a muoversi da Parigi et a consentire alla sospension' dell'armi, sapendosi di certo che l'imperatore minaccia la Pomerania ad instanza loro /fol. 76/ e che non potrebbe far sussistere le sue armate senza le grosse partite di danaro che hanno rimesso a Vienna per via d'Olanda e Venetia ; che essi pure hanno animato il principe a mantener vive le sue pratiche in Francia e che hora, mentre la pace sta per publicarsi, sono entrati nelli Stati dell'elettor di Colonia, collegato di questa corona, non potendo addurne altra scusa che gl'ignoranza del Carazena, non consapevole di quello che trattano i due ministri[274].

Intanto con gl'atti più ostili empiano li Stati di quel principe de stragi e di rapine, sarebbe facile alla Francia far l'istesso sopra quelli di Treveri[275], partiale degl'austriaci, essendo che il maresciall' della Ferté[276] si potrebbe condurre in poche hore sotto quella città capitale ; ma, perché li spagnoli non aspirano forse che a far nascere innovationi per portare il tempo a lungo, vuol vedere il cardinale se con la patienza può superare i loro artifitii ; conosce che a questo fine si sono mossi a' danni di quell'elettore su l'opinione che subito s'invierebbero ordini per difenderlo, o che lo farebbe il duca di Neuburgo, che si trova haver sei /fol. 76v/ mila tedeschi de' più eletti e veterani dell'Imperio, per haver pretesto di negarli la restitutione di Julliers ; ma egli, per le medesime ragioni di[a] Mazarino, non s'è mosso. Deve tenersi domattina la decima quinta conferenza et il cardinale, per quanto ha detto, vuol pregar D. Luigi che spedisca ordini al Carazena di ritirarsi in Fiandra et a cooperare dal canto suo, perché si dia pronta esecutione alla pace et al matrimonio, acciò che dalla dilatione non nasca qualche sconcerto.

[a] Deux mots rayés : *che ha* ; en interligne : *di*.

Giovedì 25 settembre. Gran' giornata memorabile ha havuto ad essere quella d'oggi ! Il cardinale, tutto pieno di rancori et di collera, s'era portato al congresso, risoluto di protestare altamente a D. Luigi che le sue lunghezze, sospette hormai d'artifitio, eran causa di tanti inconvenienti ; egli, con la solita flemma, ha risposto che procurarrà la speditione di tutte le cose, ma non già come le voleva S. Em[za] ; che però si contentasse di pretendere il giusto et il ragionevole, che allhora haverebbe veduto caminar li spagnoli con la velocità francese, dichiarando per /fol. 77/ ultimo che bisognava levar dal capitolato la concession della Cerdagna, poiché non poteva esser compresa col Rossiglione, così giudicando tutti i consigli di S. M[tà] Cattolica. A colpo tanto inaspettato, poco ne mancò che il cardinale non gettasse via il cappello e tutto ciò che haveva innanzi, fuggendosene dalla stanza per non tornarvi più, ma pregato da D. Luigi ad ascoltar le sue ragioni, S. Em[za] rispose che sopra tal materia non voleva più entrare in discorso, dichiarando per ultimo[a] che, quando S. Ecc[za] pretendesse che si alterasse il trattato già disteso, e particolarmente questo articolo, egli haverebbe fatto palese al mondo la sua ragione e, giustificato appresso Dio e gl'huomini, sarebbe stato suo pensiero il recuperare il tempo perduto. Finalmente, dopo varii contrasti, offerse il cardinale di far giudice della sua causa chi havesse voluto D. Luigi, il quale, con volto giocondo, soggiunse che non andasse in collera, perché assolutamente non voleva che per questo punto si ripigliassero l'armi.

Nasce la disputa, perché i plenipotentiarii sono convenuti che il presente trattato sia uniforme a quello che del 1656 fece a Madrid il s[r] di Lionne, il /fol. 77v/ quale, havendo considerato quanto importerebbe l'aumento d'una provincia che se ben' piccola riuscirebbe delle più belle del regno, contenendo sopra 800 villaggi in un paese abbondante et ameno, dove la maggior parte de' Catalani affettionati alla Francia hanno i lor beni, seppe adoprarsi in maniera che solo, et in casa de' spagnoli, ottenne quel ch'essi contravertano hora al cardinale ; onde ha voluto, come suole ne' casi più difficili, che il detto Lionne intervenga alla conferenza di questo giorno.

I spagnoli s'erano immaginati di ceder poco, contentandosi che i Pirenei facessero la separatione de' due regni, ma si trova che la maggior parte della Cerdagna è situata di qua da' monti, di modo che per non esternarsi[b] in questo litigio, hanno[c] risoluto di deputar

[a] Ajout en interligne : *per ultimo*.

[b] *Esternarsi* : interpolation probable entre *estenuarsi* (s'exténuer) et *eternarsi* (s'éterniser).

[c] Un mot rayé : *finalmente*.

commissarii che si portino sul luogo et in caso non siano d'accordo, si faccia elettione d'arbitri, obligandosi le parti di starne al giudicato[277].

Venerdì 26 settembre. Hieri a sera gionse in questo luogo il duca di Ghisa[278] da Parigi, su l'avviso /fol. 78/ che il duca di Lorena fusse in camino a questa volta.

Oggi ha sentito il cardinale li ministri di Savoia e di Mantova per essere informato delle ragioni dell'uno e dell'altro. Vi era qualche pensiero di rimettere le loro differenze alla Camera imperiale[279], ma havendone li savoiardi fatto gran strepito et essendo stato rappresentato a S. Em^{za} che non sarebbe di sua reputatione l'abbandonare un confederato della Francia alla discrittione d'un imperatore inimico, ha poi risoluto di sostenerlo.

Sabato 27 e domenica 28. Era partito su le poste per Madrid il marescial duca di Gramont, ma essendo tornato questa sera il s^{r} di Lionne da Fonterabie con nuova materia di poca sodisfattione, si è subito spedito al marescial suddetto perché venga a trovare S. Em^{za} lasciando la sua gente nel luogo dove lo raggiungerà il corriero.

Sono arrivati in questo luogo i conti di Bleniburgh[280] e di Furstembergh, inviati dagl'elettori di Magonza[281] e di Colonia. Questi principi, o fusse per ritardare l'elettione del nuovo cesare, o che in /fol. 78v/ effetto desiderassero la pace offerta allora da' francesi, ne promossero efficacemente le pratiche nella Dieta di Francfurt[282]. Ma perché non potè riuscir loro di riportarne l'intento, si dice che aspirino a partecipare almeno alla gloria di questo presente trattato, con esser nominati nella prefatione del medesimo. È però vero che, venendone escluso il papa, da che procede che non si faccia nemeno alcuna mensione della republica di Venetia, che fin dal principio della guerra haveva incessamente, con ambasciate straordinarie e con offitii reiterati, promossa e procurata questa grand'opera[a], è verisimile che il cardinale in questa parte non habbia luogo di compiacerli.

Io che mi trovai alla detta Dieta, inviatovi dal Re Cristianissimo per dover passare successivamente a Monaco, come seguì, a effetto di portar quel duca a consentire alla propria esaltatione, posso accertatamente affermare che l'opera di questi due gran' prelati[b], interessati ugualmente per la libertà de' suffragii elettorali e per le

[a] Un mot rayé : *pace* ; correction à la suite : *grand'opera*.

[b] Un mot rayé : *ministri* ; correction à la suite : *gran prelati*.

sodisfationi di S. M[tà] Cristianissima[a], haverebbe promosso il duca di Baviera all'imperio, s'egli, più tosto che lasciarsi deludere dagl'artifitii /fol. 79/ del conte Curtz suo primo ministro[283], guadagnato dagl'austriaci, havesse deferito a' sentimenti generosi e magnanimi della principessa Adelaide di Savoia, sua consorte[284]. Non par dunque che il cardinale possa trascurare alcuna opportunità che sia per ridondare in honore e sicurezza de' suddetti due elettori, che per obligar la Francia si son resi odiosi e sospetti alle corti di Madrid e di Vienna, onde è facile che le maggiori premure di questi ministri versino a procurare le precautioni e l'indemnità de' loro principali.

Lunedì 29 settembre. È passato di nuovo a Fonterabie il s[r] di Lionne, et il cardinale ha inviato a quella volta un suo gentilhuomo con i presenti che ha destinato a D. Luigi e agl'altri grandi che sono con S. Ecc[za]. Il marescial di Gramont è venuto a ritrovare il cardinale in conformità dell'ordine havutone da S. Em[za], la quale, dopo haverlo informato de' motivi che haveva di sospendere il suo viaggio, gl'ha imposto che torni a Iron e che di là non parta sino a nuovo avviso.

Martedì 30. Nella conferenza che si è tenuta /fol. 79v/ questo giorno per la decima sesta volta, hanno acremente disputato i due ministri, volendo lo spagnolo che nell'articolo del principe vi fusse un elogio per S. Alt[za], chiamandola il grande e potente principe di Condé, angelo tutelare e promotore di questa pace, come apunto fu detto del contestabile di Borbone, quando il re Francesco si trovava prigioniere di Carlo Quinto[285]. Il cardinale, piutosto che consentire a questo, era risolutissimo di romper ogni cosa, essendosi poi D. Luigi lasciato persuadere che il mondo sia giudice sé a Condé si devino questi attributi.

Li spagnoli lo chiamano angelo tutelare e promotore della pace, perché fu il primo, per quanto dicono, che significasse al re, con multiplicati corrieri, lo stato pericoloso della Fiandra, dopo la battaglia delle Dune, protestando alla M[tà] S. di voler abbandonare quelle provincie, se prontamente non era soccorso di fanterie e danaro per non[b] essere spettatore di una perdita così grande et inevitabile ; ch'era pronto[c] a sacrificarsi, purché ciò bastasse a conservare alla monarchia cattolica uno Stato di tanta importanza e che però, quando altro partito non vi fusse, /fol. 80/ consigliava la M[tà] S.

[a] Ce passage est signalé par une croix à l'encre dans la marge.

[b] Deux mots rayés : *non volendo* ; correction en interligne : *per non*.

[c] Plusieurs mots rayés ; correction en interligne : *ch'era pronto*.

a porgere orecchie a' trattati di pace coltivati da Mazarino e dal conte di Fuensaldagna, senz'haver alcun riguardo alle sue convenienze particolari[286]. Dicono adunque i spagnoli che, mediante i sopradetti motivi, fusse risoluta la missione di Pimentelli[287], con instruttione e facoltà amplissima di trattare e concludere, non solamente la pace et il matrimonio, ma anche in una estrema necessità l'abbandonamento del principe, a fine d'ottenere almeno la sospensione, per haver tempo di respirare e di provedere a' bisogni della Fiandra, non importando meno a' medesimi d'impegnare il cardinale al viaggio de' Pirenei, tirandolo per così dire in una imboscata, a fine di ridurlo in necessità di non poter tornare indietro senza evidente suo rischio ; haver[a] deliberato il Consiglio di Spagna fin dal principio di questi negotiati che, quando l'istesso D. Luigi non havesse potuto superare con la negotiatione il punto del principe, di lasciare impegnar tant'oltre la corte di Francia, che nell'atto della richiesta dell'infanta, la medesima dichiarasse non volersi accasare con S. M[tà] Cristianissima, se al Condé non veniva perdonato /fol. 80v/ a sua contemplatione ; e per ultimo[b] di tenersi così alti nell'esplicatione degl'articoli che la medesima pace, senza il matrimonio, non havesse effetto, asserendo non esser già mai caduto in pensiero al re di Spagna di abbandonare un principe di tanto valore et al quale infinitamente doveva ; confessa[c] adesso D. Luigi di[d] non haver fatto un tratto di penna senza la partecipatione et assenso di S. Alt[za] e che questa sia stata[e] l'unica cagione delle lunghezze di questi trattati, per haver voluto aspettare le risposte del principe.

Haveva dunque molta ragione il re di Svetia di dire all'ambasciatore cristianissimo residente a Sto[c]holm[288] che bisognava confessare per un grandissimo miracolo, se questi due ministri componevano le differenze dei re loro ; onde non deve parer meraviglia se altrove, e particolarmente a Roma, non habbino mai voluto concedere che ciò potesse seguire, perché Dio ha voluto che appartenga solamente alla fortuna[f] et al valore del cardinale Mazarini il far credere al mondo ciò che fino adesso era stato tenuto per eresia.

[a] Un mot rayé : *però*.

[b] Une dizaine de mots rayés, illisibles ; correction en interligne : *e per ultimo*.

[c] Un mot rayé, probablement : *confessando* ; corrigé en interligne : *confessa*.

[d] Ajout en interligne : *di*.

[e] Deux mots rayés : *essendo* [stata] *questa* [l'unica cagione] ; ajout en interligne : *e che questa sia* [questa l'unica cagione].

[f] Deux mots rayés : *di Mazarino*.

I conti di Bleniburgh e di Furstembergh sono /fol. 81/ stati in longhissime conferenze con il cardinale, il quale ha voluto che restino serviti da' suoi uffitiali et alloggiati in vicinanza della sua casa, così per fare honore a' principi che gl'hanno inviati come per haver'occasione di vedergli ad ogn'hora con minore incommodo. Hanno esposto a S. Em^{za} il desiderio che haverebbero i principi della Legha del Rheno che la Francia s'obligasse con nuovi e più solenni trattati alla loro difesa[289] ; e perché la Dieta, che tuttavia si tiene a Francfurt, è la spina più pungente che risentano gl'austriaci, vorrebbero però che il re s'interponesse appresso gl'altri principi e republiche dell'Imperio per la continuatione della medesima[290]. Desiderano parimente che, trovandosi l'elettor di Colonia assalito dal Carazzena, piaccia a S. M^{tà} Cristianissima di unire le sue forze a quelle degl'altri confederati per obligarlo a tornare in Fiandra.

Intorno a queste richieste, si dice habbi risposto il cardinale che egli pure concorreva ne' sentimenti delle L. Em^{ze} Elettorali, havendoli anche prevenuti ne' primi colloquii con D. Luigi, con cui haveva già convenuto /fol. 81v/ in un articolo espresso che la Francia, senza infrattione della pace, potrà sempre assistere con l'armi i suoi collegati, quando direttamente o indirettamente venissero molestati dagl'austriaci, come S. M^{tà} Cristianissima farebbe anche di presente, a difesa delli Stati appartenenti all'elettor di Colonia, se di già D. Luigi non havesse spedito ordini reiterati al Carazena di sloggiare incontinente dal vescovado di Liege ; esser sua mente che la Lega del Rheno si continuasse con la Francia e che la Dieta di Francfurt non venisse né disciolta, né trasferita ; ma, quanto alle conventioni da rinovarsi fra questa corona et i medesimi, non poter applicarvi per hora, onde li pregava d'andar seco a Tolosa, persuaso che il re haverebbe havuto gusto di vederli per manifestare la sua real corrispondenza verso i principi che gl'inviano e la stima particolare che fa delle loro persone.

Il conte di Fu[r]stembergh ha separatamente parlato al cardinale per la restitutione della piazza di Julliers al duca di Neuburgo, sopra di[a] che S. Em^{za} ha potuto esprimerli il giubilo che sentiva d'haver non solamente prevenuta l'instanza, ma anche /fol. 82/ riportato l'intento.

Mercoledì primo ottobre. Si andò all'isola per la decima sesta volta, e finalmente i plenipotentiarii sottoscrissero l'articolo del principe e tutti gli altri concernenti gl'interessi proprii e de' familiari e

[a] Ajout en interligne : *di*.

dipendenti di S. Alt[za], essendo convenuti di terminare questo punto, stante le nuove difficoltà che D. Luigi faceva ogni giorno insorgere in ordine alla discussione di questa materia. Potrà però adesso il duca di Gramont continuare il suo viaggio a Madrid.

Aggiustato il negotio del principe, la di cui pendenza[a] era l'unico ostacolo alla conclusione del matrimonio, il cardinale ha fatto caldissima instanza a D. Luigi acciò S. M[tà] Cattolica, non potendo per le sue indispositioni accompagnare la serenissima infanta, voglia dispensarsi di tale incommodo, a fine che, trovandosi le M[tà] Cristianissime a Bordeos, possa hora speditamente consumarsi il matrimonio et all'istesso tempo publicarsi et effettuarsi la pace.

Giovedì 2. Il cardinale è stato fieramente oggi tormentato dalla gotta, che l'ha attaccato in una mano, onde /fol. 82v/ gl'è convenuto starsene a letto.

D. Luigi, ignorando che l'Em[za] S. fusse tanto aggravata, ha inviato un gentilhuomo al s[r] di Lionne per intendere se domani si potrà tener la solita conferenza.

Venerdì 3. Pimentelli è venuto a visitare il cardinale per parte di D. Luigi, et havendo l'Em[za] S. presentite le materie sopra le quali voleva il detto D. Luigi conferire seco, si è però risoluta d'inviarli il s[r] di Lionne, a fine di dicuterle, e ciò per non perdere un sol momento di tempo.

Sabato 4 ottobre. È tornato il s[r] di Lionne e successivamente sono qua comparsi gl'agenti del principe di Condé, che subito sono stati introdotti dal cardinale, con cui si sono trattenuti lo spatio di quattr'hore intere. I deputati elettorali di Magonza e Colonia sono stati oggi a visitare D. Luigi e sono tornati sodisfatti, così della cortese accoglienza come della confermatione havuta da esso, in proposito dell'haver egli scritto con diligenza e /fol. 83/ premura al marchese di Carazzena, perché ritiri le sue truppe dal vescovato di Liege ; ma perché temano che nel prossimo inverno non tornino ad aqquartierarvisi, fanno però instanza al cardinale d'esser in tal caso assistiti di quattro mila cavalli, co' quali solamente, uniti alle proprie militie, si fanno forti di poter resistere ad ogni tentativo de' loro nemici.

Domenica 5. È passato qui un gentilhuomo del seguito di D. Luigi, spedito al principe di Condé, con l'avviso dell'effettuatione del suo aggiustamento e di tutte le particolarità che diedero materia ai

[a] Le passage : *Aggiustato il negotio del principe, la di cui pendenza*, rayé dans le corps du texte, a été réécrit dans la marge, sans modification, sans doute pour marquer seulement la fin de la phrase précédente et le début du nouveau paragraphe, omis lors de la copie.

longhi ragionamenti che hebbe hieri il cardinale con i ministri di S. Alt^{za}.

Pimentelli è tornato a negotiare con S. Em^{za} et il s^{r} di Lionne è passato a Fonterabie per l'istesso effetto. I rappresentanti di Savoia e di Mantova sono intimati di trovarsi domani nell'isola, per esporvi le pretentioni de' loro principi.

Lunedì 6 ottobre. Con tutto che il cardinale si tra/fol. 83v/vagliato dalla gotta, non ha lasciato di portarsi oggi alla conferenza, dove sono stati introdotti i ministri di Savoia e di Mantova ; e perché non hanno potuto restar d'accordo d'alcuna cosa, si è però risoluto di rimettere la discussione delle pretentioni dell'uno e dell'eccettioni dell'altro ad un congresso che doverà tenersi in Italia, dopo la signatura del trattato generale, nel luogo che sarà concertato tra ministri di S. M^{tà} Cristianissima et il conte di Fuensaldagna, governatore di Milano ; et in evento che questa nuova conferenza non produca quel buon effetto che se ne spera, le L. M^{tà}, quando i due plenipotentiarii s'abboccheranno di nuovo insieme, penseranno a quelli espedienti che, ponderate le ragioni dell'una e dell'altra parte, parranno loro più opportuni.

Qui si vuole assolutamente l'osservanza del capitolato di Chirasco del 1631[291], complendo alla Francia il sostenerlo, acciò sussista l'acquisto di Pinarolo, onde poco di buono deve sperare per questa parte il duca di Mantova[292], tanto più che i spagnoli si dichiarano molto mal /fol. 84/ sodisfatti di S. Alt^{za}.

Il re d'Inghilterra è gionto a Baiona et, havendo mandato a domandare al cardinale se havesse potuto segretamente abboccarsi seco, S. Em^{za} l'ha fatto pregare di scusarlo, con asserire che ciò sia per ridondare in maggior servitio della M^{tà} S.

Il duca di Guisa è tuttavia in questo luogo, havendo ottenuto da D. Luigi, per mezo del cardinale, che il duca di Lorena possa trasferirsi a Iron. Il detto duca di Lorena ha scritto a S. Em^{za}, chiamandola suo liberatore, con protesta di voler vivere e morir seco, e che per manifestare al mondo questa verità, si contenti che egli possa accasarsi con Madamigella Maria Mancini[293].

Martedì 7 ottobre. Gl'inviati di Savoia e Mantova sono in Andaia con il s^{r} di Lionne, a effetto di negotiar seco e co' ministri spagnoli. Si stima nondimeno che in ordine all'interessi di questi due principi, non si recederà da quanto fu determinato hieri tra li due plenipotentiarii.

Mercoledì 8. Il re d'Inghilterra, prima del far /fol. 84v/ del giorno, è passato segretamente di qua verso Fonterabie[294].

Giovedì 9. Pimentelli è venuto a negotiare con il cardinale un abboccamento che S. M^tà^ Brittanica vorrebbe fare con i due plenipotentiarii nella casa dell'isola, al che però non pare che egli inclini per non ingelosire il governo d'Inghilterra, sopra del quale sono fondate le speranze de' portughesi e del re di Svetia. S. Em^za^ ha inviato questo giorno il cavaliere di Gau a Fonterabie, perché a suo nome faccia alla M^tà^ S. un affettuosa espressione del desiderio che tiene di servirla.

Il cardinale si trova molestato più che ordinariamente da' soliti dolori di podagra, e perché non resti altro da farsi dopo la comparsa del corriero che si aspetta del duca di Gramont, ha commesso al s^r^ di Lionne di portarsi a negotiare con D. Luigi le materie[a] che restano tuttavia pendenti.

Venerdì 10 ottobre. Monsig^r^ Fuchetto, sopraintendente, è venuto a trovare il cardinale per appuntar seco la quantità del danaro che bisogna /fol. 85/ provedere nelle presenti occorrenze, e con tale occasione ha procurato giustificarsi delle imputationi dateli dall'abbate suo fratello. Si presente che l'Em^za^ S. gl'habbia risposto che non è solamente l'abbate che lo accusa, ma tutta la Francia, che esclama in vederlo spendere più lui solo che non fa il re per mantenimento di tutta la sua casa ; e che mentre i palazzi di S. M^tà^ rovinano per non esservi danaro da ripara[r]gli, egli impiega sopra otto millioni in una fabrica ; che queste non erano cose inventate da suo fratello, ma palesi ad ognuno e che però dava troppo campo a' suoi emuli di accusarlo d'un cattivo amministratore dell'entrate regie, senza che apparisca alcun luogo di scusarlo, come verrebbe il cardinale per l'affetto che li porta.

Asseriscono i confidenti di S. Em^za^ che il detto sopraintendente habbia risposto[b] con un lungo discorso, espressivo d'obligatione e di ragioni tanto vive e palpabili che l'istesso cardinale se ne dichiari appagato. Dicono adunque che haveva dimostrato i beni che possedeva quando entrò al maneggio delle finanze ; /fol. 85v/ passasse sussequentemente a rappresentare il suo stato presente, protestando di non haver dugento mila scudi in avvanzo, ma ben sì tanto credito da trovare sopra la sua parola dieci millioni per servitio del re in termine di tre giorni ; che egli con il maneggio delle finanze non haveva comprato signorie, né Stati, né arricchito alcuno de' suoi ;

[a] Ajout en interligne : *le materie*.

[b] Deux mots rayés : [che il sopraintendente]*gl'*[habbia] *detto* ; ajouts en interligne : [che il] *detto* [sopraintendente habbia] *risposto*.

haver bene impiegato le sue sostanze in benefitio degl'amici e particolarmente di tutti quelli che potevano essere abili a servire il re e S. Em[za], come il successo ha dimostrato, mentre ha potuto in tempi tanto calamitosi sovvenire a' bisogni del regno con somme immense cavate dalle borse particolari per opera di quella liberalità e schiettezza con cui s'era guadagnati gl'affetti loro.

Doveva ben souvenirsi il cardinale in quale stato fussero le finanze regie allora che lo constitui al maneggio d'esse, non essendovi alcuno in tutto il regno, anzi fra le persone più informate, che non prevedesse l'impossibilità di continuar la guerra per mancanza /fol. 86/ di danaro, mentre gl'errarii erano v[u]oti e non vi era credito di poter haver cento mila scudi per le urgenze più precise della corona, essendo pur stata tal volta la casa del re in punto d'haver necessità di farsi imprestare il soldo a giornata per l'uso delle tavole delle istesse persone reali ; che li medesimi spagnoli potrebbero confessare adesso quanti anni habbino continuata la guerra, non curando le smisurate offerte fatteli dal cardinale per haver la pace, con la sola aspettativa di sentire da un dì all'altro il fallimento generale del re ; come fede, ne potrebbe fare il principe che, informato di questa verità, li trattenne sempre con tale speranza, se bene non fu solo di questa oppinione, perché gl'istessi ministri de' principi stranieri, residenti a Parigi e che non potevano esser preoccupati da alcuna particolar passione, scrivevano assenerantemente da per tutto che era impossibile che la Francia havesse potuto continuar la guerra pochi mesi, nonché anni.

Non haver egli ricercata la sopraintendenza delle finanze, destinatali dal cardinale, che ne l'/fol. 86v/haveva sollecitato e pregato, a che si lasciò persuadere da quel zelo che haveva sempre havuto per la gloria e per gl'avvantaggi della corona ; non volergli rammemorare i servitii resi durante il tempo della sua amministratione, perché parlavano da loro medesimi, e la Francia, anzi il mondo tutto, ne vedeva manifestamente gl'effetti ; non haver comprato l'aura de' popoli[a] e la fiducia de' partitanti con il soldo del re, ma con le sue attioni, havendo havuto tal premura nell'osservanza della parola che, molte volte, ha supplito del proprio, dove le assegnationi non sono state bastevoli a sodisfare i creditori.

Quanto alla spesa della sua tavola, esser l'istessa che ha fatto in ogni tempo, anche prima d'esser sopraintendente ; in ordine poi all'esorbitanti pensioni che vien supposto che paghi a infinita quantità

[a] Un mot rayé : *partitanti* ; correction à la suite : *popoli*.

di persone, non nega d'haver sovvenuto i suoi amici e di farlo ancora, pretendendo più tosto che il re et il cardinale glie lo ascrivino a merito, mentre a prezzo delle proprie fatiche si è com/fol. 87/prato l'amore di tanti e tanti, che la disperatione e la necessità haverebbero ridotti a termine di perturbare la tranquillità della Francia.

Esservi stato non solamente il denaro per la sussistenza dell'armate, per le spese degl'assedii, per il mantenimento della corte, per i viaggi del re, per l'ambasciata di Francfurt e per tante pensioni che si pagano dentro e fuori del regno, ma anche per il rimborso di quei millioni che il cardinale asserisce doverseli ; creder bene che i suoi emoli possino haverlo accusato nel particolare di tante pensioni, che vengono pagate di suo ordine, perché non sanno che egli in questa parte esequisce i comandamenti et i biglietti di S. Em^{za}, non potendo ignorare come più volte gl'è convenuto impugnare la di lei difesa contro quelli che imputavano l'Em^{za} S. d'appropriarsi le somme che dal re venivano destinate a tante persone, così in Francia come in Italia et in Alemagna ; haver egli reso sempre buon conto a S. Em^{za} dell'entrate reali et esser pronto di fare il medesimo all'avvenire[295].

/fol. 87v/ Quanto poi agl'abbusi delle finanze, doversi confessare da ognuno che son molti diminuiti dopo che egli n'ha l'incumbenza, né potersi estirpare affatto in tempo di guerra, quando per haver prontamente il danaro bisogna accomodarsi all'humor di quelli che lo trovano e che, approfittandosi molto, fanno ad ogni modo maggior servitio alla corona, stante l'incertezza e l'insussistenza delle assegnationi, onde, se si fa bene il conto, si vedrà chiaramente esser maggiore il numero di quelli che hanno perso che degl'altri, che hanno guadagnato col re.

Quando il regno sarà pacificato, dargli animo d'ordinare le finanze e di rimediare all'inconvenienti suddetti, ma doversi anche considerare dall'Em^{za} S. che sarebbe forse in tal caso gran' male l'irritare la corte con la diminutione de' donativi, i forestieri con la riforma delle pensioni, i partitanti con l'acerbità delle violenze, et i popoli con la continuatione degl'aggravii ; parergli però più a proposito d'applicar seriamente al sollievo de' sudditi, con una somma piacevolezza e /fol. 88/ con tutti quei mezi che possano conciliare alla M^{tà} S. il credito, l'amore e la fede ; quanto alle fabbriche di Seimmendet e de Veaus, essere inferiori al concetto che s'ha della sua splendidezza et all'invidia de' suoi avversarii, impiegando anzi in esse molti poveri, le fatiche de' quali ridondano in augmento dell'entrate regie ; del resto, esser tutte le sue spese molto limitate e che non eccedano quelle de' suoi predecessori.

Dal dì 10 fino al presente giorno de' 16, non è seguita alcuna novità, perché il cardinale è stato sempre in letto et il s[r] di Lionne è andato più volte a Fonterabie per dar l'ultima mano con D. Luigi a' diversi articoli che non erano ancora ben digeriti e per i quali oggi poi S. Em[za] s'è condotta all'isola per la decima nona volta, a effetto di stabilirgli. I più rilevanti sono gli due che riguardano li duchi di Modena e di Parma, essendo stato finalmente risoluto che sarebbe inserta nel trattato generale l'instanza da farsi al papa dai due re, acciò la S[tà] S. ordini che siano terminate senza ritardo, per accordo o /fol. 88v/ per giustizia, le differenze che i sopradetti duchi hanno con la Camera apostolica.

Sono in oltre convenuti d'inviare ambasciatori nell'Imperio, o di far agir quelli che vi sono per l'una e l'altra corona, acciò di comun' concerto procurino un pronto aggiustamento, tanto di tutte le differenze che ne possano turbare il riposo come di quelle che da qualche anno in qua han' cagionato le guerre del Settentrione, pensando di far lo stesso con i cantoni delle Leghe svizzere e co' grisoni.

Haverebbe il cardinale qualche intentione[a] di far baratto col principe di Monaco[296] de' beni che possedeva la sua casa nel regno di Napoli, per il che desidera che li spagnoli s'oblighino per un articolo di questo trattato a conceder facoltà al detto principe di potergli alienare, restituendolo in oltre nel pacifico possesso di tutto ciò che godeva in tutti gl'altri paesi sottoposti a S. M[tà] Cattolica avanti l'essersi dichiarato del partito francese.

Si è parimente stabilito di non aspettar lo scambio delle ratificationi per la restitutione e rimessa delle piazze, che li due re devono rendere e /fol. 89/ consegnarsi rispettivamente l'uno all'altro, afinché le truppe che compongano l'armata del Cristianissimo e le guarnigioni delle piazze che tiene in Italia possino ripassare i monti prima che la stagione sia maggiormente avanzata, onde per corrieri espressi saranno inviati gl'ordini al duca di Navaglia[297] et al conte di Fuensaldagna come al marchese di Carazena in Fiandra per dar principio il trentesimo giorno del corrente mese all'esecutione del trattato, restando però in mano de' francesi Roses, il forte della Trinità[298] e Cadaquiers[299], per doversi restituire a' spagnoli all'arrivo dell'infanta in Francia, et all'incontro riterranno essi Avena e Julliers finché il principe habbia reso i suoi ossequii a S. M[tà] Cristianissima.

[a] Un mot rayé : *che*.

Non sodisfacendosi[a] con tutto ciò i francesi per dubbio che sia per nascere qualche nuova difficoltà in ordine al punto della Cerdagna, potendo facilmente succedere che il rapporto dei commissarii et il giudicato degl'arbitri[b] sia per esser lungo e pericoloso, s'è convenuto però che le dette piazze di Roses, della Trinità e di Cadaquers non si consegnino che anche prima non venga /fol. 89v/ deciso quali siano i Pirenei che hanno da fare la separatione de' due regni.

Sabato 18 ottobre. È qui gionto D. Francesco da Costa, conte di Sora, ambasciatore di Portugallo[300], personaggio di molta intelligenza e consumato negl'affari politici, et immediatamente s'è portato dal cardinale, con cui s'è trattenuto più hore. S. Em[za] s'è lasciata intendere questa sera che ammirava il coraggio e la costanza di quei popoli, havendoli significato l'ambasciatore che piutosto d'assoggettarsi a' castigliani, sono risoluti – quando non possino difender il Portugallo – di cederlo a' Mori e di andare ad abitare nell'Indie.

Pare che al cardinale pesi molto il vedere i portughesi in tanta angustia e ne condanna il Consiglio di Lisbona, havendo rimproverato a questo ministro l'essere stati otiosi in tempo che la corona di Spagna era combattuta et afflitta per ogni parte, perché se quando i francesi erano internati nell'Aragona, havessero dal lor canto accudito anch'essi al proprio interesse, li sarebbe stato facile ottenere un favorevole accordo, o almeno d'occupare tante piazze /fol. 90/ in Castiglia, che li servissero di riparo in una nuova guerra ; essere state offerte loro dalla Francia in tempo delle discordie civili vantaggiosissime conditioni per risvegliarli dal letargo, ma senza alcun frutto, havendo anzi lasciato perdere Barcellona e tutta la Catalogna, che con tanta facilità haverebbero potuto soccorrere[301] ; onde doversi querelare solamente di loro medesimi. L'ambasciatore ha rigettato tutta la colpa sopra il malgoverno de' ministri di quel tempo, ma però dal suo favellare, si raccoglie che non è partito affatto discontento dall'abboccamento di S. Em[za], havendo forse potuto ritrarre quanto importi alla Francia che resti qualche occupazione alla Spagna.

Lunedì 20. Si supponeva che dovesse esser comparso il corriero del duca di Gramont e su questo fondamento era intimata per questo giorno la conferenza, ma perché fin'hora non è gionto, è stata rimessa all'arrivo delle prime lettere di Madrid.

[a] Un mot rayé : *però*.

[b] Un mot rayé : [degl']*altri* [arbitri].

Giovedì 23 ottobre. Si è tenuta la ventesima conferenza, e perché il re di Spagna vuole in ogni maniera condursi a questi monti, il che la M[tà] S. /fol. 90v/ non può così prontamente eseguire, si son però tanto maggiormente confermati i plenipotentiarii nella risolutione di procedere speditamente all'esecutione del capitolato.

Avvisa il duca di Gramont gl'honori che ha ricevuto in Spagna, dove per ordine espresso di quel re è stato accolto da per tutto con ogni maggiore dimostratione d'affetto e di stima. Il dì 20 li furono consegnati dal Contreras, segretario di Stato, i dispacci regii, accompagnati dalle più vive espressioni del giubilo con che S. M[tà] Cattolica si dichiara di consentire alle nozze dell'infanta col Re Cristianissimo.

Venerdì 24. Vorrebbe D. Luigi che il cardinale si risolvesse a far qualche cosa a favore del re d'Inghilterra, se non adesso, almeno per il tempo che converranno insieme. S. Em[za] mostra di compatire assai questo principe, ma perché non ha motivo di romper con gl'inglesi, si riserba a seguir l'esempio de' spagnoli, che per ragion propria devono pensare a ricuperar la piazza di Doncherchen, tanto importante. Non era forse lontano da' sentimenti di D. Luigi nel principio di questi /fol. 91/ negotiati, ma perché non gl'è piaciuto il procedere delli spagnoli, non vuol pigliar con essi alcuna misura che porti impegno alla Francia, o gelosia agl'amici e confederati di essa ; che se poi l'Inghilterra acclamasse il suo legittimo sovrano, si lascia intendere che in tal caso egli ancora contribuirebbe allo stabilimento del medesimo, ma per hora pensa di stare ad osservare quei moti, non volendo per quanto sarà in[a] poter suo far la guerra per altri, dopo haver tanto fatigato per dar la pace a questo regno.

È così fattamente consumato il cardinale dalle fatiche et indebolito per le sue continue indispositioni che molto ben conosce di non poter più sostenere il peso di tanti travagli, che seco porta la guerra e che in essa li sarebbe molto difficile di tratterner il genio bellicoso del re, che non andasse ad esercitare il comando dell'armi ; onde si tien per certo che, per esimersi da tanti disagi, sia per adoprare tutta la sua industria acciò questa pace sia lunga e permanente, per godere di quella quiete che è tanto necessaria alla preservatione della sua salute.

Persiste non dimeno il re Carlo di domandare un /fol. 91v/ abboccamento col cardinale e con D. Luigi nell'isola, ma l'Em[za] S. tuttavia se ne scusa, procurando d'insinuare a S. M[tà] che ciò non le

[a] Un mot rayé : *suo*.

produrrebbe alcun vantaggio. È degna in vero di gran' compatimento la conditione di questo monarca, non potendo neanche ottenere di parlare ad un ministro, non che conseguire alcun frutto da sì lungo e penoso viaggio[302]. Ma ciò segue perché, se bene si fa la pace in apparenza, non cessano per questo le gelosie e le diffidenze delle due nationi, che anzi pensano di già a' vantaggi che potranno havere in una nuova guerra, dal successo della presente concordia.

Par non di meno assai verisimile quel che da molti vien detto, che il cardinale habbia appuntato qualche concerto con D. Luigi sopra la piazza di Doncherchen, posseduta dagl'inglesi, prevedendo che l'ingrandirli et il tirarli di qua del mare altro non sia che nudrire il serpe nel proprio seno. Certa cosa è che egli fu necessitato dalle minaccie del Cromuel ad applicar da dovero a quell'impresa, nonostante che dovesse intraprenderla in esecutione del trattato fatto con il detto Cromuel, la sostanza /fol. 92/ del quale era che, dopo la discesa degl'inglesi nella Fiandra, si dovesse da' francesi accudire all'oppugnatione d'una delle piazze marittime possedute da' spagnoli per dover esser consegnata per sicurezza de' medesimi inglesi, e che tutte l'altre conquiste di terra appartenessero alla corona di Francia, con che intrattenesse a proprio soldo quelle militie[303], bastando a Cromuel (per quanto dicea) d'haver un porto nella Fiandra per commodità de' suoi legni et un'occasione da poter evacuare dall'Inghilterra li spiriti inquieti e seditiosi, per haver pronta anche poi al bisogno quelle soldatesche, volendo che la guerra di Fiandra le servisse per ammaestramento sotto la disciplina de' capitani della Francia.

All'incontro, il cardinale si dava a credere che gl'inglesi non potessero nuocere a questa monarchia, reflettendo che la violenza di quel governo non poteva esser durabile e che, quando pur sussistesse, non fusse mai per arrischiarsi all'intraprendere contro un regno potentissimo, et essendo lo stato dell'Inghilterra prossimo a produrre qualche straordinaria mutatione, stimò di poter havere sufficiente apertura di /fol. 92v/ ricuperar le piazze che cadessero mai in poter di essi. Vero è che il cardinale fu poi astretto a collegarsi con il Cromuel, già che i spagnoli li facevano larghissimi partiti per guadagnarlo, offerendoli l'assistenza delle loro armi per l'impresa di Cales, come giustificò il cardinale facendo publicare alle stampe il medesimo trattato che essi esibirono al Protettore, acciò fusse palese a tutto il mondo che non solamente furono i primi a riconoscere la di lui sovranità[304], ma anche si adoperavano per condurlo a' danni della Francia, onde era stato astretto ad offerirli[a] le medesime conditioni che li facevano i spagnoli[305].

Risoluto pertanto l'assedio di Doncherchen, in ordine alle conventioni del trattato fatto col Protettore, i soverchii apparecchi che fece il cardinale per tale impresa resero avvisati li spagnoli de' disegni che si nutrivano, come a punto egli voleva[306] ; vi accorsero essi con tutte le forze, onde venendo giudicato impossibile l'espugnar quella piazza, se ne rese capace Cromuel, a cui fu fatto sperare che prima del fine della campagna, vi sarebbero tornati /fol. 93/ gl'eserciti di S. M^{tà} e, intanto per attirare in altra parte l'inimico, si sarebbe attaccato il Lucemburgho con l'armata del marescial[b] della Ferté, che essendo provincia affatto sprovista, haverebbe obligato li spagnoli ad accorrervi, dando luogo al marescial di Turena[307], che teneva la campagna con le più sciolte militie e con gl'inglesi, di poter tornare improvisamente sotto a Doncherchen.

Approvato da Cromuel il disegno, si pose l'assedio alla forte piazza di Monmedii[308], che fu di maggior durata di quello si presuposero i generali, perché oltre il sito della fortezza, che è collocata su la sommità d'un monte scosceso e sassoso, fu anche difesa con grandissima bravura da quei di dentro, essendovi periti sopra 4 mila aggressori. Intanto il cardinale, con la vicinanza dell'armi francesi alla Germania, dava un poco calore alle cose che si trattavano allhora alla Dieta di Francfurt, e si prevaleva delle militie del Cromuell per divertir le forze de' spagnoli, non esponendole ad alcun cimento perché non havessero da impatientarsi. Dopo la presa di Monmedy[309], si tornò di nuovo verso /fol. 93v/ il mare, ma perché non si operava con quel fine che dimostrava l'apparenza, li spagnoli hebbero agio di assecurare nuovamente tutte le piazze di quella frontiera.

La gran' perspicacità dell'ingegno del Protettore penetrò quasi al vero nelle massime del cardinale, dandosene per inteso, con protestare di voler condur la guerra da sé medesimo, quando la prossima campagna non se li fusse consegnato la piazza di Doncherchen, o quella di Ostende[310]. Il disegno del cardinale era di tenerlo pasciuto di speranze, senza effetti, e di prevalersi degl'inglesi nella Fiandra per forzar li spagnoli ad una pace svantaggiosa, o[v]vero a gettar tanto terrore in quei popoli che, per sottrarsi dall'imminente pericolo di esser fatti prede di quella natione, havessero da ricorrere alla protettione della Francia, mentre con i negotiati di Francfurt tratteneva

[a] Un mot rayé, illisible ; correction en interligne : *offerirli*.

[b] Deux mots rayés : *di Turena*.

l'elettione del nuovo cesare e, conseguentemente, quei soccorsi che dalla Germania vi potevano passare.

Gionta la nuova primavera [1658], adempì Cromuel dal canto suo quanto era tenuto, reclutando le /fol. 94/ sue militie in Fiandra di gente valorosa e determinata, preparandosi anche per mare ad assistere l'armi di terra ; ma perché questa volta Mazarino haveva da far con uno che sapeva il mestier del politico quanto lui, giudicò di oprar sinceramente, per non farselo inimico, dandolo bene a conoscere con la diversità della sua condotta. Publicò in Parigi di voler soggiogare i ribelli di Esdino[311], acciò servissero d'essempio agl'altri sudditi di S. M[tà], et in effetto vi fece marciare gran numero di fanterie e cavalli, onde parea che tutto s'apparecchiasse per principiare la campagna da quell'assedio, havendolo creduto non solamente quei di dentro, ma i medesimi spagnoli, che con celerità gl'inviarono soccorso. Due fini hebbe il cardinale in questa attione : l'uno, d'ingannar i spagnoli acciò non lo prevenissero, e l'altro di vedere se la presenza del re poteva intimorir quei ribelli e farli risolvere a tornare alla dovuta obbedienza, o pure di animare i soldati a gettar dalle muraglie i due seditiosi comandanti, La Riviera e Farghes, per meritare maggiormente il perdono. Ma perché né gl'uni, né gl'altri non fecero movimento /fol. 94v/ di sorte alcuna, havendo anzi tirato il cannone sopra le schiere più avvanzate, il cardinale non vi fece che un semplice passaggio, giungendo improvisamente a vista di Doncherchen.

Accampatovi l'essercito all'intorno, si diede il marescial di Turena a stringer l'assedio con ogni maggior sollecitudine, nonostante che la cavalleria perisse per mancanaza di foraggi, atteso la sterilità del paese, non meno che la stagione per anche impropria al campeggiare, di modo che haverebbe voluto il detto generale bloccar solamente la piazza e volgersi in altra parte più commoda alla sussistenza dell'armate ; ma il cardinale, che nell'inverno non havea potuto far piegare i spagnoli a dar solamente orecchie alla pace, rigettando essi come sospetta la mediatione degl'elettori che la Francia rendeva arbitri delle sue ragioni[312], applicò tanto seriamente a quell'oppugnatione che deliberò in sé stesso[a] di riportarne la vittoria, quando anche havesse havuto da costarli il prezzo di tutte le vite de' soldati di Francia, e poco ne mancò che il re medesimo[b] non vi lasciasse la sua, essendo caduto gravamente infermo a Cales, per i disagii sofferti in /fol. 95/ quell'assedio[313].

[a] Un mot rayé : *medesimo* ; correction en interligne : *stesso*.

[b] Ajout en interligne : *medesimo*.

Non fece il cardinale alcun apparecchio militare per quella banda, sapendo che il principe di Condé, partecipe altre volte de' suoi artifitii, haverebbe potuto indovinare dalla dispositione degl'apparati a che tendesse la sua mira : per lo che ordinò per tempo che, senza strepito, fussero fatte le provisioni necessarie in diversi porti dell'Oceano et altre parti più remote, per haverle pronte con il commodo del mare ovunque li fussero bisognate. Giunse però tanto improviso alli spagnoli quell'assedio che non hebbero tempo di munir la piazza a sufficienza, e volendovi poi portare il soccorso, lo fecero con tanta precipitatione e disordine che, sortito il Turena dalle trinciere per andarli ad incontrare, ne seguì la tanto memorabile battaglia delle Dune, la quale non solamente assecurò la vittoria dell'oppugnatione intrapresa dall'armi di Francia, ma contribuì agl'altri acquisti che posero in tanto pericolo tutta la Fiandra, che sarebbero stati anche maggiori se la mortale infirmità del re non havesse tenuti sospesi gl'eserciti.

Questa pose /fol. 95v/ in grandissimo travaglio il cardinale, non tanto perché il duca d'Angiò[314], a cui sarebbe pervenuta la corona, li fusse poco inclinato, quanto perché tutto il popolo di Parigi lo rimproverava d'haver fatto consegnar la piazza di Doncherchen in poter degl'inglesi, perpetui inimici della Francia e persecutori della religion' cattolica, attribuendo perciò la salute pericolante del re a' flagello del Cielo per le colpe di Mazarino. Già nella corte si formavano le fattioni, si distribuivano i carichi e, senz'aspettare che il re fusse morto, vi era alcuno che trattava il duca con titolo di Real M^{tà}, le quali cose, doppo che furono a notitia del cardinale e che hebbe riconosciuto al fondo l'intentione del duca e de' suoi, spedì a' marescialli di Turrena e della Ferté per saper da essi, se volevano apparecchiarsi a correr la di lui fortuna[315].

Non arrivarono così presto i messaggieri quanto pronte vennero le risposte di quei generali, con protesta a S. Em^{za} di viver e morir seco, e di non obbedire ad altri cenni che a' suoi. Erano questi due marescialli i più confidenti /fol. 96/ amici che havesse il cardinale, et haveano motivo d'esserli molto obligati, perché mediante il suo credito e favore, furono sempre preferiti a tutti gl'altri capitani nelle speditioni più rilevanti della corona, onde non ignoravano l'emulatione che li portavano gl'altri marescialli, e particolarmente quelli di Villeroy e di Plessis-Pralin[316], quali si fusse passata la corona nel duca d'Angiò, non solamente haverebbero ottenuto il comando degl'eserciti, ma la direttione di tutti gl'affari del regno, di modo ché, anche per questo, molto compliva a' medesimi il tenersi uniti alla fortuna del cardinale.

Il marescial di Villeroy s'era palesato per ogni tempo emulo et avversario del cardinale, havendo sommamente contribuito a' disastri di S. Em^{za} nelle passate turbolenze, con revelare a' principi malcontenti le risolutioni del cabinetto, nel quale però solamente era chiamato quando la necessità lo richiedeva ; ma perché non compliva al cardinale il farselo aperto nemico, dissimulò sempre, inducendo il re a far l'istesso, bastandoli di mortificarlo alla giornata in tutte le occasioni che si offerivano.

/fol. 96v/ Quello di Plesis-Pralin era pure stato eletto dall'Em^{za} S. per governatore supremo della persona del duca d'Angiò, ma anche questo si palesò all'occasione poco amico del cardinale, perché nella sua assenza dispose della maggior parte degl'uffitii e cariche della casa del duca, appropriandosene il danaro che si aspettava a Mazarino, il quale havea ottenuto dal re il privilegio di far la casa di S. Alt^{za} Reale, non tanto per l'utile considerabile che ne dovea riportare, quanto per collocarvi persone d'intiera sua confidenza ; le quali essendo a devotione del maresciallo, non poteva Mazarino compromettersi di alcuno di quelli che stavano appresso il duca e, sapendo essere il detto maresciallo huomo d'ingegno pronto et ardito, non se ne fidava molto, dandoli non poca inquiezza l'essere in una piazza, forse l'unica in tutto il regno che non era ad sua intiera dispositione, perché il Bettunes, conte di Sciarò, governatore di essa[317], haverebbe senz'altro esequito gl'ordini del suo sovrano signore, non tanto per la sua naturale ingenuità et aperta inclinatione verso le persone reali, quanto per la poca occasione ch'egli haveva d'amare il /fol. 97/ cardinale, che li ritiene tuttavia l'esecutione del brevetto concedutoli di duca e pari, oltre che l'esser servitore di S. M^{tà} vien riputato comunemente una specie di demerito, mentre i soli di S. Em^{za} sono promossi alle cariche et a' posti maggiori, invidiando per ciò i primi, la fortuna meno speciosa, ma più utile de' secondi.

Conosceva ben egli adesso il rischio che correva di haver non solamente per nemica la casa del duca d'Angiò, ma quella del re ; con tutto ciò, molto si confidava nell'esser presente la regina, e non troppo distante l'armata del Turena, con gl'inglesi apparecchiati a seguirlo, havendoli Cromuel offerta l'assistenza di tutte le sue forze et ordinato nel medesimo tempo a' suoi capitani d'obbedire il cardinale come la propria sua persona.

Mentre in tal modo si fortificava per resistere ad ogni tentativo de' suoi emuli, significò con lungo discorso alla regina il pensiero che havea, morendo il re, di ritirarsi a vivere in quella parte del regno che il duca d'Angiò si fusse compiaciuto[a] di prescriverli, essendo impossibile che potesse più /fol. 97v/ restare alla corte, perdendo un padrone sì caro e che non poteva mai havere un successore che l'uguagliasse ; conoscer l'inclinatione del duca, anzi l'avversione che li portava, per haver sostenute sempre le parti del re, onde non voleva dar luogo a' suoi avversarii con il fermarsi alla corte, di fabbricare il di lui precipitio ; che il suo maggior sentimento sarebbe stato di lasciar S. M[tà], alla quale doveva tutto il suo essere, prevedendo i disgusti che haverebbe havuto non tanto dal figlio quanto dalle persone che possedevano il suo genio ; voler però sempre essere il medesimo servitore della M[tà] S. in qualunque luogo, esilendosi a sacrificarsi per lei ogni qual volta se ne presentasse l'occasione.

La risposta della regina fu più copiosa di lacrime che di parole, non tanto perché l'intenerisse il discorso del cardinale, che per vedersi sul punto di perder un figlio che gl'era più caro della vita sua ; pregollò di non voler pensare in alcun modo a lasciar il governo dello Stato, essendo sicura che il duca non li darebbe mai /fol. 98/ licenza e, quando pur seguisse che havessero più possanza in lui le persuasioni degl'ambitiosi che le di lei parole, volersi anch'ella ritirare per vivere il resto de' suoi giorni in un monastero, contentandosi che allora il cardinale pigliasse quel partito che più le paresse.

Haveva sempre procurato la regina di sostener et inalzar il cardinale sopra ogn'altro ministro francese, perché, essendo ella forestiera, hebbe per massima principale fin dal principio della sua reggenza di servirsi di Mazarino con presuposto che non dovess'esserli ingrato e sconoscente, mentre straniero e non dipendente da alcuna fattione, davasi a credere che fusse per esser sempre unito con lei ; che ben si ricordava de' cattivi giorni e male notti passate sotto il ministero di Richegliù[318], ond'era risolutissima di voler abbandonare il duca d'Angiò, quando havesse voluto diminuire al cardinale quell'autorità che esercitava al presente.

Passata intanto nelle provincie di Francia la notitia dello stato pericoloso del re, si stac/fol. 98v/cavano da per tutto a stuolo i gentilhuomini e signori beneficati da Mazarino, volando non che correndo su le poste per offerirle, oltre la persona, quanto era in loro potere, quasi che a lui si pervenisse la successione della corona, o che potesse disputarla al duca d'Angiò ; la maggior parte de' governatori delle piazze fecero pur l'istesso, con la missione d'espressi corrieri, da che si conobbe che la più considerabil' parte[b] del regno dipendeva dal

[a] Un mot rayé : *contentato* ; correction à la suite : *compiaciuto*.

[b] Un mot rayé : *piazza* ; correction à la suite : *parte*.

cardinale, perché, oltre i signori imparentati seco, i quali stavano al governo delle migliori provincie, fu detto da' suoi più confidenti che si trovasse a quel tempo 8 millioni d'oro, dipartiti in Bruage e Brisach, nella piazza della Fera[319], in Sedano[320] et altri luoghi, havendo in oltre a suo soldo i più fioriti reggimenti che componessero l'armate, i quali militavano sotto il suo nome e bandiera. Non era minore il credito particolare che teneva con i collegati della Francia, essendoli pienamente cattivati con le pensioni et avvantaggi procurati loro, attribuiti solamente all'opra et /fol. 99/ generosità sua, di modo che non restava al re che il nudo titolo della M^tà^, se è vero che nell'autorità e nel comando più che nel nome consista l'essenza del principato.

Ma s'egli era l'anima et il cuore del re, ben poteva appropriarsi et disporre a sua voglia di tutto ciò che apparteneva alla M^tà^ S., la quale anzi reputava sua maggior grandezza e fortuna, che il cardinale si rendesse temuto e formidabile, parendole che nell'autorità di lui consistesse la propria.

L'amore che li porta è così smisurato, che pare non provi felicità se non quando sta seco, e ben lo palesò durante il tempo della sua grave malatia, havendolo pregato più d'una volta a non partir da lui, per quanto l'amava, confessando di non sentire il male quando lo vedeva, benché non havesse poco rammarico di darli tanto incommodo, ma che moriva contento, lasciando il regno nelle sue mani.

Finalmente i voti della regina ottennero dal Cielo il meglioramento e poi l'intera guarigione del re, havendo ella depositato in Dio un fermo /fol. 99v/ proponimento di cooperare con ardentissimo zelo alla pace del Cristianesimo. Il cardinale, che non poco era stato atterrito da questo accidente, fece anch'egli buon proposito di non azardar mai più la persona della M^tà^ S. a' rischi et incommodi che porta seco la guerra, fin tanto almeno non havesse stabilito la successione. Onde principiò fin d'allora a divisare con la regina d'ammogliarlo. Ella, che non bramava altra felicità che d'haver in casa la nipote per nuora, si raccomandò con caldezza al cardinale, perché le procurasse questa sodisfattione, promettendoli di sostenerlo nella direttione degl'affari, non meno in tempo di pace di quello havea fatto durante la guerra. Una sola difficoltà crucciava il di lui animo, ed'era il non sapere come dar principio a parlar di pace con i spagnoli, che essi non se ne prevalessero per guadagnare il Cromuel, a cui complendo che le due corone fussero in guerra, non haverebbe mancato di collegarsi co' nemici della Francia per eternargliela.

Mentre dunque dal campo de' francesi si deside/fol. 100/rava la pace, nonostante i prosperi successi delle loro armi, il principe di Condé, abbattuto dall'infelice successo della perduta giornata, stanco dal far la guerra al suo regno et in procinto di perder, con la reputatione, quelle provincie, non più animava i spagnoli a proseguirla, ma gli persuadeva a procurar di salvarle con la pace. Non minor apprehensione haveva il Consiglio di Stato di S. M^{tà} Cattolica per la lega della Francia con il Cromuel, ma perché non era tale che potesse indurli a desiderare la pace, successe un'incontro a D. Luigi d'Haro, che mortificò non solamente il di lui fasto, ma li fece appreendere tutti quei mali che poteano soprastare alla Spagna con tanto suo sdegno e picca contro i portughesi che, giurata la lor ruina, deliberò d'applicarsi a qualunque partito che facilitar gli potesse l'intento. Restò egli rotto e fugato sotto Eluas[321] e sene deve attribuire il successo al signore Dio, perché havea riserbato alla sua destra una sì grand'opera, volendo che tutti si conducessero per vie occulte a promuo[ve]re e desiderare la pace, havendo /fol. 100v/ anche dato alla Spagna due principini, acciò non havessero da difficoltare il matrimonio dell'infanta col re di Francia[322].

Tornata la corte in Parigi[323] con questa buona dispositione, vi si trovò casualmente di passaggio il padre fra Alonso Malvenda[a], religioso spagnolo dell'ordine di san Francesco[324], quale essendo stato introdotto dalla regina, giudicò ella poterli confidare una lettera per il re suo fratello. Non era gran tempo che quella M^{tà} haveva scritto in Francia alla sorella, con affettuosi[b] rimproveri, perché si fusse tanto scordata di lui e della propria casa, anzi godendo di vederla in una perpetua guerra[325], e se bene la regina haveva già[c] risposto alla detta lettera, prese nuovamente da essa il motivo di significarle il timore che havea havuto di perdere il figlio e che, havendo riconosciuto il pericolo allora che vi s'era trovata dentro, esser però risolutissima di ammogliarlo e di non voler mai permettere, per quanto potrebbe, che egli si esponesse a disagio, che porta seco la guerra ; se S. M^{tà} voleva pensar da dovero a stabilire /fol. 101/ una vera e lunga pace, ella si prometteva di farla succedere, purché acconsentisse di dar l'infanta al re suo figlio[326].

Questa speditione fu fatta come se il cardinale non ne fusse stato partecipe, havendo voluto riserbarsi a rigettarne tutta la colpa sopra

[a] Les mots : *frà Alonso Malvenda* sont un ajout postérieur dans un espace laissé vierge à cet effet.

[b] *Affettuosissimi*, corrigé en : *affettuosi*.

[c] Ajout en interligne : *già*.

la bontà della regina, quando da' spagnoli fusse stata publicata. Partito il religioso da Parigi, principiò Mazarino a riassumere i trattati altre volte intavolati, per dar pastura a' savoiardi con le speranze d'accasare la principessa Margherita col re, havendo pure in altri tempi fatto credere la medesima cosa al duca d'Orleans et ad altri principi e principesse dentro e fuori del regno, per tenerseli ben affetti, secondo l'occorrenza ch'haveva di essi. Questa volta però risvegliava tal pratica per scoprire a che piegasse l'inclinatione della corte di Madrid, sì come per dare con la gelosia impulso a' spagnoli di non portare alla lunga il negotiato intrapreso dalla regina, levando loro ogni speranza di poter riportare benefitio dalla lunghezza del tempo.

Tornò di Spagna il padre Malvenda[a] con adequate risposte, onde, piena di speranze, la regina volle che il cardinale lo vedesse e si abboccasse seco nel di /fol. 101v/ lei cabinetto, ma egli mostrando di non credere che il consiglio di Spagna dicesse da dovero, significò al detto padre di haver fra mano un partito proportionato alla resolutione stabilita in quello di S. M^{tà}, cioè[b] di accasarla dentro quell'anno, e che però non si sarebbe fermato alle parole de' spagnoli, se non havesse veduto gl'effetti.

Con questa nuova medicina fu rispedito il religioso spagnolo, e fatto consapevole il conte di Fuensaldagna di tutto il seguito, acciò anch'egli (come bene intentionato per la pace) vi contribuisse con gl'offitii suoi appresso D. Luigi[327] ; ma, perché voleva S. D[ivina] M^{tà} che si procedesse in un'affare di tanta importanza con franchezza e senza rispetto d'alcuno, troncò lo stame della vita[c] di Cromuel[328], acciò vivendo non havesse da opporsi a' decreti già stabiliti nel Cielo. Non si potrà già negare che l'esito di questo congresso non sia stato molto incerto e dubbioso, e che se nella guerra hanno tanto garreggiato con l'armi le due nationi, non habbino fatto anche l'istesso questi principali ministri con il negotio, esponendo a gran' cimento le loro operationi.

Sabato 25 ottobre. È comparso il duca di Lorena a /fol. 102/ Iron, non altrimente libero, ma legato di parola di non passare in Francia che dopo la publicatione della pace. Il duca di Ghisa et il conte d'Arcurt si sono subito trasferiti a visitarlo, et essendo ritornati a notte in questo luogo, hanno detto d'haverlo trovato in trasporti grandissimi

[a] Le nom *Malvenda* est un ajout postérieur dans un espace laissé vierge à cet effet.

[b] Un mot rayé : *che*.

[c] Deux mots rayés : *la vita* ; correction à la suite : *lo stame della vita*.

di collera e sdegni contro i spagnoli. La sua venuta è stata troppo tarda per apportar qualche meglioramento alle cose sue, non volendo il cardinale assolutamente recedere dai patti già distesi et inseriti nel trattato generale, havendoli appuntati con D. Luigi quando acconsentì all'abbandonamento del Portugallo, a effetto d'haverlo favorevole in pregiuditio di questo principe, che altamente si dichiara voler esser duca di Lorena come prima, o niente.

Gl'articoli che riguardano l'interessi di S. Alt^za^ son' tanti e di così gran' rilievo che non è restato al cardinale che più desiderare. Contengono in sostanza che il re di Francia non sia in obligo di renderli i Stati, se non dopo che l'imperatore haverà ratificato tutti gl'articoli stipulati nel trattato di pace spettanti al duca Carlo di Lorena, e che S. Alt^za^ prima d'esserne restituita al possesso, non habbia con/fol. 102v/segnato al re un obligo in forma valida et autentica di cessione e renuncia per il ducato di Bar[329], Moycvinch[330], Stenay[331], Dun[332], Jametz[333], contea di Clermont[334] e suo territorio e dipendenze, acciò i detti Stati e piazze restino per sempre uniti et incorporati alla corona. Quello che v'è a suo favore, in consideratione dell'incessanti ufficii di S. M^tà^ Cattolica, è[a] che il Re Cristianissimo lo riceve nella sua buona gratia e lo restituirà al possesso delle due città di Nansi[335], dopo che ne haverà fatto demolire le fortificationi, senza che possino esser mai più riedificate ; seli rendono ancora l'altre città, piazze e passi posseduti prima da S. Alt^za^, dipendenti da' vescovadi di Metz, Tul e Verdun[336]. Quando poi il detto duca pretendesse di non volere accettare o rattificare quello che è stato stabilito da' due re toccante i suoi interessi, o che, accettando, mancasse nell'avvenire all'esecutione et adempimento di quanto è tenuto, il Cristianissimo sarà fuor' d'obligo d'esequire[b] alcuno degl'articoli che sono favorevoli all'Alt^za^ S.

Domenica 26 ottobre. Tornò hier sera da Fonterabie il s^r^ di /fol. 103/ Lionne et, havendo ottenuto da D. Luigi che il duca di Lorena possa entrare in Francia, S. Alt^za^ è venuta questa mattina a pranzo con il cardinale, che si è condotto ad incontrarlo una lega distante di questo luogo, senza però darli la mano nella propria carrozza, né in casa. Ha protestato a S. Em^za^ di volerli esser fedelissimo e particolar servitore, di riconoscerlo per suo liberatore e che, quando non le voglia restituire[c] li Stati in modo che vi possa esser sovrano, egli più tosto vuol renuntiarli tutti alla corona di Francia,

[a] Ajout dans le texte : *è*.

[b] Plusieurs mots rayés, illisibles.

[c] Un mot rayé : *in*.

bastandoli solamente haver ducento mila scudi d'annua rendita, che altri 100 mila ne siano dati al fratello et a ciascheduno de' suoi nepoti, e che la casa di Lorena, in mancanza della reale, venga habilitata a poter succedere alla corona.

Lunedì 27. Si tenne la ventesima prima conferenza, e perché il duca di Lorena strepitava e si doleva sopra ogn'altra cosa che non contenti i due plenipotentiarii d'haverlo spogliato della meglior parte del suo stato, fussero di più convenuti che non potesse ottenere il restante fin tanto che l'imperatore non /fol. 103v/ havesse ratificato gl'articoli concernenti gl'interesssi di S. Alt^za^, si sono contentati di aggiungere alla capitulatione che, accetando il duca la legge che li viene imposta, sarà stabilito trà quattro mesi nelli Stati e piazze che hanno ad esserli restituiti da S. M^tà^ Cristianissima.

Giovedì 30 ottobre. Non ha tralasciato D. Luigi di tentare nuovamente la costanza del cardinale per farlo risolvere a non lasciar partire il re d'Inghilterra senz'abboccarsi seco, come anche di non contentarsi che il principe di Condé gli ceda le sue truppe, ma perché ciò sarebbe molto pregiuditiale agl'interessi della Francia et alle convenienze de' collegati, il cardinale se n'è destramente scusato, essendo solamente condesceso di vedere il marchese d'Ormond[337], uno de' principali del seguito del re Carlo, come se s'incontrassero a caso, quando l'Em^za^ S. si porta all'isola del congresso. Usano veramente i spagnoli ogni finezza maggiore d'ossequio verso S. M^tà^ Brittanica, servendola in Fonterabie con l'istesse formalità[a] che praticano col re lor signore, facendoli anticamera il medesimo D. Luigi.

/fol. 104/ È tornato il duca di Lorena per la 2^a^ volta ad abboccarsi col cardinale et ha portato l'avviso della morte dell'infante, secondo genito di Spagna[338]. Questo duca ha preteso in un certo modo di violentare il cardinale perché si moderino le conditioni che li vengano prescritte dal trattato di questa pace, onde S. Em^za^[b] è stata astretta a risponderli che deve solamente dolersi di sé medesimo, già che quando poteva fare il suo accordo con la Francia, non solamente trascurò le propositioni vantaggiose che li vennero esibite in tempo delle guerre civili, ma per non separarsi da' spagnoli mancò alla sua parola verso il re ; non dover però credere adesso che la M^tà^ S. voglia haver per lui alcuna compiacenza, mentre si è palesato tanto inimico della sua corona, esortandolo a procurar più tosto le ricompenze da

[a] Un mot rayé : *forme* ; correction en interligne : *formalità*.

[b] Ajout en interligne : *S. Em^za^*.

quelli a quali ha servito. Per il contrario s'è risaputo che, havendo il duca precedentemente voluto rammentare a' spagnoli i servizii che pretende haver[a] reso all'Imperio et alla loro corona, esagerando con soverchia efficacia l'ingiustitia che li veniva fatta e l'ingratitudine conché era si mal corrisposto, D. Luigi gl'habbia detto /fol. 104v/ con la solita sua flemma che, se ha servito, s'è fatto ben pagare, e che maggior obligo gl'haverebbe havuto il re suo signore, se si fusse mantenuto neutrale, mentre haveva sempre operato da nemico, come purtroppo lo palesavano le cicatrici ancora sanguinolenti di tanti popoli e provincie.

Venerdì ultimo d'ottobre. Nell'andare il cardinale questo giorno all'isola per la ventesima seconda volta, è salito a cavallo fuori del borgo di Sibourg[339] per haver agio di parlare[b] al marchese d'Ormond, che come a caso ha mostrato di venire a S[t] Gio. de Luz e di accompagnarsi con S. Em[za]. Questo cavaliere ha havuto largo campo d'esporre al cardinale i motivi del re suo signore, e di rappresentare l'opportunità che si offeriva all'Em[za] S. di coronare le sue gloriose attioni sollevando un monarca tanto congionto di sangue al Cristianissimo[340], in tempo che già la maggior parte dell'Inghilterra lo desidera et acclama ; ma perché è massima fine nel cardinale, non volersi impegnare apparentemente in alcuna cosa che risulti in /fol. 105/ pregiuditio di quel governo, ha risposto al marchese con parole generali, espressive un tenerissimo compatimento allo stato del re Carlo, esagerando il gran desiderio che ha di servirlo, quando se ne presenti l'opportunità, non stimando di poter[c] consigliare il Re Cristianissimo a machinare contro un confederato della sua corona, mentre la Spagna non osa di farlo, quantunque la necessità ve la dovesse costringere.

Nel congresso poi di questo giorno, si è stabilito, dopo haver più volte consultato e discorso sopra la medesima materia, di comprendere in questa pace quei principi solamente che ne faranno instanza dentro il termine d'un anno. Non vuole con tutto ciò nominarci per la parte di Francia né l'imperatore, né gl'olandesi, questi perché fecero il loro accordo con i spagnoli a Munster, mancando alla confederatione che havevano con la Francia[341], et il primo perché non ha mai dato parte al re della sua elettione all'imperio, pretendendo la cancelleria imperiale che il titolo di Maestà non appartenga che

[a] Quatre mots rayés : *molti servigii che ha* ; ajout en interligne et dans la marge : *servizii che pretende haver*.

[b] Un mot rayé : *palesare* ; correction à la suite : *parlare*.

[c] Un mot rayé : *far*.

a Cesare, onde per questa causa resta sospeso il commertio con quella corte, già/fol. 105v/ché non vuol recedere dall'antico suo stile in dare al re di Francia il titolo di Dignità reale, quantunque nella pace di Munster quello di M^tà^ fusse reciproco, havendo preteso la corte di Vienna che ciò non si dovesse praticare che durante quel congresso[342].

I collegati nominati dalla Francia in primo luogo sono, come contrahenti, li duchi di Savoia e di Modena et il principe di Monaco ; haverebbe voluto D. Luigi che quest'ultimo si tralasciasse, già che di lui hanno parlato con un'articolo a parte, ma perché il cardinale ha insistito che anch'egli sia compreso co' potentati che hanno havuto parte nelle passate guerre, D. Luigi ha poi risoluto di nominare anch'egli un'altro equivalente a quello di Monaco. Sono individuati nel trattato per la parte di Francia, con la clausula « se[a] vorranno esservi compresi » : in Italia, il papa e la republica di Venetia ; nell'Imperio, gl'elettori et altri principi confederati di S. M[tà] Cristianissima, il re di Svetia et i cantoni svizeri ; quanto agli altri principi e republiche, non essendo stati concordi i rappresentanti e ministri loro circa la /fol. 106/ la precedenza delle nomine[b] (le quali non si sono trovate uniformi negl'antecedenti trattati), s'è preso per espediente che ambi le M[tà] diano lettere separatamente a quelli che le domanderanno, in virtù delle quali sarà dichiarato che essi pure vengono compresi nel presente capitolato.

Dalla parte de' spagnoli, vien nominato il papa, la Santa Sede Apostolica, l'imperatore, gl'arciduchi d'Autria e successivamente tutti i re, principi, republiche, Stati e persone particolari nominate già nella pace fatta a Vervins l'anno 1598[343], pretendendo che tutti si sieno conservati fino al dì d'oggi buoni amici e confederati della Spagna, aggiungendovisi adesso le Provincie unite de' Paesi Bassi et il duca di Guastalla[344].

Reca non poca meraviglia che il duca di Mantova, che ha Stati tanto considerabili in Lombardia, e che però può rendersi molto necessario alle corone, non venga nominato da alcuna di esse in questa pace, e specialmente da' spagnoli, tanto più ché, se bene il duca di Modena ha fatto il suo trattato a parte con il governatore di Milano, è stato nulladimeno solennizato con /fol. 106v/ più d'un articolo il suo nome, essendo anche condescesi i spagnoli a lasciarle la piazza di Coreggio[345] e che, per maggior sicurezza,

[a] Ajout en interligne : *se*.

[b] Quatre lettres corrigées en suscription : [circa l]*e* [precedenz]*e* [dell]*a* [nomin]*a*.

S. M[tà] Cattolica s'obblighi di passare caldissimi officii appresso l'imperatore, acciò ne conceda a S. Alt[za] l'investitura. E pure il duca di Modena non ha inferito minor danno al Milanese di quello habbia provato il Mantovano, per essersi il duca dichiarato spagnolo, temendo anzi i rappresentanti di S. Alt[za] che uno degl'articoli segreti porti la demolitione della cittadella di Casale[346], sapendosi che i savoiardi ne hanno fatte grandissime instanze e che i medesimi spagnoli erano a ciò molto inclinati. È pero vero che, non essendo fuori di speranza i francesi d'introdurre in quelle piazze un presidio di svizzeri pagato a lor soldo, non hanno fin'hora voluto consentire a tal richiesta.

Vi sono in oltre probabili inditii che il conte di Fuensaldagna, governatore di Milano, lasciasse appostatamente sorprendere e ricuperare dalle genti del duca di Savoia la piazza di Trino[347], perché sapendo il segreto dei negociati che si maneggiavano intorno alla pace, et essendo /fol. 107/ a quel tempo il duca di Mantova nel partito austriaco, giudicò che non fusse mai per contentarsi che quella piazza che pretende appartenerseli si rendesse a' savoiardi, onde per rimuover quest'ostacolo, stimasse opportuno di permettere che il duca di Savoia recuperasse quel posto per evitare che non convenisse di darglielo con poca reputatione de' spagnoli, e con altretanto disgusto del duca di Mantova. Hanno creduto molti che sarebbe stato più utile a questo principe il conservarsi neutrale et in ogni caso, che alla sua dichiaratione al partito spagnolo, havesse dovuto precedere la restitutione di Trino. In proposito di che disse il cardinale[a] a quel tempo che il duca faceva molto bene, restando poi altretanto maravigliato in vederlo persistere nelle sue deliberationi, dopo la morte di Cesare e senza di quell'acquisto, aspettando a farsi neutrale quando[b] i francesi gl'hebbero distrutto lo stato e che erano astretti[c] di passare altrove, perdendo in un punto e senza alcuna necessità tutto quel merito che s'era guadagnato /fol. 107v/ co' spagnoli. Dicono pure adesso i medesimi che il conte di Fuensaldagna fusse stato troppo credulo alle promesse di S. Alt[za] e che a Madrid non arrivasse nuova la mutatione del duca, havendo sempre creduto ch'egli havesse il cuor francese, onde reputorono fin d'allora che si rendesse più meritevole in farseli aperto nemico, che esser tale sotto maschera d'amicitia e di dependenza. Non lo mirano già i francesi con animo tanto indifferente, operando di stabilire in Casale la

[a] Un mot rayé : *Mazarino*.

[b] Deux mots rayés : *dopo che* ; correction en interligne : *quando*.

[c] Un mot rayé : *necessitati* ; correction en interligne : *astretti*.

guarnigione de' svizzeri e di fare intanto lo spoglio di quei beni che li restano in questo regno, al che pare habbia contribuito non poco qualcuno de' suoi ministri residenti a questa corte, desiderando forse più la benevolenza del cardinale che il buon servitio del padrone[348].

Mercoledì 5 novembre. Non è seguito in questi passati 5 giorni alcuna novità, havendo desiderato D. Luigi di soprassedere la conclusione degl'ultimi negotiati finaché habbia inteso i sensi della M[tà] del suo re in ordine alla segnatura del trattato. Non sono i francesi /fol. 108/ senza timore che questa affettata dilatione derivi dalla morte del principino, sapendosi che la salute dell'altro è molto incerta e che l'affetto de' popoli è rivolto verso l'infanta, venendo da tutti reverita et acclamata come padrona et herede, anzi più d'una volta[a] s'erano[b] udite le querele di quel volgo contro la regina matrigna[349], perché impedisse che all'infanta fusse prestato il giuramento di fedeltà.

Oggi il cardinale è andato all'isola per la ventesima 3[a] volta, et havendo D. Luigi ricevute le risposte che aspettava di Spagna, è stato finalmente risoluto che il dì 7 si sottoscriva l'instrumento della pace e gl'articoli dell' matrimonio. S. Em[za] ha havuto avviso che le L. M[tà] siano partite da Bordeos, per la volta di Tolosa.

Giovedì 6. È gionto qua il marchese Angelelli, cavaliere bolognese[350], che con le sue nobili maniere incontra l'affetto e la stima di tutti quelli che trattano seco.

Ha significato all'Ondedei, vescovo di Fregius, il desiderio che haverebbe il contestabile Colonna[351] d'accasarsi con una nipote del cardinale Mazarino, e del giubilo similmente /fol. 108v/ che è per provare il cardinale Colonna[352], sortendoli di far questo parentado. È facile il persuadersi quanto Mazarino habbia gradito quest'apertura, dandosi a credere che lo stringersi in allianza con i Colonnesi sia per risultargli in molta reputatione e vantaggio, non tanto per imparentarsi in una casa dov'hebbero principio le sue fortune[353], quanto per i fini che ha di voler applicar'a rendersi favorevole il Sacro Collegio e la corte di Roma[354]. Ha concetto[c] che il re vi mandi un ambasciatore per gl'affari della corona, e vi destina il duca di Crequy, suo confidente[d], soggetto qualificato, non meno per la nascita

[a] Un mot rayé : [più] *volte* ; correction à la suite : [più] *d'una volta*.

[b] Deux mots rayés : *si sono* ; correction en interligne : *s'erano*.

[c] Un mot rayé : *pensa* ; correction en interligne : *ha concetto*.

[d] Trois mots rayés : *e partiale amico*.

che per la dignità del posto e delle ricchezze considerabili che possiede, et havendo unito a queste lo spirito, la prudenza et il valore, viene da tutta la corte applaudita questa elettione, stimando ognuno che il genio del duca sia molto adequato a far risorgere lo splendore di quell'ambasciata, oscurato assai per un certo disprezo in che l'haveva posta la disapplicatione de' francesi occupati nella minorità del re co' nemici stranieri e domestici, e la molta inclinatione del /fol. 109/ passato pontefice Innocentio[355], com'anche del moderno Alessandro, dissimili tra loro in ogni conto, fuor'ché nell'avversione contro la Francia.

E perché dalla consideratione degl'interessi generali del re non è disgiunta quella delle convenienze particolari del cardinale, medita d'inviar parimente a Roma il vescovo di Fregius[a], persona di molta intelligenza nelle materie politiche e di singolare eruditione. Questo prelato, o sia per desiderio di tornare in Italia, o per motivo di buon zelo, suggerisce a S. Em[za] non potersi desiderare occasione più adequata per rimuover il re dalla sua inclinatione verso madamigella Mancini, per togliere alla regina madre le diffidenze et ogn'ombra di gelosia alla sposa futura, quanto questa di consentire all'instanza del contestabile, in ordine all'accasarsi con la suddetta signora, la quale essendo dotata di grande spirito, potrebbe adoprarsi opportunamente per concigliare a sé stessa et al cardinale quegl'affetti che influir potessero al buon estito de' disegni di S. Em[za].

Ma perché questa è la più tenera parte del cuore /fol. 109v/ del cardinale e la sola di tutte le sue nipoti che giudica capace a prestarli qualche servitio, non consente per adesso di privarsene, poiché, reflettendo alle qualità della principessa di Conty[356], la trova tutta immersa nelle devotioni ; la duchessa di Modena[357], assente in Italia ; la contessa di Soessons[358], applicata solamente al giuoco ; e l'altre due, d'età ancor'immatura[359]. Onde, stimando di non poter più correr altro rischio che per i mali offitii che li potessero esser resi da una regina, in quell'hore che da altri non può esser ascoltata, pensa riservarsi questa nipote, perché all'occasione possa fare anch'ella adequatamente le parti sue. Possiede madamigella Mancini molte gran' qualità, perché, oltre le sue maniere amabili, ha un'animo virile, una costanza impareggiabile, coraggio ad intraprendre, prudenza nell'esequire, sagacità in dissimulare, essendo cauta, non meno che modesta nel condurre con avvedutezza le sue operationi.

[a] Deux mots rayés : *Zongo Ondedei.*

Non vuol già perdere il cardinale la congiontura senza riportarne il vantaggio di far credere così alla regina che al contestabile l'inclinatione /fol. 110/ che ha a queste nozze, perché l'una si disponga a quietarsi, e l'altro si mantenga con la speranza di riportarne l'intento. Ha però intimato all'Ondedei di trasferirsi a Bruage, dove sono le tre nipoti, acciò procuri con la viva voce d'esortar la maggiore a maritarsi in Roma, già che in Francia non vi sarebbe altro pronto partito per lei che quello del Migliaré, gran' maestro dell'Artiglieria. Questo è un buonissimo signore, anzi tanto che fu, non è gran' tempo, sul punto di farsi certosino, ma perché la sua divotione non è accompagnata da quella disinvoltura che si richiederebbe in un suo pari, degenera come pare a molti in affettatione, se pur non fusse com'altri dicono ipocrisia. Pretende volersi imparentare con il cardinale e si mostra spasimato di tutte le sue nipoti, ma esse hanno tanta avversione verso questo amante che fin'hora non ce n'è stata alcuna che l'habbia voluto per marito. Sarebbe forse l'Em^za^ S. qualche tempo fa condescesa d'imparentarsi seco, col riguardo di mostrarsi grata alla memoria del cardinale di Richegliù, di cui la casa /fol. 110v/ del Migliaré[a] era congiunta[360], ma dopo d'haver conosciuta la mediocrità de' talenti di questo cavaliere, si è preso piacere di burlarsi delle sue pretentioni e, quando per passatempo ha voluto fare stridere le nipoti, ha dato loro ad intendere di volerle maritare con il gran' maestro. Onde pare che il proporlo adesso seriamente a madamigella Mancini non possa havere altro fine che di far credere alla regina che egli veramente vuole accasarla senza dilatione.

Venerdì 7 novembre. Si è finalmente in questo giorno concluso e sottocritto da' due plenipotentiarii l'instrumento della pace, com'anche i capitoli del matrimonio reale, che con giubilo comune sono stati letti alla presenza de' principali signori dell'uno e l'altro partito, stimando egualmente ciascheduna natione utile e glorioso questo trattato, poiché, oltre l'accreditarsi la Spagna con i malcontenti francesi, havendo sostenuto fino all'ultimo punto quegli che l'hanno servita, pretende anche, forse con più speranza che apparenza, d'haver assicurata la conquista del Portugallo /fol. 111/ che seco porta tante opulenti appendici. All'incontro, i francesi considerano per un pegno d'altissime consequense il possesso dell'infanta primogenita del Re Cattolico, e particolarmente stante la morte del secondo principino di Spagna ; oltre di che, sono tali e in tanto numero le piazze

[a] Ajout en interligne : *del Migliaré.*

e provincie che le vengano rilasciate, che se fussero tutte unite, formerebbero un grande e potente principato.

Sabato 8. È partito il duca di Crequy verso Tolosa, per portare alle L. M^{tà} l'originale de' due trattati, di che si sono fatte duplicate autentiche, in francese e spagnolo, perché gl'uni e gl'altri ritenghino quelle, nelle quali vengano nominati in primo luogo nell'idioma di ciascuno, i re, le corone, le nationi et i ministri.

S'impiegano adesso i plenipotentiarii all'espeditioni concernenti l'adempimento degl'articoli stabiliti et hanno risoluto d'inviare un corriere espresso a Roma a' rappresentanti dell'uno e l'altro partito, acciò congiuntamente portino l'avviso al papa et al Sacro Collegio /fol. 111v/ di quella pace che la S^{tà} S. ha mostrato sempre desiderare e mai credere, premendo ugualmente al cardinale et a D. Luigi di far conoscere in Roma quanto le loro intentioni e l'esito del negotio siano state diverse dall'opinione che se n'haveva in quella corte, onde tanto più volentieri sono convenuti nel concetto ironico che non si dovesse differire questa consolatione a S. S^{tà}.

Martedì 25 novembre. Si sono veduti oggi nell'isola i due primarii ministri per la vigesima quinta et ultima volta, e non è seguita cosa di maggior rilievo che l'espressioni affettuose del compiacimento reciproco c[h]'hanno giustamente ambidue d'haver condotto a fine un sì arduo et importante affare.

D. Luigi ha intimato per domattina la sua partenza alla volta di Madrid, et il cardinale farà l'istesso verso Tolosa.

VOYAGE DU CARDINAL MAZARIN À S^T-JEAN-DE-LUZ EN L'AN 1659

/fol. 7/ Le 24e jour de juin, fête de saint Jean, Leurs Majestés se rendirent de Paris à Vincennes[1] pour voir passer audit lieu l'équipage du cardinal Mazarin, comprenant cent cinquante personnes vêtues de livrées, vingt-quatre mules avec des couvertures brodées de soie, huit chariots de bagages à six chevaux avec de semblables couvertures, sept carrosses tirées par six très belles mules, douze chevaux de main, quatorze pages et divers autres gens et officiers de sa maison et, enfin, la compagnie des trois cents mousquetaires de sa garde, composée de personnes de naissance remarquable et d'officiers réformés, et après celle-ci, une seconde de cent soixante chevau-légers en casaques de la livrée ordinaire de Son Éminence.

Le cardinal rentra à Paris le soir même, et la matinée du 25, qui était un mercredi, après avoir rendu ses hommages au roi et à la reine, il quitta le Louvre pour aller /fol. 7v/ le soir à Vaux[2], domaine charmant du procureur général et surintendant des finances Fouquet[3], où se trouvèrent aussi les personnages ci-dessous, qui doivent accompagner S. É. en ce voyage. Le marquis de Lionne, nommé depuis peu ministre d'État[4], Don Antonio Pimentel, envoyé du Roi Catholique[5], le duc de Créqui[6], les maréchaux de France Villeroy[7] et Clérambault[8], le grand-maître de l'Artillerie, fils du maréchal de La Meilleraye[9], et le commandeur de Souvré[10] y demeurèrent jusqu'à la soirée du jeudi [26], au cours de laquelle ils gagnèrent Fontainebleau[11], où étaient déjà arrivées les trois nièces de S. É.[12] avec tout le reste de sa suite, car il n'avait pas été possible de faire consentir au cardinal, et moins encore à la reine, que ces demoiselles restassent à Paris. Il s'y trouva encore bien d'autres seigneurs qui sont de ce voyage, la plupart avec carrosses et chariots à six chevaux, quoique le cardinal eût déclaré ne vouloir qu'un nombre limité de ses plus intimes.

Les ministres étrangers auraient désiré se trouver eux aussi sur le lieu du congrès, mais le roi leur a fait savoir qu'ils n'avaient pas à y aller /fol. 8/ ; or, quoique tous y ont intérêt, il semble que seul le nonce pontifical Piccolomini[13] s'en soit déclaré offensé, ayant compris que S. É. a obtenu cette déclaration de S. M^{té} à sa seule intention, tandis qu'en sous-main [le cardinal] a fait savoir à la plupart des autres qu'ils seraient les bienvenus s'ils y allaient. Aussi le nonce a-t-il laissé échappé, peut-être en guise de vengeance, qu'il n'était pas vraisemblable que ce voyage dût rapporter aucun soulagement au Christianisme, puisqu'il n'y avait pas d'apparence que Mazarin pût désirer la paix, comme si c'était par la guerre que se maintenait son ministère.

Les ministres de Savoie avaient informé le cardinal que le comte Philippe d'Aglié[14] se préparait à se rendre sur le lieu du congrès en tant que plénipotentiaire de leur prince, mais S. É. leur a fait dire qu'il pouvait s'épargner ce dérangement. À la cour de Turin, on se serait peut-être étonné qu'une telle réponse fût donnée à un prince ami et allié de cette couronne, mais comme, au même moment, on a laissé entendre à Madame Royale[15] par l'intermédiaire de l'ambassadeur Servien[16] que le roi avait eu connaissance d'un traité secret qu'elle /fol. 8v/ avait fait avec le gouverneur de Milan[17], celle-ci n'a su que répondre, mortifiée et surprise qu'elle était que l'on eût appris les intentions de son gouvernement pour le cas où la guerre continuerait.

Aussi la défiance et l'amertume sont-elles grandes entre cette cour-ci et celle-là, d'autant qu'elles ne datent pas d'aujourd'hui, car, quand il avait été contraint de quitter la France, le cardinal Mazarin avait songé à trouver refuge dans le Piémont et y avait envoyé Gontery – son gentilhomme et sujet de cette Maison Sérénissime – pour demander s'il pouvait le faire ; à quoi il fut répondu qu'il allât aussi bien ailleurs, parce qu'on ne voulait pas s'attirer une guerre et la haine du monde entier à cause de lui[18].

On prétend ici qu'au cours des dernières campagnes, il n'y a rien que les Savoyards n'aient fait pour empêcher l'avancée des armes de S. M^{té} dans l'État de Milan, et le voyage de Lyon[19], qui a eu lieu depuis lors, a détruit tout à fait le peu de bonne entente qui subsistait. Le roi s'était rendu dans cette ville, bien décidé à se marier avec la princesse Marguerite, sœur du duc[20], et il n'avait pas été possible à la reine d'obtenir qu'il ajournât son départ /fol. 9/ de Paris, même en feignant d'être malade, après avoir essayé en vain tous autres moyens.

Le cardinal y avait également employé tous ses artifices et, voyant qu'il ne pourrait pas vaincre la résolution de Sa Majesté, il s'était retourné vers l'abbé Amoretti[21], qui négociait ce mariage à la cour au nom de Madame de Savoie, pour lui suggérer d'écrire à celle-ci qu'elle trouvât quelque prétexte pour retarder son départ de Turin, parce qu'elle se serait exposée à un trop grand risque en venant à Lyon pour présenter sa fille, sans assurance que le roi prendrait ensuite cette dernière pour épouse. Il s'était ensuite attaché à le convaincre de l'envie qu'il avait de servir Madame et du désir qu'il nourrissait de voir le mariage se réaliser, promettant aussi audit abbé un bénéfice de quinze mille livres de rente annuelle s'il avait le courage de faire échouer pour lors ce voyage.

Le cardinal avait lié amitié avec Pimentel dès le temps où il était sorti du royaume, à l'occasion de l'assistance que celui-ci lui avait prêté pour le faire arriver sain et sauf dans les États de l'électeur /fol. 9v/ de Cologne[22], où il l'accompagna sur ordre du comte de Fuensaldaña[23], et parce que le cardinal avait quelque ancienne connaissance de la personne dudit Fuensaldaña et de son inclination à la paix – que S. É. aurait pour lors achetée à quelque prix que ce fût – il avait alors proposé à Pimentel de lui en parler ; une correspondance s'étant trouvée entre ses intentions et celles de ces ministres, à la faveurs des grands avantages qu'il faisait valoir à l'Espagne, ces derniers ne manquèrent pas d'en faire part immédiatement au Conseil de Madrid par courriers exprès. Mais, parce que les affaires de ce royaume étaient en ce temps-là au plus mauvais point, les Espagnols refusèrent de prêter l'oreille à aucun ajustement.

Une fois rentré en France[24], et désireux d'abaisser l'autorité des parlements et des princes comme d'établir la sienne propre dans celle du roi, le cardinal rappela le s^r de Lionne de son ambassade extraordinaire en Italie[25] et, comme S. É. avait reconnu en lui la personne la plus habile à entreprendre et mener à bien une affaire de si haute importance, ce ministre fut envoyé dans le plus grand secret à la cour de Madrid, où il se rendit /fol. 10/ *incognito*, et sa négociation aurait abouti dès ce temps-là à la conclusion de la paix, si les Espagnols n'y avaient opposé l'obstacle du prince de Condé[26].

Le comte de Fuensaldaña passa de la Flandre à l'État de Milan[27], et il emmena avec lui Pimentel, son confident, en nourrissant en son esprit d'autant plus de pensées de paix qu'il avait laissé ces provinces-là en très mauvais état et que les affaires des Français allaient alors partout pour le mieux.

De son côté, le cardinal ne laissait de cultiver par courrier les bonnes intentions de l'un et de l'autre, reprenant de nouveau le fil des mêmes négociations. C'est sur ces entrefaites que se fit l'ouverture en faveur du mariage du roi avec la princesse Marguerite, mais, comme la reine mère n'aspirait à aucune autre consolation qu'à voir se réaliser les noces avec l'infante d'Espagne sa nièce[28], elle pressa le cardinal de faire savoir à Fuensaldaña que, si cette fois les Espagnols ne se conduisaient pas sincèrement et s'ils attendaient que le roi se fût marié avec l'autre princesse, elle ne le conseillerait plus dans le sens de la paix, mais /fol. 10v/ de la poursuite de la guerre.

Pour ces raisons, et pour d'autres plus immédiates, et notamment en conséquence de l'annonce qui avait déjà été faite du voyage à Lyon, Fuensaldaña envoya Pimentel à Madrid, afin qu'il représentât de vive voix au roi et à D. Luis l'importance de cette affaire[29], et pour que celui-ci puisse y aller et en revenir avec une même sûreté et rapidité, S. É. lui envoya les passeports convenables[30]. Cependant le moment approchait de partir pour Lyon, et aucune réponse n'arrivait de Madrid, si bien que la reine écrivit au roi son frère, pour protester qu'il n'était plus en son pouvoir de retenir son fils de se marier et que, si cela devait se produire avec une autre que l'infante, elle prévoyait la perpétuation irréparable de la guerre, et qu'elle le priait donc de ne pas perdre un instant pour lui faire savoir ses ultimes résolutions[31]. Finalement, la cour quitta Paris et, prenant la voie de Bourgogne, elle se rapprocha de Lyon, mais avec une très grande lenteur, parce que le cardinal, prenant le prétexte de pourvoir aux affaires de cette province, différa de s'avancer plus loin[32].

Au contraire, Madame de Savoie continuait son /fol. 11/ voyage avec une vitesse extraordinaire et elle arriva à Chambéry[33] alors que LL. MM^tés^ se trouvaient à Dijon[34]. La cour fut donc contrainte, du fait principalement de l'impatience du roi, de partir pour Lyon, où, avant qu'elle n'arrivât, survint Pimentel, ce qui causa une allégresse indicible à la reine et au cardinal[35]. Il avait réussi, avec une bien grande habileté, à cacher son état en se faisant passer pour un gentilhomme français, et comme il avait informé S. É. de son arrivée par un billet, le cardinal n'en confia le secret qu'au marquis de Lionne et à Besmaux, capitaine de sa garde, afin que ceux-ci le conduisissent à lui à un moment et à une heure où ils ne pussent être observés[36].

Pimentel expliqua la cause de son retard, qui provenait, à ce qu'il dit, de ce qu'il avait dû aller trouver D. Luis de Haro aux frontières du Portugal, où il supervisait le commandement des armées, et, ayant été envoyé par Son Excellence au roi son seigneur, et ensuite renvoyé de nouveau par S. M^té^ au camp, il n'avait épargné aucune diligence possible pour arriver à temps[37] ; que, pour la même considération, /fol. 11v/ le roi l'avait fait partir sans les instructions et pouvoirs nécessaires, lesquels lui devaient être envoyés avec [alcanzo][38].

La nouvelle de l'arrivée de Pimentel ne produisit pour lors aucun changement dans la résolution du roi de France, puisque celui-ci déclara de nouveau à la reine et au cardinal que, s'il devait trouver la princesse Marguerite à son goût, il la voulait prendre pour épouse, car il avait plus à cœur de se marier avec une femme qui lui aurait de l'obligation de l'avoir faite reine, plutôt qu'avec une autre qui lui disputerait le rang ; que cela faisait bien vingt ans que l'on parlait de la paix, sans jamais que celle-ci ait été conclue : aussi ne voulait-il pas vieillir avec l'espérance d'obtenir l'infante, en attendant l'issue incertaine des négociations avec Pimentel[39].

Il ne restait à la reine d'autre réconfort que le cardinal, car elle connaissait l'ascendant qu'il avait sur l'esprit du roi ; aussi, s'adressant à lui, elle l'exhorta à mettre tout son pouvoir à seconder ses désirs, lui rappelant combien elle avait fait pour le soutenir et quel risque elle avait fait courir au roi, au royaume et à elle-même, pour le faire /fol. 12/ revenir en France, aussi le priait-elle de lui en rendre maintenant la contrepartie.

On arriva finalement à Lyon, où ne tardèrent pas à paraître Madame de Savoie, avec ses filles les princesses Louise et Marguerite, et quelques jours plus tard, le duc[40]. Le roi, tout à son impatience de voir sa promise, s'avança à bonne distance hors de la ville pour la rencontrer, et ainsi fit également la reine ; cette dernière, vivant entre la peur et l'espoir que la princesse ne plairait pas au roi, resta toute abasourdie quand elle le vit courir au-devant d'elle, fort content de l'avoir trouvée exactement comme il la désirait[41].

Et, parce que S. M^{té} s'en ouvrit non seulement à sa mère, mais encore au cardinal et à d'autres membres de la cour, la princesse Marguerite fut pendant trois jours tenue pour reine et révérée comme telle, le roi l'ayant lui-même courtisée et servie pendant ce temps[42]. Le cardinal ne savait à quel parti se ranger, tandis que le roi ne tenait aucun compte ou presque de ses avertissements, qu'il se moquait de la reine, et plus encore du voyage de Pimentel, et qu'il s'irritait outre mesure lorsqu'on lui /fol. 12v/ parlait de retarder son mariage ; aussi, le cardinal songea-t-il à recourir à un stratagème, là où la raison ne suffisait pas. Il savait en effet que mademoiselle Mancini, sa nièce, avait une influence dominante sur l'esprit du roi, et il n'ignorait pas non plus l'inclination naissante de S. M^{té} pour elle. Aussi lui demanda-t-il qu'en exagérant les défauts de la princesse, elle se moquât de lui, qui aurait bien voulu d'une épouse si laide[43]. Cet artifice ne fut par vain, parce qu'il fut exécuté et présenté avec tant d'adresse que le roi rougit presque de s'être tant avancé. Mais si un feu s'éteignit ainsi, l'autre, qui couvait déjà sous la cendre, s'alluma plus encore.

Une fois cette brèche ouverte dans la résolution du roi, le cardinal n'eut pas beaucoup de peine à y glisser son propre sentiment, en lui conseillant de différer d'un an son mariage, et d'ici là il lui promettait de lui obtenir l'infante d'Espagne ou bien, à défaut, la même princesse Marguerite. Ce fut une chose étonnante que de voir toute la cour de France, non pas s'éloigner de Madame Royale /fol. 13/ et de la princesse, mais les fuir, dès que le changement de sentiment du roi fut découvert, le tout pour la plus grande joie de la reine, et l'indignation non moindre de la duchesse et de ses ministres, qui vomirent des reproches infinis, et mêmes des insultes, contre le cardinal, attribuant à lui seul la responsabilité d'un tel revirement, et ne se tenant pas du tout pour quittes des explications que donnait ledit cardinal ; s'étant fait conduire chez la duchesse, il lui révéla la mission de Pimentel et les propositions si avantageuses pour la France dont celui-ci était porteur, laissant S. A. R. juger s'il fallait les ignorer, avec le blâme qu'il en résulterait pour lui, s'il perdait une opportunité de donner la paix au Christianisme, pour avoir voulu hâter le mariage du roi. Madame comprit qu'il était nécessaire de s'accommoder de ces raisons, d'autant qu'on lui produisit une promesse signée du roi, selon laquelle, si l'alliance avec l'infante ne devait se réaliser, il préférait le parti de la princesse Marguerite à tout autre ; ayant été acceptée, cette offre fut rédigée de la manière que voulurent les ministres du duc[44].

/fol. 13v/ Les plaintes des Savoyards contre le cardinal ne cessèrent pas pour autant, parce que, conscients de l'avoir désobligé, ils craignaient qu'il ne voulût se venger avec excès, et ils déclaraient que, s'il savait l'arrivée de Pimentel imminente, il aurait dû en aviser la duchesse, afin qu'elle n'eût pas à se déplacer. Mais à cela S. É. répondait qu'il n'était pas tenu de communiquer à quiconque les secrets du roi, et qu'il s'était suffisamment ouvert à l'abbé Amoretto, si ceux-là avaient bien voulu l'entendre ; et que c'était plutôt lui qui avait à se plaindre de son peu d'entente avec le duc, car ce dernier, malgré tout ce qu'il avait fait pour son service et pour l'accroissement de ses prérogatives, le traitait maintenant comme quelqu'un qu'il n'aurait jamais connu, prenant prétexte d'un titre que le cardinal lui-même avait obtenu d'établir à la cour de France[45], pour ne pas lui rendre visite (ceci contre l'usage des autres souverains d'Italie, et également contre celui des ancêtres mêmes de S. A.) ; c'est pourquoi on ne les a vus qu'en position secondaire à l'assemblée qu'il est coutume de tenir dans le cabinet de la reine, le duc n'ayant pas /fol. 14/ voulu renoncer à sa prétention d'avoir la préséance quand il rend visite au cardinal.

Toute la cour demeura scandalisée que le duc, alors qu'il pouvait monter à l'improviste dans les chambres de S. É. pendant que celui-ci se trouvait au lit, ait préféré marchander avec lui la forme de sa réception, en le désobligeant ainsi, alors même qu'il avait le plus grand besoin de gagner sa bienveillance[46]. Il n'eut au demeurant pas toute satisfaction, parce que le duc d'Anjou, frère du roi, prétendit avoir le pas sur lui en tout lieu, ainsi qu'il s'est effectivement passé, ce dont le duc de Savoie eut une telle mortification qu'il prit congé du roi à l'improviste, à la suite d'un bal, et s'en alla au point du jour, sans faire transmettre aucun compliment au cardinal[47]. Quelques jours plus tard, Madame Royale le suivit avec les princesses, et la cour de France prit le chemin de Paris[48].

D. Antonio Pimentel s'arrêta à Montargis[49], pour y attendre les pleins pouvoirs de son roi, et sitôt ceux-ci arrivés, il se transporta dans les alentours de Paris et au charmant domaine de Berny[50], propriété du s^{r} de Lionne, mais dans un tel /fol. 14v/ secret qu'il n'y avait personne à la cour qui sût qu'il se trouvait en France, parce que ledit Lionne, sous prétexte de se rendre dans ce domaine, négociait avec lui tout à son aise, et lorsque le cardinal voulait s'entretenir avec Pimentel, il le faisait conduire en ses appartements à des moments où il ne pouvait être observé. Quand ensuite les choses en furent arrivées au port de salut, S. É. le reçut dans son propre palais, où il séjourna *incognito*, ne s'étant montré qu'après que l'on a résolu et arrêté ce voyage dans les Pyrénées[51].

Le vendredi matin, S. É. s'en alla de Fontainebleau et le soir, qui était celui du 27, il logea à Pithiviers[52] ; samedi 28, à Jargeau[53], et c'eût été plus commode à Orléans[54], mais le cardinal n'y a pas voulu aller, quelles que fussent les prières que lui en firent les habitants, se souvenant que, du temps des guerres civiles, ceux-ci lui firent fermer les portes au nez, et en interdirent l'entrée au roi lui-même[55].

Dimanche 29, on alla à Cléry[56] ; lundi, à St-Dyé[57] et /fol. 15/ le soir, à Chambord[58], où le cardinal était attendu avec une impatience évidente par le duc d'Orléans, qui alla à sa rencontre et le reçut avec des marques d'estime et d'affection extraordinaires[59]. Le train poursuivit son voyage en direction de Blois[60], mais les nièces de S. É. firent halte à St-Dyé, qu'elles quittèrent le mardi, juste à temps pour ne pas être obligées de présenter leurs hommages à Madame la duchesse d'Orléans[61], qui se trouve à Blois. S. É. lui a rendu visite et s'est entretenue avec elle longuement. Ce soir, premier juillet, S. É. se trouve à Amboise[62].

Jusqu'à présent, deux ou trois courriers en provenance du roi sont arrivés chaque jour, avec de très longues lettres pour le cardinal et mademoiselle Mancini, l'un desquels a apporté à celle-ci le portrait de S. M^té^ entouré de gros diamants[63]. Ces courriers sont renvoyés aussitôt, c'est pourquoi une grande partie du temps se passe ici à écrire. La chaleur n'est pas ressentie comme excessive, la seule incommodité étant que l'on dort peu, parce que S. É. se met en route deux heures après minuit.

En arrivant à Amboise, on a reçu le courrier avec /fol. 15v/ les réponses de Madrid au sujet du traité signé à Paris par les s^rs^ de Lionne et Pimentel[64] ; mais comme on ne dit mot de leur contenu, on s'en fait une méchante idée, car selon certains indices D. Luis se serait réservé de ne procéder à la ratification qu'au moment où il rencontrera S. É. Si tel était le cas, cela irait à l'encontre de ce qui a été convenu, parce que Pimentel s'était engagé à obtenir la ratification par retour de courrier. Ce ne sont cependant que des rumeurs provenant de ceux qui n'ont aucune part au secret, puisque le cardinal ne fait confiance à personne d'autre qu'au s^r^ de Lionne, qui est pour cela très envié, mais nul ne le dépasse en expérience, en valeur et en habileté.

Mercredi 2 [juillet], on séjourna à Amboise afin d'écrire au roi au sujet des dépêches reçues de Madrid, et jeudi [3], on continua le voyage, allant loger à Manthelan[65], où l'on a su avec plus de certitude que le susdit courrier n'avait aucunement apporté la ratification du traité, mais la /fol. 16/ simple nouvelle que D. Luis partirait de Madrid sans faute le 5e jour de juillet, de même que S. É. lui avait écrit par le même courrier qu'elle devait quitter Paris le 25 juin[66].

Comme cette seconde expédition a été faite dix jours après une autre, qui avait emporté le traité rédigé et signé[67], le cardinal a été d'autant plus surpris que D. Luis ne lui fasse pas même allusion à la réception du premier courrier. En outre, S. É. avait écrit qu'il se mettait en route en partant du principe qu'il recevrait en chemin la ratification du traité fait à Paris, et que sans cela il n'aurait pas décidé de partir ; aussi, pour ces raisons et avec la crainte que les Espagnols puissent vouloir jouer sur les mots dans l'article relatif au prince de

Condé, le cardinal a-t-il parlé à Pimentel avec beaucoup de ressentiment, en lui affirmant qu'il n'irait pas au-delà de la ville de Poitiers[68] tant qu'il n'aurait pas eu la ratification, sans le moindre changement au texte. Pimentel assure qu'elle viendra sans aucun doute et promet que l'on agit à Madrid avec /fol. 16v/ la plus grande franchise, engageant sa propre tête s'il en allait autrement[69].

Vendredi [4 juillet], on logea à Châtellerault[70] et l'on trouva en ce lieu le s^r de Cominges, de retour du Portugal où il a résidé quelque temps en qualité d'ambassadeur[71]. Il rapporte avoir laissé les Portugais dans une telle désolation, en raison de la paix si célébrée entre les deux couronnes, qu'ils ne savaient à quel parti se ranger, et ce d'autant plus que les Espagnols avaient fait à Badajoz[72] de grands feux et autres démonstrations d'allégresse, en proclamant qu'elle était conclue et ratifiée moyennant l'abandon du Portugal[73], et, dans le même temps, ils faisaient courir le bruit qu'il ne restait aux Portugais d'autre choix que de s'en remettre à la clémence du Roi Catholique, car, s'ils attendaient d'être réduits par la force, il n'y aurait pas eu en Espagne assez de corde pour les pendre.

Ce bruit a produit une très grande émotion parmi les peuples, et ledit Cominges rapporte à S. É. que leur reine[74] se plaint hautement /fol. 17/ de la France, de se voir ainsi sacrifiée, avec toute sa maison, pour un caprice de la reine de France, qui s'entête à vouloir l'infante d'Espagne pour son fils, à quelques prix et condition que ce soit ; que la pauvre princesse en vint presque à se mettre à genoux pour qu'il ne partît pas, craignant un soulèvement général à Lisbonne, tandis que son conseil était divisé, acheté et corrompu, et que les principaux seigneurs de son royaume ne montraient pas même de respect pour la chambre de S. M^té, dans laquelle certains d'entre eux avaient laissé entendre qu'au cas où il seraient contraints de redevenir sujets du roi d'Espagne, ils pourraient espérer des récompenses et des emplois plus importants ; aussi la malheureuse reine se voyait-elle dépourvue de partisans et de forces.

Ces nouvelles ont beaucoup troublé le cardinal, qui prévoit le blâme qui retomberait sur lui, si, avec le seul mot de paix, il avait permis aux Espagnols de récupérer le Portugal et de faire manquer à la France une campagne au cours de laquelle, selon toute apparence, on aurait porté un grand coup à la Flandre[75]. Il pense néanmoins que, si la ratification n'arrive pas /fol. 17v/, il pourra encore mener quelques actions considérables, ayant entre-temps fait envoyer ses ordres aux frontières pour que l'on tienne tout prêt pour pouvoir entrer en Flandre sitôt que serait expirée la trêve, à laquelle il n'aurait jamais condescendu sans les efficaces pressions de la reine en ce sens. S. É. a fait dire à Cominges de rester à sa suite, dans l'idée de le réexpédier au Portugal si les circonstances le réclament.

Pimentel ne laisse pas d'encourager le cardinal, acceptant de prendre sur lui toute la faute pour le cas où le courrier porteur de la ratification tant attendue ne serait pas encore parti de Madrid. Mais on donne ici une interprétation différente, en disant qu'au début, l'intention des Espagnols était peut-être bonne, mais que l'arrivée de la flotte chargée de vingt-quatre millions de richesses, selon la rumeur qui s'est répandue[76], le changement survenu dans le gouvernement d'Angleterre[77], la mauvaise position dans laquelle se trouve le roi de Suède[78], et l'offre faite par l'empereur de rompre avec la France à condition qu'on lui donne l'infante[79], seront peut-être les raisons qui les pousseront à tirer quelque avantage de la position dans laquelle s'est mis le cardinal, car ce dernier sait bien /fol. 18/ que, s'il rentrait à Paris sans la paix, il trouverait toute la France soulevée contre lui et qu'il serait l'objet de la haine et de l'abomination universelles, parce que ses rivaux lui en attribueraient la faute, de même qu'ils le blâment maintenant d'avoir consenti à la trêve et quitté Paris sans avoir auparavant consolidé et bien établi la paix, pour qu'il ne restât qu'à négocier le mariage de S. M^té^. Aussi continue-t-on le voyage, entre la crainte et l'espérance, mais à petits pas et avec la ferme résolution de ne pas aller au-delà de la ville de Poitiers, tant que la susdite ratification n'arrive pas.

La crainte qu'on a des Espagnols concerne l'article touchant le prince de Condé, car on se demande s'ils ne rejetteront pas sur Pimentel la faute d'avoir consenti et souscrit à ce que [le prince] doive demeurer en France sans places ni gouvernements, à ce que S. M^té^ Catholique soit tenue de le forcer à rendre Rocroy et les autres places qui sont sous son autorité, et que Sad. M^té^ ne puisse même pas lui donner de compensations prises sur ses propres biens, comme elle entendait le faire en lui donnant Aire[80] et Saint-Omer[81] en souveraineté, ce dont on n'a pas seulement voulu entendre parler, prévoyant que cela servirait de retraite à tous les mécontents /fol. 18v/ de France, pire et plus préjudiciable encore que ne le fut autrefois La Rochelle[82].

Samedi [5 juillet], on arriva à Poitiers, et à une lieue de cette ville on rencontra le duc de Roannez, gouverneur de la province[83], avec mille gentilshommes à cheval, car on rend à S. É., dans les lieux où il passe, les mêmes honneurs que l'on rendrait à la personne royale de S. M^té^ même.

Avant de partir de Châtellerault, il a écrit au roi le doute qu'il a sur la bonne foi des Espagnols[84] et S. M^{té} lui a répondu, par une longue lettre, qu'elle n'est pas moins surprise que lui de voir une telle négligence à la cour de Madrid ; que toutefois, s'il est vrai que D. Luis est un homme de la probité et de l'honneur que l'on suppose, elle ne veut le condamner sans preuve du contraire ; que son principal souci est de voir S. É. engagée dans un voyage si pénible en cette saison, souffrant plus de l'incommodité que [le cardinal] reçoit, que du manque de parole des Espagnols. S. M^{té} ne pourra recevoir de meilleure nouvelle que celle de sa bonne santé, aussi le prie-t-elle de faire tout son possible pour se ménager, et, s'il ne voulait /fol. 19/ le faire dans son propre intérêt, qu'il le fît au moins en considération de lui et du royaume, car S. É. pouvait bien se figurer combien il perdrait, si Dieu le privait d'elle, et qu'en attendant, il vivait dans la plus grande impatience de la revoir[85].

Le cardinal n'a pas tiré un médiocre réconfort de la teneur de cette lettre, et il l'a communiquée à certains, qui, mus par la tendresse ou plutôt par une extrême adulation, ont versé quelques larmes, admirant l'esprit et la prudence de S. M^{té} non moins que l'amour qu'elle montre envers ce grand ministre, à qui elle écrit toujours de sa propre main, voulant même mettre le cachet et l'adresse elle-même sur les lettres, afin qu'aucun n'ait de part à une si haute confiance.

Dimanche 6 juillet. On fit halte à Poitiers et, à la mi-journée, un courrier envoyé à Pimentel y arriva, avec la ratification tant attendue[86], mais, parce qu'il s'est réservé la définition de nombreux points qu'il dit n'avoir pas été bien compris ni expliqués dans ce même traité, D. Luis ne fait pas la moindre allusion /fol. 19v/ au mariage du roi avec l'infante, qui est ce que la reine désire le plus.

Milord Lockhart[87] est venu trouver le cardinal pour lui offrir au nom du gouvernement d'Angleterre une aide de quinze mille soldats pour chaque campagne, au cas où le Roi Très Chrétien voudrait continuer la guerre[88]. À cette occasion, il a fait savoir à S. É. qu'il avait été confirmé dans toutes les charges qu'il détenait sous Cromwell[89] et, comme cette république a déclaré, avec une habileté particulière, qu'elle avait en cela eu l'intention de satisfaire aux désirs de S. É., il a affirmé au cardinal lui en professer une grande obligation. S. É. l'a remercié de son offre, en réservant sa réponse au moment où il sera à Saint-Jean-de-Luz[90], ce qui, ayant été habilement porté à la connaissance de Pimentel, cause à ce dernier un grand trouble.

Les Anglais ont la prétention de conserver Dunkerque[91] et, dans cette idée, le même Lockhart a fait commencer de nombreuses fortifications pour la défense de cette place, dont il est gouverneur, afin de la rendre inexpugnable, ce qui sera d'autant plus facile qu'on ne pourra pas les empêcher /fol. 20/ de la secourir par voie de mer. En attendant, afin de n'être pas contraints de faire la paix avec les Espagnols, ils s'emploient à éviter les raisons d'en arriver à la rupture avec les Hollandais, mais ces derniers s'étant portés à la défense du Danemark avec de puissantes armées, eux-mêmes n'ont pas pu éviter d'en faire de même pour soutenir le roi de Suède[92].

L'Angleterre se félicite beaucoup du cardinal, parce qu'il a bien voulu leur faire part de la négociation en cours avec les Espagnols, bien que le terme de leur accord soit dépassé[93]. À propos des alliances de la France, le cardinal mérite d'être loué pour avoir non seulement rejeté les offres démesurées des Portugais en vue d'y entrer, mais encore pour avoir borné les autres à des durées fixes et limitées, parce que s'il fallait aujourd'hui dépendre de la volonté des princes alliés, il y aurait une telle diversité de prétentions et une telle contradiction dans les objectifs qu'on aurait difficilement lieu d'espérer une bonne issue pour les présentes négociations, car cela a été /fol. 20v/ la principale maxime de S. É. que de conclure ces alliances de manière à être libre de les prolonger ou de les rompre à son plaisir, suivant que les Espagnols auraient vraiment l'intention sincère de rechercher la paix.

Le cardinal a envoyé depuis cette ville le s[r] de Cominges vers LL. MM[tés] et, celui-ci, au moment de prendre son congé, a glissé à S. É. que la reine de Portugal n'aurait de cesse que l'on voulût bien permettre à l'un de ses ministres d'assister au congrès, tandis que D. Luis prétend amener avec lui l'agent du prince de Condé qui réside à Madrid[94].

Le cardinal a résolu de s'avancer jusqu'à Saint-Jean-de-Luz en toute diligence, ayant reçu l'assurance que D. Luis avait quitté Madrid ; et, parce que ses nièces ne pourraient peut-être pas endurer les épreuves d'un si long voyage, il les a fait appeler à lui afin d'apprendre d'elles-mêmes si elles préfèrent venir à Bayonne[95] ou demeurer à Brouage[96]. Elles ont choisi d'aller à ce dernier lieu, peut-être dans l'espoir de retourner sous peu à la cour, sachant que le roi veut se transporter /fol. 21/ bientôt à Bordeaux, dans la province de Guyenne[97].

Lundi [7 juillet], on continua le voyage et l'on alla loger à Cohé[98], où le cardinal a écrit depuis le soir jusqu'à deux heures après minuit pour donner à LL. MM[tés] des nouvelles de ce qui s'est passé jusqu'à ce jour[99].

Mardi 8 juillet, on est allé à Villefagnan[100] et mercredi [9], à Châteauneuf[101], où l'on trouva, à l'extérieur de la ville, deux mille gentilshommes à cheval sous la conduite du marquis de Montausier, gouverneur du pays[102].

À la faveur d'un hasard qui est à la mesure de la grande fortune du cardinal, on a finalement appris la raison du retard du courrier qui a apporté la ratification. Parce qu'ils avaient abandonné le prince [de Condé] en renonçant, comme le désiraient précisément les Français, aux compensations qu'ils se proposaient de lui donner, les Espagnols ont résolu d'expédier à ce dernier un exprès en Flandre pour l'informer précisément, avant que la nouvelle ne lui vînt d'autre part, de la nécessité qui les avait contraints à /fol. 21v/ céder finalement à la volonté du cardinal. On fit partir ce courrier de Madrid quatre jours avant celui destiné à Pimentel et il devait faire son voyage par la voie de mer, afin d'arriver d'autant plus vite à Bruxelles, mais son navire a tellement été battu par les vents et les eaux que, pour ne pas faire naufrage, il lui a fallu se jeter sur les plages de France, où le courrier, fait prisonnier, fut conduit sous bonne escorte à Bayonne, comme espion de l'ennemi. Le duc de Gramont, gouverneur de cette province[103], reconnut en lui un Français qui était au service effectif du prince de Condé, et même l'un de ses plus confidents, si bien qu'il lui demanda où il allait et pour quelle affaire. Caillet, car tel est son nom[104], lui répondit qu'il ne pouvait lui dire la raison de son voyage, mais que, s'il voulait bien le faire accompagner jusqu'au cardinal, il révélerait tout à S. É., et c'est ce qu'il fit lorsqu'il arriva à Couhé, avec un gentilhomme dudit maréchal.

En premier lieu, il raconta son aventure et l'objet de sa mission, mais S. É., /fol. 22/ faisant mine de s'étonner de tout comme de choses qui n'étaient pas à sa connaissance, lui demanda comment il savait que les Espagnols avaient abandonné le prince ; le Français répondit que, tel jour, il avait vu le traité être ratifié et signé, et que l'article concernant le prince son seigneur expose telles et telles choses, le feuillet étant contresigné en un certain endroit, ainsi que différentes autres particularités qui firent comprendre à S. É. qu'il ne mentait pas ; si bien que, se retournant vers lui, il lui dit : « Eh bien ? Puisque vous êtes au courant et que vous avez vu le traité lui-même, je ne vous le nierai pas. Peut-être d'autres feraient-ils néanmoins ouvrir vos dépêches, mais moi, je fais confiance à D. Luis, et vous pouvez partir quand il vous plaît[105] ».

Dans sa lettre, ce même D. Luis avait chaudement prié le cardinal de bien vouloir ne rendre publique la ratification qu'après qu'ils se seraient rencontrés, et S. É. respectait religieusement le secret ; mais quand il a constaté qu'un autre y avait part, il n'a plus fait de difficulté pour s'en ouvrir, quand bien même la paix ne doit être publiée /fol. 22v/ qu'après qu'ils se seront rencontrés pour convenir ensemble de la manière et des modalités de son exécution[106]. [Dans ce traité], le prince de Condé se voit seulement rétabli dans les biens et les honneurs qu'il détenait en France, à l'exclusion cependant de la possession de places et de gouvernements tels qu'il en avait auparavant ; les places qu'il tient aujourd'hui doivent retourner au roi, et il lui faudra rester trois années hors du royaume, à l'endroit que lui assignera S. M^{té} : c'est la condition qu'on lui pose, s'il veut bien y consentir.

Pour ceux de Hesdin, il y aura pardon, pourvu qu'ils rendent la place à l'amiable et qu'ils s'en remettent à la clémence de S. M^{té}.

En contrepartie, on abandonne le Portugal, en proie à la sévérité de son implacable ennemi, comme prix de la paix et victime du bien public. Mais pour le mariage du roi, on rencontre un important écueil, car le Conseil Catholique[107] veut que l'on donne l'infante à l'empereur, à qui elle a été promise. Pimentel fait espérer le contraire, en disant que l'empereur est jeune et que d'ici trois ans, il pourra prendre l'infante cadette[108] ; que c'est une simple remontrance que le Conseil d'État fait à son roi, à laquelle on ne prêtera pas attention, parce que ledit Conseil n'a /fol. 23/ de prérogative que formelle et de principe, toutes les résolutions importantes étant prises dans les juntes privées, qui se tiennent chez D. Luis, comme le s^{r} de Lionne a pu le constater quand il fut à Madrid pour l'affaire de la paix, lorsque, en ce temps-là également, tout fut négocié chez ce particulier, avec pour toute assistance le marquis Spinola[109], le comte Peñaranda et Contreras, secrétaire du *Despacho*[110], sans même que ledit Conseil fût averti de sa venue, ni de ses très importantes négociations[111] ; que D. Luis use de son autorité avec la plus grande modération, mais qu'il sait aussi s'en prévaloir suivant les circonstances, et qu'il n'y a pas à douter que le mariage du roi avec l'infante n'aboutisse, puisque lui-même a un zèle peu ordinaire pour que ce dernier ait lieu, tandis que le roi son seigneur le veut et le désire.

Les Français considèrent que cette paix leur est d'autant plus avantageuse et glorieuse que, par-delà l'acquisition de si nombreuses places et d'une dot aussi importante que sera celle de l'infante, ils laissent les Espagnols dans l'embarras d'une guerre /fol. 23v/ aussi intense et pénible que celle qu'ils font à l'Angleterre et au Portugal, qui sera certainement plus longue qu'ils ne pensent. Milord Lockhart promet que sa république apportera toute son aide aux Portugais, et l'ambassadeur de cette dernière couronne, qui est demeuré à Paris, se pourvoit en bons officiers, en ayant d'ores et déjà recrutés plus de deux cents parmi ceux seulement qui servent dans l'artillerie[113]. Le maréchal de La Meilleraye, qui en est le grand maître, en a informé le cardinal, lequel, en disant qu'il n'est pas possible de retenir les Français d'aller où il y a la guerre et où il y a de l'argent, n'est peut-être pas mécontent intérieurement de savoir que les Portugais pensent à leur défense, car il prévoit que si ce royaume ne connaît pas de révolte, les Espagnols auront grand peine à le reconquérir. Il fonde son opinion sur sa propre expérience, ayant constaté qu'une poignée de gens ont défendu l'État de Milan contre une armée royale, et que la prise d'une place ne suffit pas à faire tomber une province, si les sujets sont fidèles à leur prince et décidés à se défendre, ainsi que feront certainement les Portugais /fol. 24/ pour l'aversion qu'ils portent aux Castillans. Ledit ambassadeur s'emploie maintenant à trouver un capitaine qui connaisse bien son métier et, puisque les Espagnols ne veulent pas que la paix soit publiée pour l'heure, on ferme les yeux et on laisse le Portugais faire tout ce qu'il veut.

Jeudi 10 juillet, on séjourna à Châteauneuf, vendredi [11] à Jonzac[114], samedi [12] à Montlieu[115] et dimanche [13] à Libourne[116], où Pimentel est parti retrouver D. Luis, s'étant embarqué sur la Dordogne le matin du 14, pour descendre ensuite à Bordeaux et continuer son voyage par la route de Bayonne.

Le cardinal a écrit à cette occasion, entièrement de sa propre main, une longue lettre à D. Luis, très obligeante de courtoisie, lui montrant particulièrement l'impatience et le désir qu'il a de le rencontrer pour lier avec lui une amitié éternelle et inviolable[117].

S. É. songe à aller rendre ses hommages au roi d'Espagne et, à cause des difficultés de cérémonial qu'il pourrait y avoir en raison de sa pourpre, il a chargé Pimentel d'en parler a D. Luis /fol. 24v/ afin qu'il puisse le renseigner quand ils se reverront. Il voulait par ailleurs faire présent à ce cavalier, de la part du roi, d'une ceinture de diamants et d'une paire de pendants pour son épouse, d'un prix de cinquante mille francs, mais celui-ci s'est excusé de ne pouvoir l'accepter pour le moment, disant qu'il le lui laissait en dépôt pour le recevoir après la publication de la paix.

Suivant l'exemple des Espagnols avec le prince de Condé, S. É. a décidé d'envoyer un exprès au roi du Portugal pour lui annoncer la paix et lui faire savoir que, la France n'ayant pas d'engagement envers lui, il ne peut se plaindre qu'elle ne l'ait pas fait associer au traité.

Pimentel a laissé entendre qu'à Madrid, on n'était pas loin d'écouter favorablement certaines offres qui permettraient de s'affranchir de la nécessité de la guerre, car, bien qu'au jugement des Espagnols eux-mêmes celle-ci ne doive, selon toute apparence, durer longtemps, le sort des armes est néanmoins toujours incertain ; et à supposer que les Portugais arrivent à prendre conscience de leurs propres forces et à se croire en état de se /fol. 25/ défendre, les Espagnols trouveraient d'autant plus de difficulté à les subjuguer ; c'est pourquoi d'aucuns, en parlant à D. Luis de cette entreprise, l'ont invité à ne pas s'y engager de nouveau qu'il n'ait auparavant réuni ensemble toutes les forces des royaumes et États de S. M^{té} Catholique, pour pouvoir attaquer le Portugal sur plusieurs fronts en même temps, en mettant le pays à feu et à sang, sans cependant en occuper la moindre place forte, afin que les populations aient lieu de se révolter et de retourner à leur première obéissance. Enfin, au cas où l'on ne trouverait pas les moyens de mener la guerre selon cette résolution, il y en a beaucoup au sein du Conseil de S. M^{té} Catholique qui voudraient qu'on laissât subsister le Portugal, sans se lancer dans une entreprise incertaine, en sorte que, si cette dernière devait se révéler trompeuse, l'Espagne n'ait pas à se trouver dans la nécessité de poursuivre la guerre pour soutenir l'honneur et la gloire de la monarchie.

Les conditions que les Espagnols voudraient accorder à la maison de Bragance[118] sont les suivantes : le royaume de Sardaigne lui serait donné, avec une certaine partie du Brésil, pour peu qu'elle renonce à toute autre prétention /fol. 25v/. La personne que l'on pense y envoyer de la part de cette cour-ci aura pour mission d'en faire l'ouverture à ces MM^{tés} et, au cas où celles-ci voudraient se maintenir au Portugal, on leur fera espérer toute l'aide possible ; et si au contraire elles voulaient s'entendre avec les Espagnols, la France leur proposerait sa médiation, et c'est le s^{r} Montdevergues[119] que l'on destine à cet emploi.

La guerre du Portugal répond pleinement à l'espoir que nourrissent les ministres d'ici, car ceux-ci commencent à croire qu'elle tiendra longtemps les Espagnols occupés et qu'ils y consumeront hommes et argent, tandis que ce royaume-ci retrouvera son souffle en réformant les abus que la guerre y a introduits. Le premier pas que le cardinal médite de faire, il voudrait qu'il soit contre les gouverneurs de place, qui ont usurpé une telle autorité à leur profit, que de sujets ils ne portent plus que le nom ; les soldats qui s'y trouvent sont tous en leur entière dépendance, parce qu'ils les enrôlent en leur nom propre, en leur faisant jurer la plupart du temps /fol. 26/ obéissance à eux seuls, bien qu'ils les paient sur les deniers des impositions.

À propos de ces dernières, le cardinal aurait voulu que les gouverneurs de places frontière se fussent contentés de les lever avec la modération la plus raisonnable, afin que les Flamands eussent lieu de s'en féliciter ; mais, parce que leur avidité démesurée n'était jamais rassasiée qu'ils ne leur eussent sucé jusqu'à la dernière goutte de sang, on a plusieurs fois parlé au Conseil de S. M^{té} de supprimer tout à fait lesdites impositions ; n'ayant cependant pas les moyens de subvenir autrement à l'entretien de tant de places, on a manqué de mettre à exécution un dessein si important ; s'il avait pu produire son effet, les peuples de Flandre se seraient volontairement assujettis à cette couronne, mais les mauvais traitements qu'ils ont reçus des Français leur ont fait supporter avec patience le joug des Espagnols.

Il n'était plus au pouvoir de S. M^{té} de disposer d'un gouvernement lorsque mourrait son commandant, parce que l'officier subalterne prétendait l'avoir de droit, et si on ne lui donnait pas, ce dernier se faisait prêter hommage par la garnison, ainsi qu'il s'est produit avec Fargues et La Rivière /fol. 26v/ à Hesdin[120]. Si pendant l'hiver le cardinal préparait quelque entreprise pour la campagne suivante et pensait, à cet effet, à faire construire un magasin dans la place qui lui paraissait la plus commode, le commandant de celle-ci ne voulait pas y consentir, sa conscience lui faisant craindre que ce ne fût un prétexte pour s'y introduire ; et c'est ainsi que l'on perdait beaucoup de bonnes occasions de faire des acquisitions dans la Flandre ou ailleurs, en devant procéder avec plus de réserve et de circonspection à l'égard de ses amis que de l'ennemi. Enfin, le roi lui-même ne pouvait se faire fort d'être reçu en aucune place, qu'il n'eût d'abord donné, pour ainsi dire, des garanties de ne pas y faire d'innovations.

Le remède que S. É. veut à présent y apporter serait de licencier toutes les troupes qui ne sont pas payées sur les deniers du roi, et d'établir dans les places un lieutenant de S. M^{té}, auquel la garnison, qui serait composée des régiments anciens et des compagnies suisses et françaises des gardes du roi, obéirait davantage qu'au commandant[121].

En deuxième lieu, les pensées du cardinal visent /fol. 27/ à mettre en ordre les finances, afin de désengager le fonds des recettes royales et de mettre le roi en état de se prévaloir de son bien sans avoir à dépendre de l'indélicatesse des financiers, qu'il a éprouvée au plus haut point, pour le préjudice des affaires de la couronne, durant les dernières guerres. S. M^{té} a en effet été contrainte à diverses reprises de leur concéder des assignations de quatre millions afin d'obtenir deux cent mille écus pour ses besoins, ce qui a contribué, plus que toute autre chose, à exténuer les peuples de ce royaume, étant donné que les financiers, sous prétexte de se rembourser, faisaient en sorte que, pour quatre millions, les sujets en ressentissent une charge de huit ou dix.

[Les financiers] redoutent maintenant que l'on en vienne à solder ces comptes, et pour cette raison ils sont devenus si timorés qu'il ne s'en trouve plus un qui dise qu'il ait un sou vaillant ; et depuis qu'ils se sont mis à croire à la paix, il a été impossible de trouver une seule avance qui permît de pourvoir aux dépenses que nécessiteront le voyage et le mariage du roi. Il est vrai que pour cette campagne, on avait fait en sorte d'établir un fonds de quelques millions pour /fol. 27v/ la guerre, mais, comme on ne saurait faire fonds sur cette somme qui est encore mal assurée, il sera nécessaire de demander à toutes les provinces et aux principales villes de faire un don pour subvenir aux dépenses que requiert une telle circonstance[122].

Cette faiblesse éclaire une des principales raisons que S. É. a eues de faciliter dans la mesure du possible les traités de paix : on en avait autant besoin que les Espagnols, ce malgré la fortune de la France à l'extérieur, et quoiqu'il en paraisse le contraire, car on courrait le risque d'une faillite générale des finances.

Le cardinal a été grandement conforté dans son opinion depuis que l'abbé Fouquet[123] a fait son apparition ici, et que celui-ci – soit par désir de rendre un nouveau et considérable service à S. É., soit par un dépit qu'il aurait conçu contre le surintendant son frère, étant donné que ce dernier ne veut plus le repaître d'or et d'argent comme il a fait auparavant – a présenté à S. É. un écrit concernant les abus dans les finances, démontrant entre autres choses combien de millions il [son frère] a dépensés et dépense dans les bâtiments de Vaux et /fol. 28/ de Saint-Mandé[124], combien il en a dissipés pour le luxe de sa table, et combien il en emploie dans les pensions exorbitantes qu'il verse à toute sorte de personnes[125]. Nombreux sont ceux qui voudraient qu'après la paix, le cardinal autorise un tribunal à réviser les comptes des partisans et des financiers, afin de déterminer ce qu'ils possédaient et ce qu'ils détiennent à présent, car il est juste qu'ils aient gagné quelque chose ; mais un tel, qui n'avait pas dix mille livres de revenus il y a six ans, a aujourd'hui l'équivalent de six ou huit millions. Toute la France applaudirait S. É., parce qu'elle pourrait ainsi désengager les revenus du domaine royal, sans que le public s'en trouve accablé. Nombre de gens la conseillent en ce sens et, à cause de la difficulté qu'il pourrait y avoir à faire la preuve des profits de ceux-là, ils lui font valoir que, si le roi proclame la confiscation des effets qui pourraient avoir été détournés et cachés, et s'il en accorde quelque part à ceux qui en révéleraient l'existence, les financiers auront du mal à se tenir tellement à couvert ; mais, au cas où on n'en viendrait pas effectivement à une telle révision, sa seule annonce les poussera /fol. 28v/ à offrir un don considérable, pourvu qu'on les laissât jouir en paix de ce qu'ils ont gagné.

Le cardinal, peu enclin à procéder avec tant de rigueur, eu égard aux services que les financiers ont de toute manière rendus, et au besoin que l'on a d'eux en temps de guerre, ne veut pas les rebuter au point que le roi ne s'en puisse plus servir, et il se contente pour le moment de tirer d'eux de quoi remplir les caisses royales, qui de fait se trouvent vides[126].

Pour son troisième projet, qui sera peut-être le premier à être exécuté, S. É. songe ensuite à réduire l'autorité des parlements au point où elle était quand ils furent créés, car il est certes raisonnable qu'ils rendent la justice aux peuples, mais non qu'ils veuillent et prétendent avoir part au gouvernement de l'État, comme ils ont fait ces dernières années, au grand scandale du monde entier et au préjudice irréparable de cette monarchie[127].

L'insolence de ces tribunaux en était arrivée à une telle effronterie qu'ils prétendirent même examiner jusqu'où s'étendait l'autorité du roi, comme si la leur était plus grande et qu'ils pouvaient /fol. 29/ augmenter ou retrancher sur celle de S. M^{té}.

Pour ne pas oublier les dommages qu'ils ont causés au service du roi, le cardinal se fait lire chaque fois qu'il en a le temps un certain volume imprimé, dans lequel se trouvent tous les actes, arrêts et décrets prononcés par les chambres parisiennes pendant leurs égarements passés[128], et la meilleure consolation que S. É. trouve aujourd'hui dans cette paix, c'est de se voir en état de conseiller au roi, en toute sûreté, de mettre pour toujours un frein au parlement de Paris, et que cela serve aussi d'exemple aux autres.

Quand on mettra la main à ce grand ouvrage, il veut que le roi s'y rende lui-même, pour faire annuler en sa présence non seulement tous les décrets faits pendant les guerres civiles, mais aussi tous les privilèges et pouvoirs que S. M^{té} et ses prédécesseurs lui ont concédés. Il songe en outre à diminuer l'autorité du susdit parlement en en érigeant deux nouveaux, de sorte qu'il ne resterait à celui de Paris presque que le jugement des causes de la ville seulement et de sa banlieue, ce qui, si on le faisait, serait d'un grand profit pour nombre de provinces, parce que leurs populations doivent venir depuis /fol. 29v/ Lyon, Poitiers ou d'autres endroits très éloignés pour faire valoir leurs droits, moyennant la dilapidation de leurs propres biens.

Il y a quelques années, on décida au Conseil de ne plus imposer aux peuples de contributions pour lesquelles une vérification au parlement de Paris eût été nécessaire, ceci afin d'apprendre s'il suffisait de le laisser tranquille pour le maintenir dans l'obéissance et dans le respect dus à la majesté royale, d'autant que chaque fois que l'on avait eu recours à ces chambres pour de semblables affaires, il était advenu qu'elles avaient entrepris de s'opposer plus encore aux décisions du gouvernement.

Or cela ne suffit pas, puisque ces derniers temps, elles étaient en train d'étudier les moyens de s'introduire dans les matières qui ne ressortissent pas d'elles, et, s'il n'y avait eu la bataille des Dunes[129] et les autres succès de la dernière campagne, on les aurait vu retomber dans de nouvelles rebellions ouvertes. Aussi agissent-elles aujourd'hui avec grande crainte et prudence – même si elles se prennent à croire que le paix pourrait ne pas se conclure – en prévoyant les mortifications qu'ils auront à subir si le roi est en état de se prévaloir de ses forces. En effet, quand /fol. 30/ bien même on ne pourrait rien faire d'autre, on supprimera la paulette : c'est un certain droit qui se paie chaque année au roi, en vertu duquel les charges et les offices sont perpétués dans la famille de leur détenteur[130] ; mais lorsque le roi aura décidé de ne plus les recevoir, ces derniers seront au contraire présumés vacants, et S. M^{té} pourra en gratifier les personnes qui auront le plus de mérite et qui seront bien disposées pour la préservation et l'accroissement de la couronne, tandis qu'à présent il y a des conseillers qui savent à peine lire, et que l'on dénombre parmi eux une multitude de jeunes fous et insouciants, directement passés des écoles et des académies jusqu'aux premiers rangs de cette assemblée, qui ne voudrait certainement pas échanger son autorité contre celle du roi lui-même[131].

Le châtiment qui menace le parlement de Paris paraît si évident à tous, que beaucoup cherchent déjà à se défaire de leurs charges, sans trouver acheteur, quoiqu'ils les mettent en vente à bas prix en comparaison de ce qu'elles valaient il y a quelques jours encore, car celles des premiers présidents étaient montées jusqu'à la somme de neuf cent mille livres et plus, tant on les prisait de manière extraordinaire[132].

Le cardinal aura cependant beaucoup de peines à endurer pour pourvoir à tant de /fol. 30v/ désordres, à moins qu'il ne soulage les peuples du poids des impôts qui les accablent, pour se les rendre ainsi favorables ; il lui sera impossible de le faire au cours de la première ni de la deuxième année, car les dépenses à faire sont immenses ; mais comme le roi veut tenir sur pied une force de soldatesque considérable, payer les pensions qu'il est coutume de donner à la couronne de Suède et aux autres potentats dont l'amitié rend cette monarchie plus puissante et redoutée, porter assistance à la République de Venise dans la guerre qu'elle mène contre l'ennemi commun[133], il faudra plutôt imposer une nouvelle gabelle qu'en supprimer une.

Déjà on commence à crier contre la paix à Paris, sur l'idée que le plus grand intérêt de cette ville résiderait dans la continuation de la guerre, en raison de l'or qui y abondait pour entretenir tant de milliers d'officiers, et sur la crainte en outre que non seulement l'argent, mais également la population viennent à y manquer désormais.

Les pères de famille qui ont de nombreux enfants détestent [la paix], puisqu'en temps de guerre, ils avaient la possibilité de se débarrasser de ceux-ci, comme ils disent, moyennant un cheval /fol. 31/, une épée et une petite somme d'argent ; mais c'est principalement par les jeunes gens qu'elle est haïe, car elle leur fait perdre le meilleur moyen de subsister, et le plus opportun de faire carrière ; aussi n'y a-t-il personne qui ne la blâme. Quelle misérable condition que celle du cardinal Mazarin ! S'il procure la paix à ce royaume, qui l'a tant désirée auparavant, mal lui en prend ! Et s'il ne l'obtient pas, c'est pis encore pour lui. Il y a peu, les gens le désignaient comme l'auteur de toutes leurs calamités, en attribuant à lui seul la continuation de la guerre, et maintenant qu'il procure le contraire, ils le fustigent pour toute raison.

Ce ne sont pas toutefois des rumeurs à le perturber, et il a plus d'inquiétude à se trouver éloigné de la cour, et à devoir se plier aux avis de la reine contre la volonté et le désir du roi son fils, prévoyant les difficultés qu'il aura à surmonter quand il rentrera à Paris avec toutes les satisfactions qu'il peut attendre des Espagnols, car il devra vaincre l'amour, le dépit, la jalousie et la défiance qui se sont introduits dans les cœurs des personnes royales elles-mêmes. On peut ainsi dire du cardinal que, parmi tant de soucis qui occupent son esprit, le moindre de tous est /fol. 31v/ celui qui concerne cette négociation, bien que celle-ci passe aux yeux de tous pour l'affaire la plus grande et la plus difficile.

En attendant, il a ordonné que l'on abatte quantité de temples que les huguenots ont édifiés pendant les dernières guerres, et que l'on détruise de nombreux remparts et tranchées que ceux-ci avaient peu à peu rebâtis autour de certaines villes, sous le prétexte de pouvoir se défendre contre les forces du prince de Condé et les autres mécontents[134] ; et afin de faire disparaître cette secte, qui a tant infecté et affligé le royaume, il a voulu que l'on renouvelle les édits portant qu'aux dignités, offices de la couronne et magistratures de toute sorte, ne puissent être admises que des personnes professant publiquement la religion catholique, car il pense de cette manière pouvoir, sans éclat ni violence, réduire insensiblement ce parti, afin que, de lui-même, celui-ci s'éteigne tout à fait[135].

Il veut également travailler à unir tous les princes de la Chrétienté contre l'ennemi commun[136], bien que certains des ministres de ce royaume aient commencé à lui dire, à propos de l'aide qu'il entend apporter aux Vénitiens, que les rois précédents ont /fol. 32/ mis une attention extraordinaire à maintenir et conserver leur alliance avec la monarchie ottomane, jugée utile et nécessaire à la France pour des raisons militaires et commerciales ; bref, ils ne voudraient pas que S. É. ruinât ce qui s'est édifié et conservé depuis tant de temps, d'autant plus que, si l'on voulait faire cette guerre, il faudrait traverser les mers, ce qui est non seulement l'entreprise la plus éloignée du génie français, mais encore la plus difficile et la plus coûteuse ; et quand bien même il devait en résulter des conquêtes, celles-ci seraient si reculées qu'elles tourneraient plutôt à l'avantage et à la commodité d'autres que de cette couronne-ci. Ils insistent de même pour que, si l'on établissait une bonne entente avec l'empereur, il ne faille néanmoins jamais lui accorder aucune assistance, mais seulement aux Vénitiens, qui ont tant mérité de la France et du Christianisme, en leur envoyant des sommes d'argent plutôt que des troupes, afin que l'aide soit plus prudente, et plus utile au Sénat.

Le cardinal répond qu'il est vrai que, par le passé, l'amitié du Turc a été jugée de grande importance /fol. 32v/, car les sujets du roi y avaient grand intérêt, ne serait-ce que pour le commerce ; mais que la situation est bien différente aujourd'hui, car la Porte ottomane n'est plus en état de faire de mal ni aux Français, ni aux Autrichiens, elle est sans crédit ni troupes aguerries, elle se montre méprisante et insolente à l'égard de tous, comme elle en a fait la preuve il y a peu, sans nul respect pour la personne de l'ambassadeur de S. M^té^ résident à Constantinople[137] ; que, pour cela, il convient de toute manière que le roi montre son ressentiment, non pas tant pour réparer son honneur que pour établir son crédit dans ces régions ; que les sujets de cette monarchie n'ont plus d'intérêt au commerce, celui-ci se trouvant aujourd'hui principalement aux mains des Anglais et des Hollandais ; et qu'il faut bien penser à donner quelque échappatoire à toutes ces troupes que l'on devra licencier si la paix se réalise, et notamment à celles qui appartiennent au prince de Condé et qu'on lui fait obligation de remettre à S. M^{té} ; qu'il ne saurait les employer à rien de mieux qu'à l'encontre d'un ennemi d'une telle sorte ; que son idée n'est pas seulement que la France porte assistance à la république de Venise, mais aussi de convaincre les Autrichiens, /fol. 33/ par l'intermédiaire de D. Luis, à porter la guerre contre le Turc, et S. É. a déjà la parole du roi Casimir[138] qu'à la suite des autres, il se portera à son encontre avec cent mille Polonais. S. É. n'entend pas s'attacher à cette entreprise, qu'elle n'y voie auparavant le pape et tous les potentats du Christianisme bien disposés et engagés, sachant très bien le préjudice qu'il résulterait pour la France, et l'avantage correspondant que tireraient l'empereur et les Espagnols, si elle entreprenait sans le secours des autres une guerre si périlleuse et lointaine ; que la France a besoin de repos et de paix après une guerre si longue et dispendieuse, et que ses principaux soucis tendraient donc à mettre en ordre les affaires du royaume et à soulager ses peuples, afin que, si le roi d'Espagne venait à mourir ou s'il arrivait quelque malheur au petit prince[139], la France puisse être en état de tirer profit de telles circonstances, voulant veiller, plus qu'à tout autre chose, à ce que l'Empire et l'Espagne ne tombent pas sous le même sceptre en raison du mariage de la petite infante[140].

Compte tenu du commerce perdu par manque de vaisseaux /fol. 33v/ et de l'immensité des sommes qui s'échappent de ce royaume pour cette raison, les sujets de cette couronne devant payer des locations aux Hollandais ou autres nations pour faire transporter leurs marchandises, [le cardinal] entend s'appliquer sérieusement au rétablissement de la marine, se promettant de rendre cette couronne, en moins de six ans, aussi puissante par mer que par terre. Et, afin que, dans le cas d'une rupture nouvelle et imprévue, la France n'ait pas à se trouver dépourvue des équipements nécessaires à la guerre, S. É. pense créer quatre grands arsenaux : à Arras[141] pour la Flandre, à Brisach[142] pour l'Allemagne, à Pignerol[143] pour l'Italie et à Perpignan[144] pour l'Espagne.

Mardi 15 juillet, le cardinal quitta Libourne et, poursuivant son voyage, alla le soir à Cadillac[145], où il fit halte tout le mercredi dans cette belle demeure du duc d'Épernon[146], qui le reçut avec la plus grande splendeur. Jeudi, on alla à Bazas[147], et vendredi, à Roquefort[148].

/fol. 34/ La reine de Pologne[149] ayant longuement écrit à la princesse palatine Anne, sa sœur[150], pour lui représenter l'état de ses affaires privées et de celles publiques de son royaume, la princesse, qui se trouve à la cour, a envoyé ladite lettre au cardinal par exprès[151]. Cette M^té^ voudrait que l'on s'appliquât avec un peu de chaleur à ces matières, et se plaint, ayant l'impression de n'être pas soutenue par la France dans une action, à laquelle celle-ci devrait s'intéresser suivant toute règle de bon gouvernement. Elle désirerait également qu'on lui envoyât de grosses sommes d'argent, afin de gagner les officiers des armées et les sénateurs indépendants, et il lui semble étrange que l'on délaisse une si grande œuvre, tandis que les Autrichiens y emploient toute leur industrie sans en rien épargner. Ici, on voudrait bien pouvoir la satisfaire, mais n'en ayant pas les moyens pour l'instant, on préfère lui laisser croire que cela provient d'un manque d'attention plutôt que de lui apprendre l'état réel des finances de ce royaume.

La même reine annonce que, lors d'un conseil tenu /fol. 34v/ en présence du roi et des principaux sénateurs, on a examiné quel successeur pourrait être élu. Ont été proposés les noms des frères du roi d'Angleterre[152], du prince de Condé et du duc d'Enghien son fils[153], du prince Mathias de Toscane[154], du prince Maximilien de Bavière[155], du duc de Mercœur[156], des jeunes fils du duc de Longueville[157], et du comte d'Harcourt[158].

En premier lieu, la reine s'est appliquée, avec l'aide de ses partisans, à ce que soit exclue de la succession la maison d'Autriche, et inversement les amis et alliés de cette dernière ont rebuté tous les frères de rois, à la réserve de ceux d'Angleterre, à la condition que ce roi soit rétabli sur son trône.

Le prince Mathias aurait facilement été préféré à tout autre, avec l'approbation générale, compte tenu de la valeur des armées que S. A. a commandées pendant si longtemps en Allemagne, et des suffrages que lui attire sa réputation universelle d'affabilité et de générosité ; seul son âge, qui n'est pas loin d'être égal à celui du roi Casimir, a pu causer son insuccès[159].

/fol. 35/ Le prince de Bavière n'a pas reçu de suffrages, bien qu'il soit réputé plus habile que son frère.

Pour le comte d'Harcourt, il y en eut bien peu qui ne lui trouvèrent pas quelque raison d'être rebuté.

Le prince de Condé a été fort pris en considération, étant donné qu'ils auraient précisément besoin d'un chef pour dompter tous les ennemis que l'on découvre chaque jour à l'intérieur comme à l'extérieur de ce royaume ; mais, craignant son caractère, les sénateurs inclineraient plutôt à le faire acclamer comme chef de leurs armées.

À ceci, la reine pense avoir trouvé réponse en proposant l'élection du duc d'Enghien, car ils auraient ainsi un roi jeune, qui apprendrait les coutumes du pays, et ils pourraient se fier entièrement au très valeureux capitaine qu'est son père, puisque les intérêts du royaume se confondraient avec ceux de sa propre maison.

Ladite reine espère qu'en raison des obligations qu'elles ont à la personne du prince, les cours autrichiennes[160] ne s'y opposeront pas, et elle veut également se persuader que le cardinal ne trouvera pas mauvais de l'éloigner de France.

/fol. 35v/ Pour le duc de Mercœur, qui avait été recommandé par le Roi Très Chrétien, il n'y a pas eu de réponse en accord avec son désir. On s'est au contraire limité à un frère du roi d'Angleterre, au duc d'Enghien et aux fils du duc de Longueville.

La reine prétend donner une de ses nièces pour épouse à celui qui sera élu successeur de son mari, et elle a écrit à la princesse sa sœur de faire apprendre la langue latine à ses filles aînées, qui s'appellent l'une Marie, l'autre Anne[161]. La première n'est pas très belle, mais elle a de l'esprit ; la seconde peut être décrite comme très belle, et c'est sur elle qu'il semble que doive tomber le choix[162]. Elle proteste enfin qu'elle veut les laisser élire qui ils voudront, si on ne lui vient pas en aide, car, en prenant si publiquement le parti de la France, elle a déjà porté notablement préjudice à ses propres intérêts et à son salut. Le cardinal se réserve de répondre après qu'il aura bien affermi la paix, s'agissant en particulier des intérêts du prince de Condé, dont on ne sait pas, pour l'instant, s'il voudra bien s'en tenir à l'accord signé par Pimentel à Paris.

Samedi 19 juillet. Le cardinal est arrivé à Mont-de-Marsan[163], où on /fol. 36/ a compris que D. Luis amène avec lui une plus grande suite qu'il n'avait dit, et notamment plusieurs grands, ce qui a surpris S. É., parce que, si elle l'avait cru, elle n'aurait pas interdit avec tant de rigueur à la noblesse française de le suivre.

Les maréchaux de France prétendent aller de pair avec les grands d'Espagne, et le duc de Créqui et le grand-maître de l'artillerie La Meilleraye veulent également être traités de la même manière. Le cardinal affirme vouloir user de toute la courtoisie possible à l'égard des Espagnols, refusant toutefois de faire quoi que ce soit qui ne convienne à l'éminence de son rang ; et, si l'on trouve en Espagne l'exemple de différents cardinaux qui ont cédé la préséance aux grands, il y a également celui du défunt cardinal Orsini[164] pour compenser les manquements des autres. Ce sont là des difficultés que l'on prévoit, mais plus qu'aucune autre chose, ce qui afflige S. É., c'est qu'aujourd'hui précisément il a eu une attaque de goutte au genou et qu'il ne voudrait pas que les Espagnols pensent que c'est un artifice pour recevoir les visites au lit.

/fol. 36v/ Dimanche 20 juillet, on est allé à Tartas[165], où fit son apparition un gentilhomme du cardinal, qui avait précédemment été envoyé vers le roi afin d'obtenir que celui-ci ne partît pas de Fontainebleau sans un nouvel avis ; il sera impossible toutefois de le retenir, car S. M[té] écrit qu'elle s'ennuie excessivement et que l'absence du cardinal ne lui aurait pas tant pesé si elle s'était trouvée plus près de lui, et qu'elle songe donc à se mettre en route pour Bordeaux le 25 de ce mois ; si cela arrive effectivement, le cardinal en aura un très grand déplaisir, car il redoute bien des inconvénients d'un départ aussi intempestif.

Ce lundi [21 juillet], nous sommes à Dax, à la frontière du Béarn[166]. Le cardinal a voulu poursuivre le voyage malgré les grandes douleurs qu'il endure et, une nouvelle fluxion étant survenue, il va très mal.

Montdevergues rechigne à faire le voyage de Portugal, car il lui semble que c'est un emploi plus propre à s'attirer des affronts que des caresses. Il s'en excuse en disant qu'il est indisposé, /fol. 37/ aussi songe-t-on à y envoyer quelqu'un d'autre[167].

Mardi [22 juillet], on alla à Bidache[168], beau et noble domaine appartenant au maréchal de Gramont, et comme le cardinal se trouvait extraordinairement fatigué par le voyage et par les douleurs de la goutte, il s'y arrêta tout le mercredi [23 juillet]. Il y fit deux expéditions, l'une pour la cour, l'autre pour Paris. Par la première, il informa LL. MM[tés] de son état de santé et essaya de les convaincre de ne pas quitter Fontainebleau[169]. Par la seconde, il répondit aux ducs et pairs au sujet de la prétention qu'ils ont d'obtenir que les fourriers assignent le *pour* dans leurs logements comme on le fait pour les nouveaux princes, ou bien qu'on cesse également de le faire pour ces derniers, car ils ont menacé de ne pas participer au voyage du roi si ce point n'était résolu auparavant[170].

Quand le roi part en campagne, il est en effet de coutume que les logements des princes soient assignés par les fourriers au moyen du *pour* et c'est seulement au profit des descendants des maisons souveraines que l'on utilise ce terme en ces circonstances, de même qu'en France, on n'attribue qu'à eux la qualité de prince ; d'où /fol. 37v/ il résulte que nul n'est prince qui n'est qualifié d'Altesse. Or il avait plu au roi d'étendre cette prérogative aux maisons de Bouillon et de Montbazon, car l'on prétend que celle-ci descend des anciens ducs de Bretagne, et celle-là, de ceux de Sedan ; mais les pairs du royaume, supportant mal que ces seigneurs dussent, par voie de conséquence, être traités différemment d'eux, ils ont fait au cardinal la susdite sollicitation.

La réponse de S. É. a été qu'il verrait, quand il serait avec le roi, ce qui pourra être fait et que, comme S. M^{té} ne sollicite pas leur départ, ils n'ont pas de raison de s'inquiéter, car ils peuvent demeurer à Paris.

Dans le même lieu de Bidache a fait son apparition le chevalier de Jant[171], qui a assuré le service de Pimentel jusqu'à la frontière de l'Espagne ; il dit avoir reçu en chemin, tandis qu'il s'en revenait vers ici, un courrier porteur d'une lettre dudit Pimentel, lequel fait savoir qu'il a trouvé D. Luis à Saint-Sébastien[172] et que ce dernier se montre très impatient de recevoir des nouvelles du cardinal[173]. On a ordonné audit Jant de répondre que, malgré sa crise de goutte, /fol. 38/ S. É. a continué son voyage et qu'elle essaierait, pour autant qu'il lui sera possible, d'être jeudi à Bayonne, pour s'avancer jusqu'à Saint-Jean-de-Luz dès qu'il apprendra que D. Luis sera arrivé à Irun[174].

Ce matin, jeudi 24 juillet, le cardinal est arrivé à Bayonne, où il a été accueilli par le maréchal duc de Gramont avec un triple tir de toute l'artillerie et avec la garde en armes. Il s'est aussitôt mis au lit, ressentant une notable aggravation de son mal.

Aujourd'hui, Pimentel est ensuite venu avec la réponse de D. Luis à la lettre qui lui avait été précédemment adressée par le cardinal ; celle-ci ne contient rien d'autre qu'un compliment plein d'affection, exagérant le déplaisir que lui cause l'indisposition du cardinal et le priant de ne pas se presser, mais de chercher à guérir, puisque de sa santé dépend le bien et le repos de toute la Chrétienté[175]. Le même Pimentel dit qu'il n'y a pas à Irun suffisamment de logement pour la moitié de la suite de D. Luis, si bien qu'il devra songer à quelque autre endroit plus commode.

/fol. 38v/ Dans ce même lieu de Bayonne est également arrivé un ministre du duc de Parme, résident à Madrid[176], pour solliciter du cardinal que l'on examine lors du congrès les droits de S. A., et que l'on réfléchisse à l'injustice que lui fait, à ce qu'il prétend, la Chambre apostolique au sujet de l'État de Castro[177]. Il assure que D. Luis inclinerait à prendre la défense du duc, à condition que le cardinal en fasse de même ; il affirme en outre que les Espagnols se disent ouvertement très insatisfaits du souverain pontife, et lui attribuent toutes leurs plus grandes misères, car c'est lui qui, à ce qu'ils disent, les a engagés à faire la guerre au Portugal, par la proclamation qu'il fit, selon laquelle il ne pouvait plus différer la provision des églises de ce royaume-là, tandis qu'on voyait le fils de Jean IV détenir pacifiquement les royaumes hérités de son père ; qu'ils se plaignent également de ce que Sa Sainteté, malgré la part qu'ils ont prise à son élection, refuse de faire partir de Rome l'ambassadeur du Portugal ; qu'elle n'ait pas même prononcé une parole pour empêcher l'entreprise du duc de Modène[178] contre l'État de Milan, et encore moins employé la force, /fol. 39/ comme ils auraient cru et voulu ; qu'elle ait également refusé par la suite de nombreuses autres satisfactions à S. M^{té} Catholique, et qu'elle ait procédé à la nomination du nonce sans en référer aux ministres du roi, ce qui avait permis de connaître combien ils s'étaient trompés, ceux qui, à la cour de Madrid, avaient supposé que le cardinal Chigi allait être plus espagnol que siennois, une fois élevé au pontificat[179].

Les Français n'ont peut-être pas moins de raisons de se plaindre, et le cardinal Mazarin en particulier, lui qui, d'après ce qu'on lui écrit de Rome, se fait qualifier par S. S^{té} de promoteur de la guerre, d'ennemi de la concorde, de protecteur des hérétiques, et d'auteur de tout mal, et qui est même informé par des représentants officiels étant dans cette cour, que le pape va même au-delà, ayant dit à ces mêmes personnes, à plus d'une occasion, que si son prédécesseur n'avait pas eu le cœur et le courage de venger les torts que faisait Mazarin à l'Église, lui aurait le cœur et les forces de le faire.

C'est une chose digne d'observation que, malgré ces rapports qu'on lui fait, S. É. ne parle du pape qu'avec la plus grande vénération et le plus grand respect, ne laissant échapper de temps en temps /fol. 39v/ que de très légers reproches sur le peu d'entente qu'il a trouvé avec Sa Béatitude, et sur le malheur qu'ont les hommes de ne pas savoir pénétrer le cœur d'autrui, ainsi qu'avaient cru faire les cardinaux Sacchetti[180] et Bichi[181], qui avaient tant espéré de ce pontife. Il témoigne cependant pour seul regret que ces derniers aient dû être les premiers à souffrir de la fausseté de leurs suppositions, car il espère quant à lui que le monde doive être juge de ses propres actions.

Il a répondu au ministre de Parme en termes généraux et sans s'engager, se réservant d'en parler avec D. Luis. Le même résident rapporte que le roi d'Espagne aurait été indisposé avec quelque péril pour sa vie, et que le duc de Lorraine se trouverait en liberté[182].

Pimentel s'en est retourné trouver D. Luis, et dimanche [27 juillet] on ira à Saint-Jean-de-Luz, bien que S. É. se trouve plus gravement atteinte que jamais, n'ayant été depuis longtemps aussi mal qu'à présent.

Hier matin [27 juillet], elle fit partir M. de Lionne pour rendre /fol. 40/ le compliment à D. Luis et, dans le même temps, négocier le moyen de faciliter la première entrevue des deux principaux ministres, ce dont on a jusqu'à présent parlé que superficiellement avec Pimentel.

Aujourd'hui, lundi 28 juillet, nous nous sommes rendus à Saint-Jean-de-Luz, où se sont trouvés les trois cents gardes à pied du cardinal, qui font très belle figure, ayant leurs casaques à sa livrée, avec galons d'or et broderies d'argent. Ils montent la garde à la porte du palais de S. É. à cinquante à la fois, et dans la salle se tiennent quarante chevau-légers avec de semblables casaques, mais beaucoup plus riches, et comme la livrée a été donnée à tout le reste de la maison, celle-ci apparaît très nombreuse et belle.

Mardi 29 dudit mois, le s^{r} de Lionne est revenu de Saint-Sébastien en compagnie de Pimentel. À une demi-lieue de cette place, ce qui est toute la distance carrossable, il a trouvé [à l'aller] deux voitures à six chevaux, avec des gentilshommes de D. Luis, qui le conduisirent jusqu'à l'habitation /fol. 40v/ qui lui avait été destinée. Là, il reçut aussitôt un compliment de la part du même seigneur, lequel vint ensuite à sa rencontre jusqu'au milieu de la salle des gardes, en lui cédant le pas et en le traitant d'Excellence. Ils s'entretinrent ensemble l'espace de deux heures, puis il fut raccompagné par D. Luis sur à peine moins que toute la longueur de la salle, et fut encore servi jusqu'à son logement par les mêmes six gentilshommes qui étaient venus à sa rencontre. Le s^{r} de Lionne les retint à dîner avec lui, et le matin suivant, qui était celui d'hier, il reçut la visite du baron de Vatteville, gouverneur de la place[183], ainsi que de tous les grands et de tous les seigneurs qui s'y trouvent, puis il fut à déjeuner chez D. Luis, qui lui réserva la première place à table également, et il s'y trouva les mêmes seigneurs et grands d'Espagne, au nombre de douze en tout. Il demeura tout le reste de la journée avec S. Excellence et il en est revenu aujourd'hui, après avoir visité le lieu d'Irun avec l'aide de Vatteville, qui est ensuite reparti, ayant convenu avec lui qu'il n'était pas possible d'y loger D. Luis, vu qu'il n'y avait pas de quoi installer la moitié de sa suite ; aussi se résoudront-ils probablement /fol. 41/ à s'installer à Fontarabie[184], bien que cet endroit soit également très étroit.

Ils ont également étudié et levé le plan d'un petit îlot, dit des Faisans, situé sur la rivière de Bidassoa, à une demi-lieue du bourg d'Hendaye[185] et autant d'Irun, large de cinquante pieds et long de cent soixante, que l'on estime cependant très propre pour y tenir le congrès, car c'est celui-là même où fut fait l'échange des deux reines de France et d'Espagne en l'an 1615[186]. Aussi propose-t-on maintenant d'y faire une baraque dont les pièces seraient réparties en deux portions égales et qui n'auraient de communication entre elles que dans la dernière salle, où se tiendra la conférence. Il y aura deux portes, l'une en face de l'autre, afin d'éviter toute forme de prééminence au moment de l'entrée. Il semble que Dieu ait créé cette île à cet effet, nul ne pouvant s'en approprier la souveraineté, parce que le fleuve qui fait la séparation des deux royaume, la donne ou la retire suivant le cours de ses eaux[187]. On a en outre convenu que le congrès serait précédé de visites de courtoisie de part et d'autre, qui se feront tandis qu'on travaillera à la construction du bâtiment de l'île ; et pour que D. Luis n'ait pas à faire /fol. 41v/ toute la route jusqu'à ce bourg de Saint-Jean-de-Luz, le cardinal pense s'avancer jusqu'à Uturbie[188], qui se trouve à une demi-lieue d'ici ; et comme il continue à garder le lit, toujours à cause de la même indisposition, ce sera un bon moyen de faciliter cette première entrevue, car D. Luis prétend être traité sur un pied d'égalité avec S. É.[189].

Les Espagnols se proposent de prendre sur eux la responsabilité de la construction du petit bâtiment, à titre de service qu'ils rendraient à S. É. pour lui épargner un souci, si bien qu'il ne resterait aux Français qu'à faire le pont pour passer dans l'île[190].

Mercredi 30 juillet. On a compris que le cardinal ne serait pas peu contrarié que D. Luis vienne accompagné de Lénet, l'agent du prince de Condé à Madrid, et il paraît même étrange à tous que ce dernier ne rougisse pas d'apparaître en cette occasion vêtu à l'espagnole[191].

On a de plus appris que D. Luis aurait expédié audit prince deux courriers en l'espace de six jours, à la suite du retour de celui qui lui avait porté la nouvelle de la paix et, comme on écrit de Flandre que S. A. serait de bonne humeur, le cardinal en est surpris /fol. 42/, se demandant la raison qu'il pourrait y avoir à cela. La suspicion que l'on a au sujet des Espagnols n'étant donc pas tout à fait éteinte, on suspend l'envoi du gentilhomme destiné au roi du Portugal[192], d'autant que le cardinal a été informé en bonne part que, lorsqu'il en sera à parler avec D. Luis du mariage du roi avec l'infante, il le trouvera bien différent que ce que l'on croit.

Il ne serait guère surprenant que les Espagnols se préparent à faire tomber le cardinal dans ce piège, tandis qu'il savent bien qu'il perdrait la faveur de la reine si le mariage ne se réalisait pas, S. M^{té} ayant même déclaré que, si le cardinal ne l'obtenait pas, elle voudrait aller elle-même à Madrid pour le négocier avec son frère. Le cardinal aurait désiré que cette princesse eût su cacher une si grande passion, car il craint que les Espagnols ne se soient convaincus qu'ils peuvent en tirer quelque profit et qu'ils ne se rendent pour cette raison plus difficiles dans les négociations à venir.

Jeudi, dernier jour de juillet. Ce matin, Pimentel /fol. 42v/ est reparti pour Saint-Sébastien.

Le château d'Uturbie n'a pas été jugé propre à accueillir la première visite, si bien qu'il semble que D. Luis doive se déplacer jusqu'à ce lieu-ci, et qu'ensuite le cardinal aille à Fontarabie. Ledit D. Luis a cependant fait savoir que, lorsqu'il a pris la route de ces frontières, il ne pensait pas devoir rencontrer le cardinal hors du moment et du lieu des conférences ; qu'il loue beaucoup la proposition de S. É. de faire auparavant cette visite, mais qu'aussi il s'excuse de ne pouvoir la faire à l'insu de son roi, puisqu'on n'en parle que maintenant ; qu'aussi il a estimé devoir en aviser S. M^{té}, comme il l'a d'ores et déjà fait par courrier exprès, lui faisant valoir qu'il lui paraissait juste et opportun que le congrès fût précédé de cette courtoisie ; et, parce qu'il n'ignore pas que l'on craint ici que les Espagnols veuillent en fin de compte apporter quelque modification sur le chapitre du prince, il a laissé entendre au cardinal qu'il entend lui ôter en l'espace d'une demi-heure tous les soupçons qu'il pourrait avoir à ce sujet[193].

Le maréchal duc de Gramont a été choisi pour /fol. 43/ aller accueillir D. Luis, mais il a lui aussi déclaré à Pimentel que, puisqu'il représente la personne du roi en tant que gouverneur de cette province, et qu'il va honorer et servir S. Exc., il prétend ne pas céder le pas aux grands qui seront avec lui dans le carrosse du cardinal, ne rendant cet honneur qu'à D. Luis, et à nul autre. Il paraît que Pimentel n'aurait pas désapprouvé la prétention du maréchal, bien qu'il se soit réservé à répondre après qu'il en aura parlé avec les grands eux-mêmes.

Vendredi 1er août. Nous sommes restés sans nouvelles.

Samedi 2. Milord Lockhart, qui était resté en arrière, est arrivé ici, et ce soir est venu un courrier envoyé par Pimentel au s^{r} de

Lionne, qui l'a aussitôt renvoyé avec quelques lignes de réponse, en attendant de savoir ce qui sera décidé à Madrid au sujet de la visite que les deux ministres projettent de se faire ; il est bien vrai que, si les affaires principales doivent tirer en longueur à la mesure de ce simple compliment, cela n'aura jamais de fin.

/fol. 43v/ Il est également arrivé un valet de pied du roi, avec les réponses de S. M^{té}, laquelle a finalement voulu se mettre en route pour aller à Bordeaux, et se trouve déjà à Cléry avec vingt compagnies de ses gardes françaises et suisses, qui reviennent à un total de quatorze mille fantassins parmi les mieux choisis et les plus anciens.

La journée de dimanche [3 août] s'est passée sans aucune nouvelle, et lundi, 4e de ce mois, est venu Pimentel, chargé de compliments et d'excuses. Il dit qu'on n'a pas approuvé à Madrid que le plénipotentiaire d'Espagne puisse passer le premier en France pour rendre visite à un ministre qui revêt le même caractère que lui, car, bien que le cardinal soit au lit avec la goutte, cela ferait un mauvais effet dans les temps futurs que de laisser un tel exemple. L'on accepte ici les excuses, mais non sans quelque amertume. Et comme les Espagnols se montrent si pointilleux, le cardinal veut que l'on observe la plus grande rigueur dans la division de l'îlot et que la partie du bâtiment qui appartiendra aux Français soit construite par les ouvriers de ce royaume, afin d'éviter que, si celle-ci avait été faite comme D. Luis le proposait, les Espagnols ne pussent jamais dire que le /fol. 44/ congrès avait été tenu chez eux.

Si dès le début ils avaient avancé ces difficultés, une telle réponse aurait paru moins étrange, car il est vraisemblable que dès le début, D. Luis savait ce qu'il pouvait promettre, et le cardinal n'est pas sans suspecter que l'autre n'ait accepté sa proposition de visite seulement pour gagner du temps.

S. É. a chargé le s^{r} de Chouppes[194] de se rendre le jour même sur l'île pour la mesurer et en faire la division, et il est demeuré d'accord avec Pimentel qu'il rencontrerait pour la première fois D. Luis jeudi, audit lieu.

Mardi 5 août. Ce matin, le sieur de Villeroy s'est rendu sur l'île du Congrès pour en prendre les mesures, en compagnie d'autres seigneurs de qualité, mais nul ne s'est présenté de la part des Espagnols, malgré le rendez-vous que l'on avait pris. Ils ont apporté le plan et marqué sur le terrain la part de travail qui revient aux Français, et aujourd'hui ce sont les corps de métier qui ont pris ce même chemin, munis de tout le nécessaire pour /fol. 44v/ engager les travaux qui les attendent de ce côté-ci.

Le soir, le valet de pied du roi a été réexpédié, et le cardinal a écrit à LL. MM^{tés} de s'arrêter à Poitiers, si elles n'ont pas encore dépassé cette ville, afin de ne pas s'engager davantage. Il semble en effet à S. É. qu'elles ont agi avec trop de hâte, et elle en a ressenti un extrême déplaisir, parce que cela sera peut-être la cause que les Espagnols procéderont avec d'autant plus de lenteur[195]. La reine aurait pu retenir le roi, mais elle aussi a des ailes aux pieds pour se rendre dans ces montagnes, où elle espère revoir son frère et obtenir la main de sa nièce pour son fils.

À Paris, Pimentel avait assuré le cardinal que l'on ne parlerait sur cette frontière que du mariage du roi avec l'infante et des formes et modalités à suivre pour la rencontre de LL. MM^{tés}, puisque le Roi Catholique déclare vouloir accompagner sa fille et la confier lui-même à la reine sa sœur. Aussi D. Luis aurait-il dû se rendre dans ces montagnes pour accorder avec S. É. les articles du mariage et les formalités /fol. 45/ susdites, sans toucher en rien au traité de paix conclu et signé à Paris par le même Pimentel. On apprend à présent par des lettres de Madrid que l'on y parle certes de paix, mais non de noces, car il n'y a pas le moindre début de préparatifs pour le déplacement de ces MM^{tés}, ce qui cause une grande inquiétude au cardinal[196] ; c'est pourquoi il ne veut plus différer sa rencontre avec D. Luis, afin de s'assurer des intentions des Espagnols, et il a fait partir le s^{r} de Lionne pour que l'on mette fin à tant de longueurs, la division de l'île n'ayant même pas été exécutée pour l'heure.

Mercredi 6. Pimentel, Batteville et le gouverneur de Fontarabie se sont rendus à Irun pour décider précisément avec le s^{r} de Lionne du bâtiment qui doit être construit sur l'île, et le maréchal de Gramont y est aussi allé. Tous ensemble ont convenu que le dessin fait par Batteville est le plus approprié, le cardinal l'ayant également approuvé, et c'est sur lui que l'on a commencé à travailler au bâtiment. Le susdit maréchal a fait entrer dans l'île la compagnie de ses gardes, qu'il entretient en tant que gouverneur de province /fol. 45v/ avec trompettes et battements de tambours, en signe d'autorité sur ce terrain, ce dont Vatteville, qui le prétend de sa juridiction, a paru très surpris et indigné, si bien qu'il y est ensuite arrivé lui aussi avec tambours et sonneries des trompettes. Avec tout ceci, ces messieurs ne laissent pas de dîner ensemble audit lieu d'Irun, où ledit Vatteville les reçoit splendidement.

Jeudi 7. Les habitants de Fontarabie ont envoyé quelques députés sur l'île, pour protester auprès des ouvriers qui y travaillent que le terrain leur appartient, et ils en ont dressé un instrument authentique. Un notaire y est ensuite allé, avec une autre délégation de ce bourg, pour faire la même protestation, prétendant que l'île est de leur juridiction, puisque le fleuve qui fait la séparation des deux nations a son cours de l'autre part. Il y a également une contestation au sujet du parement qui sera mis à la salle où doivent se tenir les conférences, parce que chaque partie y doit contribuer pour moitié, mais qu'il se trouve que D. Luis n'a ni damas, ni tapisserie /fol. 46/ d'or, et comme on ne veut pas qu'une soit plus riche que l'autre, on a mandé quelqu'un à Bayonne pour voir s'il y aurait du taffetas de couleur, afin que chacun en achète la moitié, mais on n'y a rien trouvé de propre à cela. Le cardinal avait proposé que l'on laissât les planches nues, sans tenture, de telle sorte que l'égalité fût plus grande encore. Ils se sont finalement mis d'accord pour que S. É. y fasse mettre une petite tapisserie d'or qu'il a, et D. Luis, des portières brodées[197].

Vendredi 8 août. Pimentel a fait son apparition ici, pour dire au cardinal que D. Luis serait à Fontarabie ce soir, et qu'on pourrait commencer les conférences sitôt que le bâtiment serait terminé. La lenteur avec laquelle les Espagnols travaillent est vraiment extraordinaire, au point que le cardinal s'en est plaint et a déclaré qu'il veut aller sur l'île dimanche, quand bien même il n'y aurait rien de prêt, ayant donné l'ordre qu'on s'attache seulement à terminer /fol. 46v/ la chambre du congrès.

Pimentel est reparti à Fontarabie pour porter cette nouvelle, après avoir décidé de se trouver demain sur l'île, où se rendra également le s^{r} de Lionne, pour voir ensemble ce qui pourra être fait.

Ils ont convenu que l'on n'y introduise pas plus de soixante personnes de chaque côté, et que le restant s'arrêtera sur les rives du fleuve[198]. Les plénipotentiaires éviteront d'y entrer en même temps, et le cardinal sera d'autant plus attentif à ne pas le faire que le bâtiment est ainsi fait qu'il a deux portes en vis-à-vis et que D. Luis sera appelé à se tenir à main droite, car cette dernière est déterminée par la longueur de l'île, et non par sa largeur comme il avait été prévu initialement, si bien qu'en entrant, les Français demeureront à main gauche[199]. Il est certes vrai que, dans la salle du congrès, qui est la dernière, c'est le cardinal qui est appelé à avoir le premier rang, puisque, pour déterminer qui a ou cède la préséance, l'on considère toujours la porte de l'appartement par laquelle on entre ; et ainsi, quand ils se trouveront assis et dans cette pièce /fol. 47/, qui est la seule où ils se verront, le cardinal aura toujours sa porte à sa droite. Les Espagnols peuvent bien dire qu'ils ont leur entrée à la droite des Français, mais on répond ici que l'on ne tient pas compte des portes, si les personnes ne s'y trouvent pas.

Le résident du Portugal est arrivé, à la demande du cardinal, puisque D. Luis est accompagné de l'agent du prince de Condé. Nous avons aussi été rejoints par le marquis Giovanni Luca Durazzo, envoyé de la république de Gênes[200], qui bénéficie d'une estime peu ordinaire dans cette cour, en raison de ses nombreuses qualités. Sont également arrivés les ministres de Savoie[201] et de Mantoue[202]. L'abbé Bonsi, résident du grand-duc [de Toscane][203], a suivi le cardinal depuis Paris, étant donné la faveur particulière de S. É. à son égard.

Le duc de Modène n'a envoyé personne ici, parce que le cardinal a déclaré vouloir défendre lui-même les intérêts de cette sérénissime maison, qu'il tient comme la sienne propre en raison de leur alliance tout autant que de l'affection qu'il lui porte[204] ; c'est pour cette raison qu'à la mort du duc François, S. É. a permis à son fils de conclure un accord /fol. 47v/ séparé avec la couronne catholique, afin qu'il puisse avoir la gloire de n'être pas inclus généralement dans la foule de tous les autres alliés, d'autant que ces derniers professent vouloir rester liés à la France, même en temps de paix, ce que n'aurait pas pu faire le duc de Modène, dont l'État se trouve si loin de la France et si bien entouré par les forces espagnoles[205].

Le ministre de Savoie a fait quelques plaintes contre le cardinal d'Este[206], parce que celui-ci n'aurait pas accepté de traiter l'ambassadeur du duc, son seigneur, à Rome selon la forme accoutumée pour les rois, malgré l'exemple d'autres cardinaux ; or c'est ce qu'il espérait bien de lui, parce que le duc est non seulement son proche parent, mais encore un allié et ami de la France[207]. Le cardinal Mazarin non seulement ne blâme pas le cardinal d'Este, mais il désapprouve plutôt la légèreté des autres, d'autant plus que le roi a résolu d'envoyer un ambassadeur à Rome après la paix, et que le cardinal annonce que celui-ci aura ordre exprès de ne céder la préséance et de n'accorder l'Excellence qu'à ceux qui ont accès à la *Sala regia*[208].

Samedi 9 août. On a dressé la liste de ceux qui /fol. 48/ doivent avoir accès à l'île et le cardinal, afin de ne pas modifier d'une seule personne le nombre convenu, y a fait comprendre un aide de chambre et un valet de garde-robe, pour atteindre le total de soixante, en y excluant tous les ministres étrangers, ce qui ne leur a pas causé un petit déplaisir[209].

On a vu passer un courrier venant de Flandre et destiné à D. Luis, et, parce que l'on croit que la lenteur des Espagnols vient de ce qu'ils attendent quelque réponse du prince de Condé, on aimerait que ce courrier en fût porteur.

Le s^r de Lionne s'est rendu dans l'île, conformément au rendez-vous pris avec Pimentel, qui doit également s'y trouver, pour voir s'il sera possible de tenir la première rencontre[210].

Dimanche 10 et lundi 11. Le s^r de Lionne n'est pas revenu, n'ayant pas voulu quitter des yeux les Espagnols tant que l'île ne serait pas mise en état que l'on puisse y aller ; il a assisté lui-même, pendant trois ou quatre heures d'affilée, au travail des Espagnols, qui, malgré sa présence, ne se pressent pas plus qu'à /fol. 48v/ l'accoutumée, si bien qu'il a fait savoir à D. Luis que, s'il ne donne pas ordre qu'ils se dépêchent, ils y resteront toute l'année.

Mardi 12. Le cardinal a écrit à Lionne, qui se trouve à Irun, que, comme les longueurs des Espagnols dépassent les bornes, il a décidé qu'il veut absolument partir de cette frontière, si la rencontre avec D. Luis n'a pas lieu demain[211].

L'affectation et les artifices des Espagnols sont si évidents qu'un membre de la suite de S. É. lui a dit, en s'étonnant de tant d'atermoiements, que si l'armée du roi était en Flandre, comme elle se trouve actuellement dans ses quartiers, ce ne serait pas à lui, mais à D. Luis de solliciter l'expédition de leurs affaires. La protestation du cardinal a eu pour effet que les Espagnols ont immédiatement consenti à la conférence, bien que leur appartement ne soit pas du tout en ordre, et ils en ont aussitôt informé le s^r de Lionne, qui se trouve à Irun, si bien que le déplacement est fixé à demain, dix heures.

Mercredi 13 août. Le cardinal est parti d'ici /fol. 49/ en direction de l'île du congrès, en ayant auparavant fait s'avancer la moitié de ses gardes à pied ; ceux-ci avait pris position à la tête du pont lorsque S. É. y est arrivée. Son carrosse était précédé de quatorze pages à cheval, en habit très beau et galant, avec des panaches aux couleurs bien assorties, dix-huit chevaux de main, avec des couvertures brodées de soie aux armes de S. É., sous la conduite d'autant de palefreniers à cheval.

Il avait avec lui dans son carrosse le duc de Créqui et les maréchaux de Gramont, de Villeroy et de Clérambault, ainsi que le commandeur de Souvré. Vingt-quatre laquais se tenaient aux portières et un grand nombre de gentilshommes [l'accompagnaient] à cheval, à la suite desquels venait la compagnie de ses chevau-légers et trente carrosses à six chevaux, occupés par la noblesse. C'est dans cet ordre qu'il entra dans l'île contiguë à celle de la conférence, qui est beaucoup plus grande que celle-ci et apte à accueillir plusieurs centaines de personnes.

Les pages et l'écurie se postèrent à la droite du pont, sur la rive du fleuve, les carrosses en arrière, et les chevau-légers à gauche des gardes à pied. Tout le reste des personnes à cheval /fol. 49v/ a fini par remplir les bordures du fleuve, si bien que l'île fut presque entièrement recouverte de gens, ce qui faisait une vue admirable par la quantité et la variété des panaches, des habits et des couleurs, car, outre les personnes portant la livrée du cardinal, qui sont plus de quatre cents, tous les autres personnages qui sont avec lui ont rivalisé pour lui faire honneur et le bien servir, et tout s'est passé dans le plus grand ordre, suivant le zèle particulier que ces seigneurs avaient de complaire à S. É. en cela également.

Le s^r de Lionne, sur qui pèse toute la charge de cette affaire, s'était préalablement rendu sur l'île pour mettre en ordre les choses avec Pimentel, afin que tout se passe comme il avait été convenu.

Les Espagnols ne pouvaient mettre aussi bien en valeur leurs gens, par manque de terrain, car l'île de la conférence se trouve, de ce côté-là, au pied d'une petite colline, avec peu d'espace en plaine[212]. Leur cavalerie s'est postée en deux esquadrons, faisant face à la garde à cheval du cardinal, et il y avait aussi une compagnie de cent mousquetaires, certes sans casaques de livrée ni /fol. 50/ atours, mais avec leurs vêtements ordinaires, et disposés en désordre à la tête du pont.

À l'entrée de l'autre, du côté français, étaient postés deux mousquetaires de la garde de S. É., et à l'accès dans l'île, il y avait un officier et deux chevau-légers qui ne laissaient passer personne que ceux dont les noms étaient inscrits. Un autre garde était à la porte de l'appartement français, ainsi qu'une sentinelle sous la fenêtre de la salle où se tenait la conférence, et il y en avait encore une autre, espagnole, à quelque distance au-devant de la grille qui ferme la pointe de l'île du côté de l'eau, afin que nul n'y puisse accéder ni s'y arrêter, les sentinelles elles-mêmes étant placées de manière à ne pas pouvoir entendre les propos des deux ministres.

On a également fait une palissade pour séparer par le milieu les appartements l'un de l'autre, et ceci pour que les gens des deux partis n'aient pas à communiquer entre eux, quand se tiennent les conférences, et aussi pour éviter que les ministres ne se rencontrent ou ne se voient, au cas où par hasard ils arriveraient en même temps, le tout afin d'empêcher tout acte /fol. 50v/ qui conduirait à s'attribuer une prétendue prééminence, même involontairement.

Une fois le cardinal entré dans l'île, quelques bateaux couverts d'écarlate et autres barques portant étendards et banderoles d'Espagne firent leur apparition, sur lesquels se trouvaient diverses personnes de cette nation ; et, quand ceux-ci furent descendus de leur côté de l'île, on vit arriver D. Luis dans une litière, précédé par ses gardes à cheval, au nombre de deux cents, avec cornette et casaques à sa livrée garnies de passements de soie, chaque soldat de cette compagnie portant en outre une écharpe rouge.

Le capitaine portait une casaque de velours vert brodé d'or, et huit trompettes en avaient de semblables. Les gens ne sont pas très beaux, mais les chevaux si, au plus haut point. Après la litière, venait le carrosse de S. Exc. avec son attelage de mules, et ensuite encore six autres litières pour les grands d'Espagne, et quatorze autres carrosses, également à six mules chacun, fermaient la marche. Dix-huit pages et vingt-quatre estafiers entouraient la litière de D. Luis, tous habillés de sa livrée ordinaire, qu'il n'a même pas renouvelée pour cette occasion, si bien qu'il n'y a eu aucune comparaison possible entre la noble arrivée /fol. 51/ des Français et celle des Espagnols.

Quand D. Luis fut entré dans son appartement, Lionne et Pimentel sortirent de la chambre de la conférence pour avertir leurs maîtres, afin que l'un et l'autre y arrivent en un même temps, ainsi qu'il se produisit ; ils coururent s'embrasser l'un l'autre et, une fois restés seuls, ils y demeurèrent pendant quatre heures un quart.

Ils ont chacun un siège à bras et une petite table, avec du papier et une plume, et ces choses ne se trouvent pas entre eux, mais à leur droite, de telle manière que, en se retournant seulement, ils peuvent écrire, poser et prendre ce qu'ils veulent. Le sol de ladite pièce est de bois, de même que le reste du bâtiment, et il est marqué par une ligne qui en fait la division, si bien qu'elle passe entre les sièges des plénipotentiaires. Le parement du côté français est de tissu incarnat, et du côté espagnol, de satin de la même couleur, car il n'a finalement pas été jugé bon d'y mettre les portières superbement brodées de D. Luis, parce qu'elles paraissaient trop basses, aussi s'en sont-ils servi dans les autres chambres, comme a fait le cardinal avec ses tapisseries à fond d'or.

/fol. 51v/ À la fin de la conférence, les grands de l'une et de l'autre nation furent appelés, et, comme on y introduisit ensuite les deux cours, on n'y a pas pu demeurer longtemps, parce que la multitude des personnes avait causé une chaleur excessive.

De ce côté-ci, on avait donné un ordre rigoureux pour que nul ne passât du côté des Espagnols, mais comme le pont des Français fut accosté par deux barques pleines de gentilshommes de la suite de D. Luis, ces derniers furent invités à descendre avec une telle amabilité qu'ils ne surent refuser ; aussi, après l'ouverture de ce passage, tous les Espagnols traversèrent-ils semblablement, du premier jusqu'au dernier ; et comme, sur leur exemple, les Français ont fait de même de l'autre côté, tous ont rivalisé de courtoisie les uns à l'égard des autres, et on a donné à boire dans les logis de France et d'Espagne, sans que nul n'ait manqué d'être invité, et c'est à peine si la nuit a pu les séparer.

Dans la conférence de ce jour, après l'échange des pleins pouvoirs, on aurait, dit-on, parlé en général du traité conclu à Paris et ratifié à Madrid comme d'une chose /fol. 52/ établie ; mais D. Luis aurait dit au cardinal qu'il ne croyait pas que ce dernier puisse penser qu'il était venu jusqu'ici seulement pour confirmer ce que Pimentel avait déjà fait, et qu'il espérait donc que S. É. voudrait bien coopérer et lui permettre de s'en retourner vers son roi avec réputation. Ce qui ensuite s'est su de manière certaine, c'est que le s^{r} de Lionne et le sieur Coloma, secrétaire d'État du Roi Catholique[213], devront se rendre alternativement, l'un à Fontarabie, l'autre à Hendaye, afin de mettre au net un nouveau traité, car le cardinal a finalement condescendu, pour complaire à D. Luis, à renoncer en apparence au premier, pourvu qu'en substance on n'altère rien à ce qui fut négocié à Madrid par ledit Lionne, ce qui vaudra à ce dernier une gloire correspondant à son mérite, car c'est son travail qui doit servir de base et de fondement à tout. Et comme D. Luis a accepté que Coloma soit le premier à passer en France, le cardinal a donc ordonné à Lionne de se rendre immédiatement à Hendaye, puisque c'est demain matin que le secrétaire espagnol doit arriver pour commencer la rédaction avec la plus grande clarté et la plus grande diligence possible.

Le jeudi [14 août] s'est passé sans nouvelles.

/fol. 52v/ Vendredi 15 août. Le résident du roi d'Angleterre établi auprès de la personne de D. Luis est arrivé ici et, à l'insu de tous, il s'est présenté dans l'antichambre du cardinal et a sollicité de lui une audience. Non seulement S. É. la lui a refusée, mais elle lui a aussi fait savoir qu'il devait s'en aller sans délai, en s'étonnant qu'il soit venu alors que son roi a porté les armes contre cette couronne en Flandre, car cette seule raison, quand bien même il n'y en aurait aucune autre, suffirait à ce qu'il ne fût pas reçu sans négociation préalable[214].

Le principal motif qu'a eu Mazarin de faire cela, a été l'égard qu'il doit aux Anglais, parce qu'il a promis de ne prendre aucun engagement sans en avoir fait part à milord Lockhart, et que celui-ci, se trouvant à Bayonne, aurait pu prendre grand ombrage si le cardinal avait reçu le susdit résident à son insu ; or le cardinal veut procéder avec eux en toute franchise, afin que les Espagnols ne puissent pas susciter quelque défiance. D'ores et déjà, il ne semble pas au cardinal que D. Luis se comporte avec lui avec la même sincérité, ayant /fol. 53/ été extrêmement contrarié que celui-ci ait amené avec lui, sur l'île même de la conférence, Lénet, le ministre du prince, l'abbé son frère et deux autres Français, dont vraiment on n'aurait pas pensé qu'ils se seraient montrés audit endroit. S. É. pourrait y amener le résident du Portugal, qui est ici, et convoquer également D. Joseph Margherit, Catalan[215], et le duc de Castelnuovo, de la maison de Carafa[216], mais comme il ne veut s'écarter du cœur de la négociation, il s'est contenté de lui faire transmettre quelques plaintes légères, s'étonnant que lesdits quatre Français soient assez effrontés pour paraître en public vêtus à l'espagnole.

D. Luis voudrait que le cardinal acceptât que le Roi Catholique pût au moins donner au prince de Condé une compensation annuelle en argent, mais S. É. s'y montre absolument opposée, car il lui semble que ce serait par trop inconvenant qu'un prince du sang puisse être pensionné par le roi d'Espagne.

Ce fut bien scandaleux de voir les Français de la suite du cardinal courir en foule pour embrasser et saluer les ministres et partisans de Condé, et cette action a déplu à S. É. /fol. 53v/, qui a dit sur ce sujet à ces mêmes personnes que du temps de Richelieu, on n'aurait pas osé se comporter ainsi.

Samedi 16 août. On est retourné à la deuxième conférence, qui commença à midi et se termina à cinq heures. Le cardinal y arriva une demi-heure avant D. Luis, et ce dernier est parti de l'île peu après S. É.

Les relations entre les deux nations furent libres, car on avait percé deux portes dans la palissade qui les empêchait. Il est certes vrai que deux gardes du cardinal furent postés à l'entrée du logis d'Espagne, et deux semblablement de D. Luis à celle de France, afin d'empêcher l'accès aux estafiers et autres personnes viles de l'une et de l'autre part. On ne respecte plus que fort peu le nombre des soixante, puisque tous y entrent, hormis les ministres des princes étrangers.

Avant que ne commence le congrès, S. É. a présenté à D. Luis les prélats qui sont avec lui et qui n'avaient pas voulu être présents avec les ducs et les maréchaux la première fois ; il s'agit des archevêques de Toulouse[217] et de Lyon[218], et des évêques de Poitiers[219], de Bayonne[220], de Fréjus[221] /fol. 54/ et de Sées[222]. Dans l'appartement du cardinal, on a trouvé une très abondante collation de fruits et de confitures, destinée aux grands et à la noblesse d'Espagne, lesquels sont demeurés presque tout le temps dans le logis de France, comme ont fait les Français dans celui d'Espagne, où l'on dégusta des liqueurs de vins très précieuses, des eaux, sorbets et chocolats, mais, parce qu'on n'avait rien préparé d'autre, il n'y eut que quatre bassins de confitures.

C'est, de toute manière, la courtoisie et la générosité des Espagnols qui prédominent, car il n'y a pas un Français qui puisse aller à Fontarabie sans être aussitôt accueilli, logé, régalé et conduit auprès de D. Luis, si tel est son désir ; et ce n'est pas seulement la noblesse qui est ainsi traitée, mais jusqu'aux laquais, et ces derniers s'y sont tant accoutumés que le cardinal a dû faire savoir qu'il ne voulait plus qu'aucun d'eux y allât.

Lors de cette deuxième rencontre, les ministres du prince se sont montrés dans l'île et dans le logis d'Espagne vêtus à la française, et les gens de cette nation-ci se sont abstenus de les approcher.

Il court le bruit qu'au cours de cette deuxième conférence, D. Luis se serait tourné vers le cardinal et, le prenant par la main, lui aurait demandé s'il était possible qu'il ne /fol. 54v/ voulût pas obtenir la grâce pour un seigneur aussi brave et généreux que le prince de Condé, et lui aurait dit que, si ce dernier avait pris les armes et rejoint les Espagnols, c'était seulement pour sa propre sûreté et dans une situation d'extrême nécessité ; qu'il sait par les Français eux-mêmes que de tout temps, les Rois Très Chrétiens ont eu coutume d'accorder le pardon aux contumaces de leur couronne ; aussi le Roi Catholique pouvait-il d'autant moins manquer d'intercéder en faveur du prince, à qui il professe tant d'obligation. Il priait donc le cardinal de se vaincre lui-même, pour obtenir le pardon de S. M^té^ Très Chrétienne, se portant lui-même caution que S. A. ne reconnaîtra nul autre que S. É. pour responsable de son rétablissement.

On affirme que la réponse du cardinal fut de la teneur suivante :

« Sieur D. Luis, ces obligations que V. Exc. confesse que son roi doit au prince, ce sont celles-là mêmes qui ont prolongé la guerre de trois années, car c'est à cause de ce même article que la paix n'a pas été conclue auparavant, à Madrid ; et depuis lors, il n'est rien arrivé qui puisse réduire la France à une telle extrémité qu'elle dût laisser pour exemple /fol. 55/ à tous les princes du sang que l'on puisse s'allier aux ennemis de la couronne et prendre les armes, pour obtenir finalement des récompenses et des avantages ». [Il a encore dit] qu'il ne se trouve pas dans ces montagnes pour négocier la paix, puisque celle-ci est déjà établie, signée et ratifiée, mais certes pour la rendre durable et éternelle, par le mariage du roi et de l'infante, et par une telle concertation de gouvernement et de bonne entente que non seulement les deux nations, mais toute la Chrétienté même en retirent réparation et bénéfice ; qu'il lui donne sa parole qu'il voudra bien obtenir satisfaction pour le prince, ainsi que le désire S. Exc., mais à la condition que celui-ci lui fasse connaître un seul exemple d'un prince de France qui, après avoir porté les armes contre son roi, a obtenu le pardon, avec restitution de ses honneurs, charges, gouvernements et places ; qu'il y en a certes qui ont pris les armes pour un parlement, pour une cause commune des princes du sang ou pour une raison de religion, mais aucun de la manière et dans les formes pratiquées par le prince de Condé ; que jamais la France n'a exigé, ni même évoqué le rétablissement des rebelles de Flandre, quoiqu'il se fût agi de princes et de seigneurs de grande qualité, et ce pour ne pas exiger une chose /fol. 55v/ illégitime, qui répugne à la nature, à la loi et à la convenance[223] ; qu'il s'engageait néanmoins à ce que le roi son seigneur non seulement pardonne au prince, en le rétablissant dans tous les gouvernements et honneurs qu'il possédait auparavant, mais encore de faire restituer au roi d'Espagne toutes les places conquises pendant ces dernières guerres, si S. Exc. voulait bien consentir à ce que la maison de Bragance possédât en paix le royaume du Portugal. Poursuivant son raisonnement, il se plaignit de Caracena[224], gouverneur des Pays-Bas, parce qu'après la suspension d'armes[225] et la conclusion du traité[226], il a tenu à Bruxelles une conférence avec le cardinal de Retz[227] et le prince de Condé, afin de susciter de nouvelles séditions dans les peuples de France, ayant en outre fait offrir au comte d'Harcourt deux cent mille écus au cas où il voudrait bien prendre position et se mettre à la tête de tous les malcontents du royaume.

D. Luis a répondu, en s'aigrissant, que Pimentel avait trop facilement adhéré à tout ce que S. É. avait voulu, ajoutant qu'il ne se serait pas déplacé pour confirmer un traité si préjudiciable à la réputation de l'Espagne ; aussi laissait-il le cardinal juger lui-même s'il /fol. 56/ pouvait rentrer à Madrid en ayant seulement ratifié ce qui avait déjà été fait par Pimentel. L'on dit que le cardinal aurait pris la défense dudit Pimentel, faisant valoir l'obligation que lui devait l'Espagne, tandis que sa force de persuasion a su arrêter les armes du roi, au moment où elles étaient sur le point d'occuper toute la Flandre[228] ; que lui non plus n'aurait pas quitté Paris pour aller détruire un traité établi et signé, et qu'il s'en remettait au jugement de S. Exc. pour savoir si la France pourrait lui pardonner de n'avoir pas su maintenir ce que le s^{r} de Lionne avait obtenu à Madrid[229] ; que l'on n'avait rien décidé à Paris de plus que l'abandon du prince, sans quoi la France n'aurait pas accepté la suspension d'armes, et qu'elle serait prête à les reprendre si l'Espagne venait à manquer sur cet article ; que S. Exc. ne s'acquiérerait pas un petit mérite aux yeux de Dieu en offrant la paix au Christianisme pour le prix d'un seul homme, alors qu'il devrait lui suffire comme au monde entier d'avoir su convaincre la France de renoncer à un royaume entier pour le prince de Condé ; que S. Exc. se résolvît, si elle avait encore des arguments contraires, /fol. 56v/ à laisser le Portugal dans son état actuel ; que cette satisfaction mutuelle les aurait mis d'accord et aurait permis au prince de retrouver, grâce au roi d'Espagne, tout ce qu'il possédait auparavant en France.

Le cardinal parle toujours en espagnol, parce que D. Luis ne comprend pas le français et peu l'italien, et que ces trois langues sont également familières à S. É. Aussi dit-on que D. Luis, pour sortir de la discussion sur les intérêts du prince, peut-être parce qu'il ne savait pas que répondre aux forts arguments du cardinal, en serait passé à le louer de savoir si bien s'exprimer dans un idiome que lui-même confesse ne pas parler aussi aisément et spontanément, quoique ce soit le sien propre[230].

Dimanche 17 août. Le s^{r} de Lionne s'en est allé à Hendaye au point du jour, pour passer de là à Fontarabie afin de poursuivre la rédaction du traité.

Le lundi [18 août] s'est passé sans nouveauté.

Mardi 19 août, on alla à l'île de la manière accoutumée et pour la troisième fois. D. Luis vint une heure plus tôt, pour /fol. 57/ voir l'appartement du cardinal, où l'on a tendu des tapisseries beaucoup plus riches que les premières[231], sauf dans la chambre de la conférence, où aucune chose ne peut être modifiée. Il n'y a aucune préséance dans le fait d'arriver en premier ou en second dans l'île, car on est seulement demeuré d'accord de partir à la même heure, sans qu'aucun autre temps soit compté.

La conférence de ce jour a duré cinq heures et demie. Il y a eu chez les Français la belle collation accoutumée, et partout la même urbanité et la même courtoisie que les fois précédentes. On y a également vu les ministres des princes étrangers, car ils ont finalement eu permission d'y aller.

On a parlé des intérêts du duc de Parme, au sujet de la levée de la saisie de Castro, et il semble que les plénipotentiaires soient très enclins à la favoriser[232].

Le s^r de Lionne y a accompagné S. É., afin de recevoir ses ordres et de partir demain matin pour Hendaye, où l'on rédige les articles en français et en espagnol, au fur et à mesure qu'on les négocie.

Mercredi 20 août. Il y a eu une magnifique réception à Hendaye, le maréchal de Gramont y ayant /fol. 57v/ régalé très somptueusement tous les grands et autres éminents seigneurs de la suite de D. Luis, et l'on y a bu plutôt selon la mode d'Allemagne que de France et d'Espagne.

Jeudi 21 août et vendredi 22. S'est tenue aujourd'hui la quatrième conférence, qui fut plus courte d'une heure que les précédentes. D. Luis est venu en avance, pour profiter de la commodité de la marée, qui lui est plus aisée que la voie de terre.

On a vu le cardinal très troublé à son retour, et, à partir de quelques mots qu'ont laissé échapper les ministres de la suite de D. Luis, on comprend que le congrès de ce jour a été très périlleux, car les Espagnols ne veulent absolument pas consentir à l'abandon du prince s'ils ne peuvent lui donner des compensations, et doivent en plus le forcer à rendre à la France Hesdin, Rocroy et les autres places occupées par S. A.

Certains sont d'avis qu'on aurait également parlé aujourd'hui du mariage du roi avec l'infante, et que le cardinal aurait beaucoup discuté des droits de la princesse, à propos de l'article sur la renonciation /fol. 58/ que les Espagnols ont la prétention qu'elle fasse avant qu'ils ne la confient au roi ; toute la question se réduit en fait à la Flandre, dont S. É. voudrait qu'en cas de vacance de la succession, elle fût réservée pour compensation de tous les droits de l'infante et de la reine mère de France.

Les questions du prince et du mariage royal sont les deux articles qui tiennent en suspens cette négociation, et, sachant les difficultés que l'on y rencontre, les deux plénipotentiaires ne laissent pas d'avancer dans les matières plus aisées, avec l'intention de s'en aller de ces montagnes, et l'espérance pour chacun de surmonter par les artifices de la négociation l'âpreté de son homologue.

Samedi 23 août. Les Espagnols voulaient déplacer la cinquième conférence à lundi, mais le cardinal a désiré qu'elle se fasse demain, car il vit dans l'impatience de reprendre le combat avec D. Luis pour mettre au clair ce à quoi l'on pouvait s'attendre ; S. Exc. y a consenti aussitôt, selon ce qu'en écrit le s^r^ de Lionne, qui se trouve comme d'habitude à Fontarabie. Pour chaque article, on fait quatre copies, deux pour les rois, auxquels /fol. 58v/ on les envoie aussitôt, et les autres pour les plénipotentiaires ; mais le cardinal s'en dispense, car son autorité n'est pas aussi limitée que celle de D. Luis[233].

Dimanche 24. On a tenu la cinquième conférence et D. Luis y est arrivé le premier, afin de ne pas laisser passer l'occasion de la marée. Ce qui s'est su de manière certaine, c'est qu'ils ont parlé de l'échange et de la restitution de certaines places, comme La Bassée[234] et Bergues[235], pour lesquelles les Espagnols doivent en donner une seule qui vaille les deux.

Le cardinal a proposé à D. Luis de rendre non seulement les deux susdites places, mais également Gravelines[236], à condition qu'il veuille bien lui donner Roses[327] ; pour l'heure, il ne paraît pas que les Espagnols y soient en rien enclins, peut-être pour la même raison qui induit le cardinal à désirer cet échange, car la place de Roses est jugée de très grande importance, car non seulement elle dispose d'un vaste territoire qui sert d'accès pour entrer en Catalogne, mais elle est très utile et commode pour la navigation, tout à l'inverse de Gravelines qui n'a ni port, ni territoire et qui est, pour ainsi dire, /fol. 59/ inutile à la France, si celle-ci a Calais[238].

Est arrivé ici le secrétaire du cabinet du roi[239], envoyé par S. M^té^ au cardinal afin qu'il lui rapporte des nouvelles de la santé de S. É. et qu'il fasse savoir à ce dernier que lui-même se trouve à Bordeaux avec sept mille soldats, logés dans la ville, au plus grand déplaisir et incommodité de ses habitants, lesquels se sont grandement émus lorsque le bruit a couru que le Château-Trompette devait être transformé en forteresse royale, et ils s'y opposeraient volontiers, s'ils avaient les moyens de le faire. Ce n'est pas à Bordeaux seulement que le roi aura des citadelles, parce qu'il a également été résolu d'en bâtir ailleurs, pour en pourvoir les lieux qui se sont rendus les plus suspects lors des dernières révoltes. Le château est situé en un lieu éminent sur la rive de la Garonne, si bien qu'il se trouvera dominer toute la ville. Certains présidents du parlement avaient proposé de faire valoir au roi que cela était contraire aux privilèges de la ville que d'y loger des gens de guerre, mais les autres en majorité n'ont pas eu l'audace de suivre cette opinion. L'on prétend en outre qu'aucun gouverneur de province ne doive désormais posséder de places fortes dans sa juridiction, pour les rendre de cette manière incapables /fol. 59v/ de désobéir au roi et de tyranniser les populations, comme la majorité d'entre eux l'ont fait jusqu'à maintenant.

Lundi 25 août. M. de Lionne se trouve toujours à Fontarabie, où il négocie également avec D. Luis lui-même trois ou quatre heures par jour, afin d'accélérer diverses choses qu'il n'est pas nécessaire de réserver aux conférences.

Mardi 26. Il court le bruit qu'étant donné les tergiversations de D. Luis, le cardinal ne voudrait plus se fier à lui et qu'il prétend ne restituer aucune place aux Espagnols avant que l'infante ne se trouve en France et que le prince ait rendu à S. M^té^ Très Chrétienne celles qu'il tient en son pouvoir. Ce soir, le s^r^ de Lionne est revenu de Fontarabie et l'on doit aller à l'île demain matin, parce que D. Luis, à ce que disent les Espagnols eux-mêmes, trouve ce ministre trop rigoureux dans la défense des intérêts de son roi, et que le cardinal se montre plus commode avec lui.

Mercredi 27. La conférence s'est tenue pour la sixième fois /fol. 60/ et elle a duré depuis onze heures et demie du matin jusqu'à cinq heures et demie du soir, suivant l'horloge de France.

D. Luis y est arrivé une heure avant S. É. pour avoir profité comme d'habitude de la commodité de l'eau. Les plénipotentiaires sont demeurés d'accord que ce roi-ci envoie un ambassadeur pour demander l'infante, et l'on estime que le choix pourrait se porter sur la personne du maréchal de Gramont, d'autres parlent du comte de Soissons[240].

Différents Espagnols, et en particulier D. Gaspar Bonifaz[241] et D. Cristovall, secrétaire des Langues[242], ont dit, en parlant des négociations en cours avec des Français, que le cardinal et le s^r^ de Lionne veulent les choses trop à leur gré ; que Pimentel a été téméraire de souscrire à certains articles, et entre autres à celui du prince de Condé ; qu'il n'est pas de raison d'abandonner S. A. et que, si S. M^té^ Catholique condescendait à donner l'infante au roi de France, il serait également raisonnable que l'on fasse quelque chose en faveur de cette princesse. On prétend que D. Luis lui-même a parlé au cardinal avec les mêmes idées, en protestant que si S. É. veut s'en tenir aux seuls termes du traité signé par Pimentel, son propre roi n'y voit aucun mal, mais que si le roi de France veut l'infante, il s'agit /fol. 60v/ d'une affaire à part, qui ne peut être conclue sans que l'on donne une satisfaction correspondante au prince de Condé.

Jeudi 28 août. Pimentel est arrivé ce matin, et il s'est entretenu plusieurs heures avec S. É.

Vendredi 29. Le maréchal de Gramont a été préféré au comte de Soissons pour l'ambassade d'Espagne, étant donné que ce dernier prétend au titre d'Altesse, suivant l'exemple du prince Thomas son père[243] qui l'a porté à la cour du Roi Catholique. Le maréchal se met en état de partir au premier avis qui lui en sera donné, et il fera le voyage par la poste, puisque le manque de temps ne lui permet pas de conduire cette ambassade avec l'apparat et la splendeur qui conviendraient à son grand cœur. Jusqu'à présent, on n'a pas la certitude que le roi d'Espagne se déplacera jusqu'à cette frontière, car sa santé n'est pas très bonne, et s'il en est ainsi et que le mariage aboutit, D. Luis remplira l'office d'épouser l'infante à Madrid, le duc de Medina de las Torres[244] la conduira jusqu'à la frontière et le roi de France viendra la recevoir à Bayonne.

Tandis que les plénipotentiaires discutent la question du mariage du roi avec l'infante, /fol. 61/ S. M^té^ a écrit au cardinal une lettre de six pages de sa propre main, où il déclare qu'il trouve bon que la paix se fasse suivant les termes conclus avec Pimentel, mais qu'en ce qui concerne ses noces, il n'aspire à se marier avec nulle autre que la dame Marie Mancini, nièce de S. É., désirant en cela tout d'abord satisfaire son propre désir, mais aussi témoigner au monde la gratitude qu'il a pour un ministre, à la prudence et à la valeur duquel il reconnaît dûment devoir la conservation et l'accroissement de sa couronne, non moins que la félicité publique de tout le Christianisme ; aussi le prie-t-il de ne pas se tourmenter davantage sur l'article de son mariage, d'autant que celui-ci ne doit pas dépendre de l'âpreté des Espagnols, mais de la bonté que met S. É. à complaire à S. M^té^.

Ayant deviné la teneur de cette lettre, la reine mère a expédié aussitôt un courrier au cardinal pour le prier de ne faire aucun fonds sur les transports juvéniles du roi son fils, mais de demeurer ferme sur sa première position, qui a pour objet la gloire du cardinal, par le refus de ces noces ; la satisfaction de cette reine, par l'obtention de la main de sa nièce ; et la sûreté de la paix, par l'acquisition de l'infante ; et elle saisit /fol. 61v/ l'occasion pour lui rappeler que, comme elle-même avait si souvent risqué son honneur et son autorité pour son avancement, S. É. se devait bien de témoigner au monde sa gratitude en cette occasion.

Il est difficile de savoir si le cardinal est enclin à renoncer à ces noces par désir de complaire à la reine et de contribuer à la gloire du roi et à la stabilité de la paix, ou bien si c'est pour la crainte qu'il aurait de creuser son propre précipice, en s'élevant si haut. Il a discuté de cette matière si importante avec certains de ses confidents, qui, pour autant que l'on a pu pénétrer, font valoir à S. É. les périls et les inconvénients qu'elle pourrait s'attirer en s'exposant d'une telle manière à l'envie et à la réprobation du monde entier[245].

Samedi 30 août. On a tenu la septième conférence, qui a été plus courte que les précédentes, ayant duré un peu plus de deux heures. Il est tombé une très grande pluie, ce qui servit de motif aux deux ministres pour décider qu'à l'avenir trente chevau-légers seulement suffiraient pour la garde de chacun d'eux lorsqu'ils /fol. 62/ vont à l'île, et ceci fait croire qu'il devra y avoir encore de nombreux entretiens.

On a appris qu'il avait été spécifié quelque chose dans le préambule du traité en référence aux bonnes intentions du pape et à ses prières, mais que D. Luis l'a fait ôter, en disant qu'il ne valait pas la peine de commencer par un mensonge.

Dimanche 31. Pimentel est venu ici et, après s'être entretenu plusieurs heures avec le cardinal, s'en est retourné à Fontarabie. On dispute toujours la question du prince, l'article de la renonciation de l'infante et les dépendances que devront avoir les places qui resteront à S. M^{té} Très Chrétienne. Sur ce dernier point, il n'y a pas eu d'éclaircissement suffisant dans le traité fait à Paris, si bien que les Espagnols prétendent maintenant diminuer à tel point les susdites dépendances que celles-ci se réduiraient presque à rien. S. É. entend emporter avec les places tout le pays qui y est attenant, et comme il y a beaucoup de désaccords entre eux sur ce sujet, il en résulte différentes contestations, qui induisent de nouvelles difficultés et empêchements pour les autres articles.

Au retour de la conférence de ce jour, le cardinal /fol. 62v/ a laissé entendre que, comme D. Luis ne cessait pas de l'importuner avec les intérêts du prince de Condé, il lui avait répondu que ce qu'il lui paraissait possible de faire, c'était d'exposer au monde avec quel zèle S. Exc. continuait à promouvoir les intérêts de S. A. à chacune de leurs conférences.

En attendant, pour démontrer la sollicitude du roi son seigneur à réaliser tout ce que LL. MM^{tés} Très Chrétiennes peuvent désirer,

D. Luis a non seulement consenti à ce que l'on déclare dans un article du traité général comment ils ont convenu du mariage du Roi Très Chrétien avec la sérénissime infante, mais de plus il a remis au cardinal la minute de la lettre que S. M^{té} Catholique entend écrire au pape pour demander à S. S^{té} la dispense nécessaire[246].

Ce nouvel engagement du Roi Catholique a grandement satisfait le peuple français, lui donnant à croire que la paix et le mariage du roi ne peuvent plus être remis en cause, d'autant plus que l'une et l'autre sont publiés à Madrid comme arrêtés et entendus ; ceci laisse le cardinal très songeur, comme D. Luis se montre toujours aussi inflexible à se laisser persuader sur le fond des choses qui restent à accorder, de telle sorte que, dans le cas où la /fol. 63/ négociation n'aurait pas cette bonne fin que le monde tient déjà pour certaine, les Espagnols pourraient prétendre en attribuer toute la faute à Mazarin.

Les discours que tiennent là-dessus les politiques sont cependant différents : étant donné que les Espagnols ont appris ce qu'exige la reine de France au sujet de l'inclination du roi [pour Marie Mancini] et du danger que court Mazarin s'il ne se range pas à l'avis de la reine, ils supposent que D. Luis, en lui remettant cette minute, a entendu engager le cardinal à ne plus faire marche arrière sans prendre de risque pour lui-même. Ils fondent cette opinion sur la clause restrictive apposée par les Espagnols, suivant laquelle la lettre dont ils ont donné la minute ne doit être envoyée à Rome qu'après que l'ambassadeur du Très Chrétien qui doit aller à Madrid aura rempli son office, ce dernier en outre ne devant pas partir tant que l'accord ne sera pas conclu ; aussi estiment-ils que, si D. Luis se montre aussi inflexible sur toutes les matières que facile sur celle du mariage, c'est qu'il espère aboutir à un traité bien différent de celui de Paris.

Quant à la très longue et très importante lettre que le cardinal a dernièrement /fol. 63v/ écrite au sujet du mariage[247], on a compris qu'il a répondu à S. M^{té} en exagérant en premier lieu les grandes obligations qu'il lui doit, l'état d'avancement de ces pourparlers, les avantages qu'apportera à S. M^{té} son mariage avec la sérénissime infante, et l'espérance qu'il a de pouvoir terminer sous peu ces négociations, pour le bien et la réputation de la couronne ; que sa nièce n'est pas digne de devenir l'épouse d'un roi, et que lui-même quittera le royaume si S. M^{té} n'abandonne pas cette idée, parce que ce serait mal servir que d'y consentir, la suppliant enfin de cacher et masquer son sentiment, de sorte qu'on ne l'apprenne pas à Madrid et que l'infante n'ait pas lieu de croire qu'elle doive devenir la compagne d'un époux qui aurait le cœur engagé ailleurs.

Le bruit a également couru que le cardinal, pour ôter de l'esprit du roi une telle idée, aurait ordonné à l'intendant de Brouage, un sien serviteur de confiance[248], d'être attentif à l'arrivée des messagers de S. M^{té}, pour qu'il se fasse remettre les lettres adressées à mademoiselle Mancini et que, feignant de les lui avoir portées, il les renvoie immédiatement comme de la part de celle-ci, et comme si elle n'avait pas /fol. 64/ voulu les recevoir, afin que le même porteur les rapporte encore scellées à S. M^{té}.

Lundi premier septembre. Les Anglais ne voulaient pas être les premiers à montrer le désir de vouloir la paix, mais, après diverses tractations, Lockhart s'est résolu à aller rendre visite à D. Luis à Fontarabie, ainsi qu'il s'est passé aujourd'hui, et il y a été traité par S. Exc. et par toute la cour avec grande courtoisie. On croit qu'il a fait la première ouverture en vue de l'accommodement de sa république avec l'Espagne, et qu'il doit poursuivre cette relation avec Pimentel, par l'intermédiaire du cardinal. Les Anglais ont peut-être compris la nécessité d'un ajustement, eu égard principalement à certains ferments de discorde civile qui commencent à se répandre dans leur royaume, et les Espagnols y prêtent volontiers attention, pour savoir s'ils ne pourraient pas récupérer Dunkerque à l'amiable.

Mardi 2. Avant de se rendre à la huitième conférence, le cardinal s'est entretenu plusieurs heures avec Lockhart, ce qui fait croire que l'on devait aujourd'hui traiter des affaires d'Angleterre /fol. 64v/. Ensuite, on a observé ce soir que D. Luis, au sortir de la conférence, a parlé à l'oreille du résident du roi britannique, et que ce dernier, s'étant incliné, lui a embrassé la jambe, et du fait du visage serein qu'ils arboraient tous deux, on a pu soutenir que les affaires de ce monarque en exil seraient sur le point de prendre bonne tournure.

Mercredi 3. Le baron de Vatteville, gouverneur de Saint-Sébastien et de la province frontière de l'Espagne, a offert un déjeuner à tous les prélats, ducs, maréchaux et autres personnes de qualité de cette cour-ci, suivant l'exemple du maréchal de Gramont qui a traité tous les grands d'Espagne à Hendaye, et, comme les Français se disent pleinement satisfaits, il faut faire grande louange à Vatteville, pour avoir su répondre en cela à leur goût si délicat et difficile.

Jeudi 4. On est allé à l'heure habituelle sur l'île du congrès, pour la neuvième fois.

Vendredi 5 septembre. La conférence d'hier a duré plus que les précédentes, bien que toutes se terminent à cinq heures ; le cardinal apporte une /fol. 65/ montre sonnante, qui sert de signal pour le moment auquel ils doivent se séparer et, suivant l'importance des négociations, ils restent ensemble plus ou moins longtemps, mais quand sonnent les cinq heures, on considère que le congrès est suspendu pour ce jour. D. Luis a jusqu'à présent expédié un courrier à Madrid chaque matin suivant la conférence, pour rendre compte à son roi de ce qui a été traité et arrêté, mais au contraire le cardinal n'écrit à la cour Très Chrétienne que deux fois par semaine, régulièrement, profitant des ordinaires qui partent d'ici pour Paris en passant par Bordeaux, que ce soit pour faire en cela la démonstration de son autorité despotique, ou, selon ce que d'autres disent, pour éviter cette dépense[249].

Le résident de Portugal a fait un manifeste très injurieux pour la France et ses ministres, accusant celle-là d'ingratitude et ceux-ci de tromperie, parce qu'ils ont poussé le Portugal à la rébellion au moyen de promesses et d'assurances qu'il ne serait jamais abandonné, comme le prouvent les lettres que l'on a conservées, toutes de la main du défunt roi et du cardinal de Richelieu, et il se récrie que maintenant l'on se serve de ces peuples pour en faire autant de victimes, en sacrifiant la parole donnée et la fidélité, pour obtenir /fol. 65v/ une paix au bénéfice de la France moyennant la ruine du Portugal. Ayant été informé à temps, le cardinal a mortifié le résident et fait en sorte que cet écrit soit supprimé, ainsi qu'il est arrivé, si bien que rares sont ceux à l'avoir vu et qu'il est impossible d'en trouver un exemplaire imprimé[250].

Le s^r^ Dumas, gentilhomme de S. É., devait aller au Portugal au lieu de Montdevergues, mais on ne sait pour quel motif cette mission a été suspendue[251]. C'est une aversion incroyable que la majeure partie des Français ont ici pour ce voyage, car il semble, comme ils disent, que l'on aille demander au roi du Portugal de quel mort il veut mourir.

S. É. soutient avec beaucoup de zèle les intérêts du duc de Neubourg[252] dans ce congrès, offrant de restituer aux Espagnols Thionville[253] ou Gravelines pour qu'ils rendent Juliers[254] à cette Altesse, ce à quoi jusqu'à présent ils ne se montrent point enclins.

Quand le s^r^ de Lionne fut en Espagne, D. Luis avait accepté que le Roussillon restât à la France, sans autre spécification, et comme maintenant on examine les limites du territoire qui dépend des places qui /fol. 66/ doivent rester à cette couronne, les Espagnols ont la prétention que la Cerdagne ne soit pas comprise dans le Roussillon et qu'elle soit à part ; on a débattu de cet article et produits différents écrits à son sujet, les Français affirmant que la Cerdagne est divisée en deux parties, l'une en-deçà et l'autre au-delà des montagnes ; le cardinal condescend à renoncer à la seconde, pourvu qu'on lui laisse la première, car il prétend que les montagnes doivent faire la séparation des deux royaumes.

Tout le monde s'est lassé d'aller aux conférences et la dernière fois, il n'y eut pas dix cavaliers français avec le cardinal, si bien que l'on a aussi suspendu les collations que l'on faisait depuis le début, quand le peuple, attiré par la nouveauté, abondait, tandis qu'il vient maintenant à manquer, ennuyé par les longueurs.

Il est arrivé un gentilhomme du roi d'Angleterre, envoyé à S. É. ; il apporte la nouvelle que dans ce royaume-là, il y aurait déjà vingt mille hommes qui se déclarent en faveur de S. M^{té} et que l'on apprendrait bientôt une révolte générale dans la majeure partie de ces provinces. Lockhart affirme le contraire, et l'on attend donc que les faits révèlent qui des deux a le plus dit vrai. En attendant, à la différence de /fol. 66v/ la fois précédente, le gentilhomme a été courtoisement reçu et écouté, S. É. ayant ordonné à l'évêque de Fréjus de négocier avec lui, mais en grand secret, et de pénétrer adroitement le fondement des espérances du roi britannique.

Samedi 6 septembre. Alors que l'on pensait que le congrès devait être proche de sa fin, les plénipotentiaires sont comme au début, et le cardinal ne montre plus tant de hâte à quitter cette frontière, ayant ordonné que l'on pose des verres aux fenêtres du logis de France sur l'île, comme s'il pensait devoir y aller pendant tout l'hiver. Même le s^{r} de Lionne avait suspendu ses voyages à Fontarabie, et cela faisait bien cinq ou six jours qu'il n'y était pas allé, mais, sur la nouvelle qu'a eue S. É. que l'empereur aurait déplacé ses troupes pour envahir la Poméranie, ledit Lionne s'est rendu chez D. Luis pour annoncer que, s'il n'y mettait pas bon ordre, la France serait obligée de l'y apporter elle-même[255].

On a également compris que le frein qui retient ces affaires est que D. Luis a déclaré au cardinal qu'il fallait qu'il se résolve à l'un ou l'autre des deux partis suivants : /fol. 67/ souscrire à la paix selon les termes arrêtés à Paris, en ne parlant plus du mariage ; ou bien céder, en contrepartie de ce dernier, le rétablissement du prince de Condé, à des conditions plus modérées. S. É., qui n'a pas voulu prendre d'elle-même une décision d'une si haute importance, a envoyé un courrier à la cour, en se remettant au bon vouloir de LL. MM^{tés} [256].

Dimanche 7, lundi 8 et mardi 9 septembre. Aujourd'hui s'est tenue la conférence dans laquelle, à ce que l'on dit, on a seulement traité des intérêts des alliés, étant donné que la réponse attendue de la cour de France n'est pas encore arrivée.

Mercredi [10 septembre]. Il n'y a pas eu de nouvelle considérable, et le s^r de Lionne, à son accoutumée, s'est rendu à Hendaye pour continuer la rédaction du traité.

Jeudi 11. Il y eut la onzième conférence.

Vendredi 12 et samedi 13. Lionne et Pimentel sont venus d'Hendaye et, après avoir travaillé avec le cardinal, ils sont repartis ensemble dans cette même direction. Chacun s'attache à tirer avantage de la /fol. 67v/ rédaction des articles, et ces ministres se mettent difficilement d'accord, bien qu'ils conviennent du contenu, car ils raffinent à un tel point sur la forme de leur rédaction, qu'il est arrivé qu'un seul de ceux-ci a nécessité de faire plus de cent minutes. Le cardinal ne se lasse pas de louer la valeur et l'habileté de son second, dont il reçoit tant de soulagement.

Le roi désirait que les nièces du cardinal allassent à Bordeaux, et dans cette idée la cour s'était beaucoup avancée en direction de Brouage, mais la reine et S. É. n'ont pas voulu y consentir[257]. Le roi a de nouveau écrit à mademoiselle Mancini pour apprendre d'elle la raison du refus de ses lettres, mais parce que l'intendant de Brouage a renvoyé ce second envoi, comme il avait fait avec le premier, il se trouve maintenant que S. M^té est restée très indignée contre ladite dame, car elle suppose que ce mépris vient d'elle, et, pour s'en venger, elle aurait résolu de restaurer en apparence ses anciens sentiments à l'égard de la comtesse de Soissons[258].

Dimanche 14 septembre. Est arrivée ici la réponse /fol. 68/ de ces MM^tés au cardinal, au sujet de la déclaration que D. Luis lui avait faite soit pour accepter la paix accordée avec Pimentel, soit, si l'on tient à l'infante, pour modérer l'article sur le prince de Condé.

LL. MM^tés font savoir qu'elles ne consentiront jamais à ce qu'un prince rebelle, qui a causé tant de préjudices à la couronne, soit rétabli en France grâce à l'intervention du Roi Catholique, et qu'en conséquence, si D. Luis avait cette prétention, il fallait que le cardinal renonçât à parler du mariage du roi, pour établir la paix suivant les modalités convenues à Paris. Comme la reine mère a expédié dans le même temps un de ses plus proches confidents au cardinal, certains pensent que cela aura été afin de le prier de ne pas abandonner pour autant le traité des noces royales, et de trouver quelque expédient pour mettre à l'abri la réputation du roi tout en cédant à une partie des désirs du ministre d'Espagne. Le même messager a apporté à S. É. la nouvelle de l'arrestation de trois gentilshommes normands qui venaient de Bruxelles, où /fol. 68v/ ils s'étaient rendus en tant que députés de la noblesse malcontente de cette province, afin de faire un traité avec le prince de Condé, avec la participation de Caracena et du cardinal de Retz. On a probablement trouvé sur ces trois Normands des écrits suffisamment clairs, permettant de comprendre que, quoique l'on traite de la paix dans ces montagnes-ci, ailleurs, les ministres espagnols mettent toute leur industrie à faire naître la guerre en France.

Lundi 15 septembre. Il y a eu la douzième conférence. Avant que le cardinal ne parte ce matin, le ministre d'Angleterre Lockhart lui a fait savoir comment le général Lambert[259] avait vaincu et dispersé le parti du roi Stuart à Chester[260], nouvelle qui a été accueillie par le cardinal avec une allégresse extraordinaire, étant arrivée de manière très opportune pour faciliter les négociations en cours. Celui-ci s'est donc rendu sur l'île plein de la joie d'un tel événement, dans l'idée de se plaindre à D. Luis de Caracena et avec le dessein de lui montrer au même moment la lettre par laquelle le roi /fol. 69/ déclare avoir plus à cœur que l'on renonce à parler de son mariage, plutôt que de devoir souffrir que le prince de Condé soit rétabli en France avec ses places, gouvernements et autres charges ci-devant possédées par S. A. On dit cependant que, S. É. ayant agi conformément à cela, le ministre espagnol l'aurait laissé faire la comédie qu'il avait préparée sans montrer aucune altération, et lui aurait ensuite répondu que, comme on publierait sous peu la paix, S. É. n'allait plus avoir de motif de se plaindre d'aucun ministre du roi son seigneur, puisque tous allaient coopérer aux bonnes relations entre les deux couronnes. Quant aux nouvelles d'Angleterre, il aurait fait montre de les croire, saisissant l'occasion pour laisser entendre à S. É. qu'il n'allait pas du bon service de la couronne de France que de permettre que la république anglaise s'établisse et se rende plus formidable qu'elle n'est à présent ; que c'est la coutume et la règle de toutes les républiques que d'envier les monarchies et qu'il est, par voie de conséquence, périlleux d'être si voisin de celles d'Angleterre et de Hollande ; que la cause des rois se devait d'être commune, et que non seulement la France, /fol. 69v/ mais tous les autres princes devaient travailler à venger le parricide commis sur la personne du Stuart[261], car cela conduit à mettre chacun en péril que de laisser une telle scélératesse impunie ; que, pour cette raison, les lois de Dieu et des hommes réclament, non moins que celles de la politique, que l'on n'abandonne pas le légitime successeur de ces royaumes. À de si vives raisons, le cardinal n'a rien répondu, si ce n'est que le temps porterait conseil et qu'entre-temps, on songerait à achever ce qui pressait davantage, et qui était le motif de leur rencontre, car on ne pouvait rendre de plus grand service au roi d'Angleterre que de repartir de ce congrès en ayant établi la paix.

À propos de la lettre du roi, l'on dit que D. Luis aurait prié le cardinal de lui donner à entendre sa teneur une seconde fois et, parce qu'il n'y est pas spécifié que S. M^té^ Très Chrétienne ne voudrait pas que le roi d'Espagne puisse donner une compensation au prince de Condé sur son bien propre, D. Luis a prétendu que ceci n'importait pas à S. M^té^ ; aussi, s'adressant à Mazarin, il lui aurait dit qu'il ne pouvait nier que c'était /fol. 70/ lui qui avait la prétention que le Roi Catholique ne puisse pas donner de compensation au prince sur ses propres États pour ce qu'il doit perdre en France ; aussi lui-même aurait-il toujours pu témoigner qu'il empêchait, par haine et pour ses intérêts particuliers, que le roi de France n'épouse l'infante.

On n'a rien su d'autre sur la conférence de ce jour, mais par la joie qui paraît sur les visages du cardinal et de Lionne, on devine suffisamment comme est grande celle qu'il ont dans le cœur.

Le maréchal de Villeroy, après avoir pris congé de S. É., en a fait de même avec D. Luis, car il doit partir demain matin pour Bordeaux, où se trouvent à présent LL. MM^tés^, à la suite desquelles sont également arrivés le nonce Piccolomini et Giustinian, ambassadeur de Venise[262].

Il est arrivé un courrier envoyé par le comte Guillaume de Fürstemberg[263] pour informer le cardinal qu'il était arrivé à Paris, avec l'exprès commandement de l'électeur de Cologne, son seigneur, de se rendre ici afin de lui exposer la situation des affaires d'Allemagne et la résolution des princes de la Ligue du Rhin[264] de s'opposer /fol. 70v/ aux perturbateurs de la paix de l'Empire, pourvu que le roi veuille bien les assister avec les troupes qui sont cantonnées sur la frontière d'Allemagne.

Mardi 16 septembre. Pimentel est venu négocier avec le cardinal et le s^r^ de Lionne l'a accompagné lorsqu'il s'en est retourné à Fontarabie.

Mercredi 17. Le cardinal avait raison d'être joyeux, ayant obtenu au profit du roi son seigneur la récompense que les Espagnols destinaient au prince de Condé, et il se vante maintenant d'avoir attiré D. Luis dans le piège qu'il lui avait tendu depuis le début.

S. É. raconte avoir prévu que les Espagnols ne seraient jamais apaisés tant que l'article concernant le prince de Condé n'aurait pas été réduit à un certain degré de modération, et que, même s'il arrivait que S. A. dût rester en France sans place ni gouvernement, il était impossible que le roi ne lui donne quelque emploi, tant pour se conformer à l'usage du pays /fol. 71/ que pour ne pas désespérer tout à fait un prince qui a tant de valeur et de crédit ; aussi a-t-il résolu en lui-même d'acquérir au profit de cette couronne les places considérables que les Espagnols proposaient de céder à Condé pour sa compensation, et qu'au contraire le roi donnerait au prince ce que, par royale bonté, il lui aurait de toute façon accordé ; qu'en attendant, pour favoriser les intérêts de S. M^{té} dans le reste de la négociation, il s'était montré très hostile à consentir que l'on changeât la moindre chose à l'article regardant S. A., parlant de tout le reste afin d'obtenir quelques avantages de D. Luis, sur l'espérance qu'il lui laissait qu'il n'aurait pas en contrepartie à se montrer aussi difficile pour le satisfaire sur les principales matières ; et d'ailleurs, comme il ne tenait pas pour honteux d'abandonner le Portugal, puisque la France n'avait aucune obligation de le soutenir, il entendait faire un grand plaisir au ministre d'Espagne en lui accordant tout ce qu'il réclamait sur cet article ; mais que, après l'avoir pressé de toute part, il lui avait fait voir, non sans mystère, /fol. 71v/ la lettre du roi susmentionnée. Et D. Luis, ayant sur celle-ci trouvé matière à conclure que S. M^{té} Très Chrétienne ne faisait pas mention que le Roi Catholique ne dût pas donner de compensation au prince, se rendit au point où lui-même l'attendait. Là, il employa toute son éloquence pour ôter à D. Luis l'idée que roi pût jamais condescendre que S. M^{té} Catholique donnât au prince des places ni des gouvernements, parce qu'avec ces avantages ce dernier aurait eu lieu d'être plus obligé et dépendant d'un prince étranger que de son seigneur naturel ; qu'il voulait de toute manière faire quelque geste en faveur de S. Exc., pourvu que l'on trouvât un moyen terme ou un expédient qui sauvât la réputation de la France. Ceci ne suffisait pas à convaincre l'Espagnol, qui songeait à tout autre chose qu'à laisser à un ennemi ce que, pour différentes raisons d'État, il prétendait donner à un ami ; aussi en arrivait-il à rétorquer que le roi de France pouvait bien pardonner à S. A. et le rétablir dans ses gouvernements. Le cardinal s'offrit finalement à faire en sorte que, si S. M^{té} Catholique donnait /fol. 72/ Aire et Saint-Omer à la France, en contrepartie le roi donnât à Condé un des meilleurs gouvernements du royaume.

D. Luis n'a pas rejeté la proposition, mais dit que la Flandre avait trop besoin de ces deux places ; que, du prince, l'on aurait pu espérer les récupérer et qu'il eût été facile de les maintenir, parce qu'il aurait eu besoin de demeurer bon ami de l'Espagne ; que si S. É. proposait ce marché sur un autre lieu, il y consentirait très volontiers.

Le cardinal se prévalut de l'opportunité, et défendit avec les intérêts de la France ceux du duc de Neubourg, ayant réussi, après divers détours, à obtenir l'acquisition d'Avesnes[265], de Mariembourg[266] et de Philippeville[267], et pour le duc, la restitution de la ville et forteresse de Juliers. Il paraissait cependant très honteux à D. Luis que pour un seul article l'Espagne se privât de tant de places, aussi convinrent-ils que Mariembourg et Philippeville apparaîtraient comme cédées à cette couronne en échange de Bergues et de La Bassée, lesquelles /fol. 72v/ pourtant devaient déjà être restituées aux Espagnols.

En contrepartie, l'on donne à Condé le gouvernement de Bourgogne, et au duc d'Enghien, son fils, la charge de grand maître de France[268], avec des brevets de sécurité audit prince pour qu'il la conserve en cas que ledit duc d'Enghien viendrait à mourir avant lui ; enfin, [il se voit] rétabli dans tous les biens et dignités qui sont tant les siens propres, que ceux de premier prince du sang, avec la permission tacite de recevoir, une fois seulement, l'argent que les Espagnols veulent bien lui donner, mais avec déclaration expresse que, s'il venait à manquer à l'avenir à tout ce qui lui est imposé, il perdrait le bénéfice de la grâce royale de S. M^té^ et de tout ce qui lui est accordé par le présent instrument de paix.

Comme il a été rapporté aux Espagnols que le cardinal se vantait d'avoir fait chèrement payer le retour du prince, au prix de trois places très importantes, Avesnes, Philippeville et Mariembourg, ceux-là disent qu'ils auraient également donné Cambrai[269], si cela avait été nécessaire pour laisser un exemple si glorieux et profitable à l'Espagne, pour la grandeur de laquelle une douzaine de places et de provinces, plus ou moins, importait peu ou pas du tout ; que c'était /fol. 73/ leur plus grand honneur que l'on puisse dire, et lire dans les ouvrages d'histoire que, pour soutenir un prince ami et allié de l'Espagne, qui n'avait d'autre importance que celle de sa propre valeur, on avait fait la guerre pendant tant d'années, et que l'on n'aurait jamais consenti à la paix, s'il n'avait pas été rétabli dans ses biens, dignités et charges, par l'autorité de S. M^té^ Catholique et par un traité public et solennel, tout en obligeant en même temps leur ennemi à abandonner le royaume de Portugal, si important.

Leurs propos vont plus loin encore, parce que selon eux cette paix se mesure depuis la noblesse jusqu'à la vilenie, disant qu'eux-mêmes ont agi en chevaliers, et Mazarin, en marchand, parce qu'il a plus visé l'utilité que l'honneur et la gloire. En effet, ils donnent de considérables récompenses en argent non seulement au prince et aux Français qui l'ont suivi, mais jusqu'aux laquais de S. A. même.

Le cardinal s'occupe maintenant de préparer les cadeaux qu'il veut faire aux seigneurs et grands d'Espagne, et en particulier à D. Luis, à qui il destine une cassette couverte de pierres précieuses, et pleine de toutes les galanteries qu'a su inventer l'industrie /fol. 73v/ française, dont on estime qu'elle monte en tout à la valeur de cinquante mille écus.

Jeudi 18 septembre. Le bruit court que milord Lockhart offrirait aux Espagnols la restitution de Dunkerque, pourvu qu'ils laissassent à l'Angleterre la Jamaïque[270], et que, comme D. Luis proposerait de leur donner un million en échange de cette place, ils persisteraient à vouloir l'équivalent en territoires, et non en argent. Le cardinal ne songe pas à prendre part à aucun pourparler concernant ces affaires, car il veut voir le résultat des troubles qui menacent à présent ces royaumes et les résolutions que prendront les Espagnols après la paix. Le roi d'Angleterre a cependant touché une corde très sensible, pour produire quelque discordance dans l'harmonie de ses maximes politiques, car il a demandé la main de mademoiselle Hortense, sa nièce, en déclarant qu'il voulait devoir sa couronne à S. É. et conserver, en gage d'une telle obligation, la personne d'une reine qui sera également la protectrice des catholiques de ces États[271].

Vendredi 19, on a tenu la 13e conférence, et samedi il n'y /fol. 74/ a pas eu de nouvelles.

Dimanche 21. Le cardinal ayant eu connaissance des propos des Espagnols qui se félicitent d'avoir fait un traité si glorieux pour l'Espagne, eu égard au Portugal et au prince de Condé, S. É. se montre satisfait qu'ils se nourrissent des apparences, et laissent la substance aux Français, car il prétend avoir fait plus de conquêtes avec sa plume que tant de valereux capitaines avec leur épée, et estime que les places qui doivent demeurer à cette couronne, et notamment les trois qui sont cédées en considération du prince, sont de très haute conséquence, et qu'elles seront aussi utiles à la France qu'elles seront préjudiciables aux provinces de la Flandre, si jamais les armées françaises devaient de nouveau les attaquer. La frontière de Champagne, qui a été par le passé le point le plus faible, par lequel les armées étrangères sont entrées en France, deviendra maintenant invincible, si bien que, depuis Gravelines jusqu'à Thionville, toutes les provinces de cette monarchie se trouveront couvertes et assurées par une double barrière de forteresses royales ; et le cardinal médite en outre de rendre le Barrois au duc de Lorraine, /fol. 74v/ en échange de Marsal[272] et de deux autres places contiguës, et ces dernières, se donnant la main avec celles de Metz, Verdun et Thionville, feront un front continu jusqu'à Brisach ; par cette voie, l'on pourra entrer en Allemagne sûrement et facilement, et la Lorraine demeurera privée de tous les secours qu'elle pourrait espérer de ce côté-là.

S. É. prétend en outre avoir fait un très grand coup pour la gloire qui rejaillira sur le roi auprès de toutes les nations étrangères, et en particulier dans l'Empire, en ce que S. M^{té}, alors qu'elle pouvait gagner une place de plus, et d'une importance non moindre que celle d'Avesnes, se soit satisfaite de préférer l'intérêt du duc de Neubourg au sien propre.

Il tient ensuite pour très légère et inconsistante la renonciation que les Espagnols entendent exiger de l'infante, comme celle-ci se trouve dans sa minorité, dans la demeure et sous l'autorité de son père, et il se persuade donc que si ce point devait venir à être disputé, il n'y aurait que la force qui puisse y être opposée[273] ; aussi compte-t-il mettre les affaires de la France en tel état que, si un tel cas se rencontrait, celle-ci ne puisse être vaincue ni abattue ; et de cela il conclut que l'acquisition de l'infante est plus importante que tout autre, puisqu'on ne peut /fol. 75/ nier que, au cas où les descendants mâles viendraient à manquer, celle-ci ne soit la véritable héritière des États de son père.

Lundi 22 septembre. On est allé au congrès et il n'y a pas eu de nouvelle, parce que, comme les matières les plus difficiles ont été surmontées et accordées, on ne parle désormais que des moyens que l'on a d'éteindre les différends entre les princes amis, D. Luis se proposant d'apaiser l'empereur et le cardinal, le roi de Suède, et ils supposent que ces deux exemples doivent suffire à ce que les autres princes en fassent de même.

Mardi 23. Ce matin, le marquis de Lionne, après avoir écrit pendant plusieurs heures avec le cardinal, est parti pour Fontarabie, car il y a quelque désaccord sur la rédaction de l'article du prince.

Mercredi 24. Le s^{r} de Lionne est revenu, et peu après Pimentel est arrivé, car les Espagnols ne manquent pas d'apporter des difficultés et des longueurs pour la moindre chose, et il est donc bon qu'il n'arrive pas de nouvelles d'Angleterre et autres régions /fol. 75v/, puisqu'ils prennent prétexte de tout pour faire valoir leurs espérances.

Aujourd'hui est ensuite venu un gentilhomme de D. Luis, accompagné d'un écuyer qui a conduit au nom de S. Exc. douze très beaux chevaux de selle et huit de carrosse à l'intention du cardinal. Et, comme il n'y avait pas dans ce bourg de lieu suffisamment spatieux pour les montrer à S. É., cette dernière s'est transportée sur la plage de la mer, où elle a admiré la qualité du présent, et en a même montré un plaisir extraordinaire.

Le cardinal se prépare à transmettre à D. Luis une nouvelle doléance contre Caracena, comme l'a déjà fait le s^{r} de Lionne hier. À l'évidence, c'est uniquement en raison de leur extrême nécessité que les Espagnols se résolvent à cette paix, malgré la vaine gloire à laquelle ils prétendent pour avoir obtenu satisfaction sur le point le plus scabreux ; et l'on voit bien qu'ils ne sont pas venus jusqu'à ces montagnes avec la même bonne intention qui a poussé le cardinal à quitter Paris et à consentir à la suspension d'armes, car on sait avec certitude que c'est à leur demande que l'empereur menace la Poméranie /fol. 76/ et que ce dernier ne pourrait maintenir ses armées sans les grandes sommes d'argent qu'ils ont fait parvenir à Vienne par la Hollande et Venise ; qu'ils ont également poussé le prince à entretenir ses réseaux en France et que maintenant, à l'heure où la paix est sur le point d'être publiée, ils sont entrés dans les États de l'électeur de Cologne, allié de cette couronne-ci, sans pouvoir avancer d'autre excuse à cela que l'ignorance de Caracena, qui ne serait pas au courant de ce que traitent les deux ministres[274].

En attendant, ils remplissent les États de ce prince de massacres et de vols ; il serait aisé à la France de faire de même dans ceux de Trèves[275], partisan des Autrichiens, d'autant que le maréchal de La Ferté[276] pourrait se rendre en quelques heures sous les murs de cette capitale, mais, comme les Espagnols n'aspirent peut-être qu'à susciter des nouveautés pour faire durer, le cardinal veut voir s'il est possible de vaincre leurs artifices par la patience ; il sait bien que c'est à cette fin qu'ils se sont portés contre cet électeur, croyant qu'aussitôt on enverrait des ordres pour sa défense, ou que le duc de Neubourg le ferait, lui qui dispose de six /fol. 76v/ mille Allemands parmi les plus choisis et les plus aguerris de l'Empire, et ce pour qu'ils aient prétexte de lui refuser la restitution de Juliers ; mais ce dernier, pour les mêmes raisons que Mazarin, n'a pas bougé. La dixième conférence doit se tenir demain matin, et le cardinal, pour autant qu'il a dit, veut prier D. Luis de faire envoyer des ordres à Caracena pour qu'il se retire en Flandre et qu'il coopère de son côté, afin que la paix et le mariage soient rapidement conclus, et que les délais ne fassent pas naître quelque désaccord.

Jeudi 25 septembre. Ce fut une grande et mémorable journée que celle d'aujourd'hui. Le cardinal, tout plein de rancœur et de colère, s'était rendu au congrès avec la résolution de protester hautement auprès de D. Luis que ses longueurs, désormais suspectes d'artifice, étaient la cause de tant d'inconvénients ; ce dernier, avec son flegme habituel, a répondu qu'il s'attacherait à faire expédier toutes choses, mais non selon la volonté de S. É. ; que si celle-ci se contentait de prétendre à rien que de juste et de raisonnable, alors elle aurait vu les Espagnols avancer avec la célérité française ; et il déclara /fol. 77/ finalement qu'il fallait retirer du traité la concession de la Cerdagne, puisque celle-ci ne pouvait être comprise dans le Roussillon, selon le jugement de tous les Conseils de S. M[té] Catholique. Après ce coup si inattendu, il s'en fallut de peu que le cardinal ne jetât à terre son chapeau et tout ce qu'il avait au-devant de lui et qu'il ne quittât la pièce pour n'y plus retourner, mais, D. Luis l'ayant prié d'écouter ses raisons, S. É. répondit qu'il ne voulait plus engager de discussion sur un tel sujet, finissant par déclarer que, si S. Exc. prétendait altérer ce qui avait déjà été rédigé du traité, et cet article en particulier, elle-même allait révéler au monde entier son bon droit et, une fois qu'elle se serait ainsi justifiée auprès de Dieu et des hommes, son souci allait être de rattraper le temps perdu. Enfin, après divers échanges, le cardinal a offert de rendre juge de sa cause qui D. Luis trouverait bon, mais celui-ci, avec un visage joyeux, ajouta qu'il ne fallait pas qu'il se mît en colère, parce qu'il ne voulait absolument pas que l'on reprît les armes pour ce point.

Cette dispute est née de ce que les plénipotentiaires ont convenu que le présent traité soit conforme à ce qu'a fait le s[r] de Lionne à Madrid en 1656 ; ce /fol. 77v/ dernier, ayant jugé combien compterait l'acquisition d'une province qui, quoique bien petite, serait une des plus belles du royaume, avec plus de huit cents villages situés dans un pays riche et agréable, où la plupart des Catalans attachés à la France ont leurs biens, réussit à faire en sorte que, seul et sous le toit des Espagnols, il avait obtenu ce que ceux-ci contestent aujourd'hui au cardinal ; aussi ce dernier a-t-il voulu, comme à son habitude dans les cas les plus difficiles, que ledit Lionne intervienne à la conférence de ce jour.

Les Espagnols s'étaient imaginé céder peu en acceptant que les Pyrénées fissent la séparation des deux royaumes, mais il se trouve que la plus grande partie de la Cerdagne se trouve au-delà des montagnes ; aussi, pour ne pas s'épuiser dans ce litige, [les plénipotentiaires] ont-ils résolu de députer des commissaires pour aller sur place et, en cas que ceux-ci ne se mettent pas d'accord, de choisir des arbitres, les deux parties s'engageant à s'en tenir à leur jugement[277].

Vendredi 26 septembre. Hier est arrivé en ce lieu le duc de Guise[278], venu de Paris sur la nouvelle /fol. 78/ que le duc de Lorraine serait en route pour ici.

Le cardinal a reçu aujourd'hui en audience les ministres de Savoie et de Mantoue, afin d'être au courant des arguments de l'un et de l'autre. L'idée courait de confier leurs différends à la Chambre impériale[279], mais comme les Savoyards ont fait beaucoup de bruit et qu'il a été représenté à S. É. qu'il ne serait pas à sa gloire que le sort d'un allié de la France soit laissé à la discrétion d'un empereur ennemi, il a finalement résolu de ne pas s'y tenir.

Samedi 27 et dimanche 28. Le maréchal duc de Gramont était parti pour Madrid par la poste, mais, comme le s^r^ de Lionne est revenu ce soir de Fontarabie avec de nouveaux motifs d'insatisfaction, on a aussitôt fait une expédition audit maréchal pour qu'il vienne trouver S. É., en laissant sa suite au lieu où le courrier l'aura rejoint.

Les comtes de Boinebourg[280] et de Fürstemberg sont arrivés en ce lieu, envoyés par les électeurs de Mayence[281] et de Cologne. Ces princes, que ce fût pour retarder l'élection de l'empereur ou qu'ils eussent /fol. 78v/ effectivement désiré la paix alors offerte par les Français, ont soutenu avec efficacité les démarches de ces derniers à la Diète de Francfort[282]. Mais comme il ne leur fut pas possible d'obtenir gain de cause, on dit qu'ils aspirent à prendre au moins part à la gloire du présent traité, en se voyant nommés dans le préambule de celui-ci. Cependant, il est vraisemblable que le cardinal n'aura pas lieu de les satisfaire sur ce point, puisque le pape en est exclu, d'où il procède que l'on ne fera pas la moindre mention de la république de Venise, laquelle pourtant avait, dès le début de la guerre, incessamment soutenu et fait avancer cette grande œuvre, par des ambassades extraordinaires et de bons offices réitérés.

Moi qui me suis trouvé à ladite Diète, où j'avais été envoyé par le Roi Très Chrétien pour me rendre ensuite à Munich, ainsi qu'il s'est passé, afin d'amener le duc à consentir à sa propre exaltation, je puis assurément affirmer que l'action de ces deux grands prélats, intéressés également à la liberté des suffrages électoraux et à la satisfaction de S. M^{té} Très Chrétienne, eût abouti à élever le duc de Bavière à l'Empire si celui-ci, plutôt que de se laisser tromper par les artifices /fol. 79/ du comte Kurtz, son premier ministre[283], acquis aux Autrichiens, avait embrassé les sentiments généreux et magnanimes de la princesse Adélaïde de Savoie, son épouse[284]. Il y a donc peu d'apparence que le cardinal puisse laisser passer aucune opportunité d'être utile à la gloire et à la sûreté de ces deux électeurs susdits, qui, pour obliger la France, se sont attiré la haine et les soupçons des cours de Madrid et de Vienne, et il est donc probable que les grandes brigues de ces ministres tendent à obtenir des garanties et l'indemnité de leurs maîtres.

Lundi 29 septembre. Le s^{r} de Lionne s'est de nouveau rendu à Fontarabie, et le cardinal a envoyé là-bas un de ses gentilshommes avec les présents qu'il a destinés à D. Luis et aux autres grands qui sont avec S. Exc. Le maréchal de Gramont est venu retrouver le cardinal conformément à l'ordre reçu de S. É., laquelle, après l'avoir informé des motifs qu'elle avait de suspendre son voyage, lui a imposé de retourner à Irun et d'y demeurer jusqu'à nouvel ordre.

Mardi 30. Dans la conférence qui a été tenue /fol. 79v/ ce jour, pour la seizième fois, les deux ministres ont âprement débattu, parce que l'Espagnol voulait que dans l'article du prince il y eût un éloge de S. A., le qualifiant de « grand et puissant prince de Condé, ange tutélaire et promoteur de cette paix », précisément comme fut appelé le connétable de Bourbon quand le roi François se trouva prisonnier de Charles Quint[285]. Le cardinal était résolu de tout rompre, plutôt que de consentir à cela, mais D. Luis s'est ensuite laissé persuader que ce serait au monde de déterminer si ces titres sont dus à Condé.

Les Espagnols le qualifient d'ange tutélaire et promoteur de la paix, parce qu'il fut le premier, à ce qu'ils disent, à signaler au roi, par de multiples courriers, l'état de péril dans lequel se trouvait la Flandre après la bataille des Dunes, déclarant à S. M^{té} que s'il ne recevait promptement des secours d'infanterie et d'argent, il voulait abandonner ces provinces, pour n'être pas le spectateur d'une perte aussi grande et inévitable ; qu'il était prêt à se sacrifier, pour peu que cela suffît à conserver à la Monarchie Catholique un État d'une si grande importance ; et qu'il conseillait cependant à S. M^{té}, s'il n'y avait pas d'autre parti possible, /fol. 80/ de prêter l'oreille aux ouvertures de paix préparées par Mazarin et par le comte de Fuensaldaña, sans avoir aucun égard pour ses intérêts particuliers[286]. Les Espagnols disent donc que c'est sur les motifs susdits que fut décidée la mission de Pimentel[287], avec des instructions et des pouvoirs très larges pour négocier et conclure, non seulement la paix et le mariage, mais encore, en cas d'extrême nécessité, l'abandon du prince, afin d'obtenir au moins la suspension des armes pour respirer et pourvoir aux besoins de la Flandre ; et il ne leur importait en fait pas moins de faire s'engager le cardinal dans le voyage des Pyrénées, en l'attirant pour ainsi dire dans une embuscade, pour le réduire à la nécessité de ne plus faire marche-arrière sans prendre un risque évident pour lui-même ; que le Conseil d'Espagne avait délibéré dès le début de ces négociations, pour le cas où D. Luis lui-même n'arriverait pas à remporter par la négociation la question du prince, de laisser la cour de France s'engager jusqu'à ce que, au moment où se ferait l'acte de demande de l'infante, celle-ci déclarerait ne pas vouloir épouser S. Mté Très Chrétienne, si le prince de Condé n'était pas pardonné /fol. 80v/ par égard pour elle ; et d'être enfin si exigeant dans la rédaction des articles que la paix elle-même ne pût avoir d'effet sans l'exécution du mariage, affirmant que le roi d'Espagne n'avait jamais été dans l'idée d'abandonner un prince qui était d'une telle valeur et auquel il devait tant ; D. Luis admet maintenant qu'il n'a pas fait un seul trait de plume à l'insu et sans l'accord de S. A. et que c'était là l'unique raison de la longueur de ces négociations, puisqu'il a voulu attendre les réponses du prince.

Le roi de Suède avait donc bien raison de dire à l'ambassadeur du Très Chrétien résident à Stockholm[288], qu'il fallait confesser que ce serait un très grand miracle si ces deux ministres réglaient les différends de leurs rois ; aussi ne convient-il pas d'être surpris si ailleurs, et particulièrement à Rome, on n'a pas voulu croire que cela pût arriver, car Dieu a voulu qu'il revienne à la fortune et à la valeur du cardinal Mazarin seulement, de rendre crédible aux yeux du monde entier ce qui jusqu'à présent avait été tenu pour hérésie.

Les comtes de Boinebourg et de Fürstemberg ont /fol. 81/ eu de très longs entretiens avec le cardinal, lequel a voulu qu'ils soient servis par ses officiers, et logés à proximité de sa maison, tant pour faire honneur aux princes qui les ont envoyés que pour avoir la possibilité de les voir à toute heure sans la moindre incommodité. Ils ont exposé à S. É. le désir qu'auraient les princes de la Ligue du Rhin que la France s'engage à les défendre par des accords nouveaux et plus solennels[289], et parce que la Diète qui se tient désormais à Francfort est l'épine la plus acérée à blesser les Autrichiens, ils voudraient donc que le roi s'entremette auprès des autres princes et républiques de l'Empire, afin qu'elle se maintienne[290]. Comme il se trouve que l'électeur de Cologne est assailli par Caracena, ils désireraient également qu'il plaise à S. M^{té} Très Chrétienne d'unir ses forces à celles des autres alliés, pour l'obliger à retourner en Flandre.

À propos de ces requêtes, on dit que le cardinal aurait répondu que lui-même partageait les sentiments de LL. ÉÉ. Électorales, et qu'il les avait même devancées auprès de D. Luis, avec qui il avait déjà convenu /fol. 81v/ par un article exprès que la France pourrait toujours, sans infraction à la paix, assister ses alliés par les armes, s'ils se voyaient attaqués, directement ou indirectement, par les Autrichiens, comme S. M^{té} Très Chrétienne le ferait d'ailleurs à présent, si d'ores et déjà D. Luis n'avait expédié des ordres réitérés à Caracena pour qu'il se retire incontinent de l'évêché de Liège ; que c'était son intention que la Ligue du Rhin se maintienne avec la France et que la Diète de Francfort ne soit ni dispersée, ni transférée ; mais que, quant aux conventions qui seraient à renouveler entre cette couronne et eux, il ne pouvait pas s'en occuper pour l'heure ; aussi les priait-il d'aller avec lui à Toulouse, étant persuadé que le roi aurait plaisir à les voir pour manifester sa royale bienveillance à l'égard des princes qui les envoyaient et l'estime particulière qu'il avait pour leurs personnes.

Le comte de Fürstemberg a parlé séparément au cardinal au sujet de la restitution de la place de Juliers au duc de Neubourg, à propos de quoi S. É. a pu lui exprimer la joie qu'elle ressentait d'avoir non seulement devancé la requête, mais encore /fol. 82/ d'avoir eu gain de cause.

Mercredi 1er octobre. On est allé pour la seizième fois sur l'île, et les plénipotentiaires ont enfin souscrit l'article relatif au prince et tous les autres qui concernent les intérêts particuliers de S. A. et ceux de ses familiers et dépendants, ayant convenu de clore cette question, étant donné les difficultés nouvelles que D. Luis met chaque jour en avant dans la discussion de cette matière. Le duc de Gramont pourra donc continuer son voyage pour Madrid.

Maintenant qu'est accordée l'affaire du prince, qui constituait le seul obstacle à la conclusion du mariage, le cardinal a fait les plus chaudes instances à D. Luis, pour que S. M^{té} Catholique, empêchée d'accompagner la sérénissime infante du fait de ses indispositions, veuille bien se dispenser d'un tel embarras, de telle sorte que, LL. MM^{tés} Très Chrétiennes se trouvant à Bordeaux, le mariage puisse être consommé sans délai et que dans le même temps l'on puisse publier et rendre effective la paix.

Jeudi 2. Le cardinal a aujourd'hui violemment souffert de la goutte, dont il a subi une attaque à la main, si bien /fol. 82v/ qu'il a dû garder le lit. D. Luis, ignorant que S. É. fût si gravement atteint, a envoyé un gentilhomme au s[r] de Lionne, pour savoir si l'on pourrait tenir demain la conférence accoutumée.

Vendredi 3. Pimentel est venu rendre visite au cardinal de la part de D. Luis, et comme S. É. avait deviné les sujets sur lesquels ledit D. Luis voulait s'entretenir avec lui, elle s'est résolu à lui envoyer le s[r] de Lionne pour en discuter, et ceci pour ne pas perdre un seul instant.

Samedi 4 octobre. Le s[r] de Lionne est revenu, et ensuite sont arrivés ici les agents du prince de Condé, qui ont aussitôt été introduits auprès du cardinal, avec qui ils sont demeurés pendant quatre heures entières. Les envoyés électoraux de Mayence et de Cologne sont aujourd'hui allés rendre visite à D. Luis et ils en sont revenus satisfaits, tant pour l'accueil courtois qu'il leur a fait que pour la confirmation qu'il leur a donnée qu'il avait écrit avec diligence et /fol. 83/ insistance au marquis de Caracena, afin qu'il retire ses armées de l'évêché de Liège ; mais, craignant qu'au prochain hiver celles-ci ne reviennent y prendre quartier, ils font néanmoins instance auprès du cardinal pour recevoir en tel cas une assistance de quatre mille chevaux, avec lesquels seulement, unis à leurs propres troupes, ils se font fort de pouvoir résister à toute tentative de leurs ennemis.

Dimanche 5. Il est passé par ici un gentilhomme de la suite de D. Luis, envoyé vers le prince de Condé avec la nouvelle de l'accord trouvé à son sujet et de toutes les particularités qui donnèrent lieu aux longues discussions que le cardinal a eues hier avec les ministres de S. A.

Pimentel est revenu négocier avec S. É., et le s[r] de Lionne s'en est allé à Fontarabie pour la même raison. Les représentants de Savoie et de Mantoue sont convoqués demain dans l'île, afin d'y exposer les prétentions de leurs princes.

Lundi 6 octobre. Bien qu'il souffre /fol. 83v/ de la goutte, le cardinal n'a pas laissé de se rendre aujourd'hui à la conférence, où ont été introduits les ministres de Savoie et de Mantoue ; et comme ceux-ci n'ont pas pu demeurer d'accord sur aucune chose, on a donc résolu de remettre la discussion sur les prétentions de l'un, et les objections de l'autre, à un congrès que l'on devra tenir en Italie, après la signature du traité général, à l'endroit qui sera accordé entre les ministres de S. M^{té} Très Chrétienne et le comte de Fuensaldaña, gouverneur de Milan ; et, au cas où cette nouvelle conférence n'aboutirait pas au bon résultat que l'on en espère, LL. MM^{tés} songeront, lorsque les deux plénipotentiaires se rencontreront de nouveau, aux expédients qui paraîtront les plus opportuns, en mettant en balance les arguments de l'une et de l'autre parties.

Ici, l'on tient absolument à ce que le traité de Cherasco de 1631[291] soit respecté, car son maintien est utile à la France, afin que l'acquisition de Pignerol soit maintenue ; aussi y a-t-il peu à espérer pour le duc de Mantoue[292], d'autant que les Espagnols se déclarent très /fol. 84/ insatisfaits de S. A.

Le roi d'Angleterre est arrivé à Bayonne et, comme il a envoyé demander au cardinal s'il pouvait s'entretenir secrètement avec lui, S. É. l'a fait prier de l'excuser, en affirmant que de cela résulterait un plus grand service pour S. M^{té}.

Le duc de Guise est désormais en ce lieu, ayant obtenu de D. Luis, par l'intermédiaire du cardinal, que le duc de Lorraine ait le droit de se rendre à Irun. Ledit duc de Lorraine a écrit à S. É., en l'appelant son libérateur et en lui affirmant vouloir vivre et mourir à ses côtés, et, pour manifester au monde entier cette vérité, lui demandant qu'elle trouvât bon qu'il se mariât avec mademoiselle Marie Mancini[293].

Mardi 7 octobre. Les envoyés de Savoie et de Mantoue sont à Hendaye avec le s^{r} de Lionne, afin de négocier avec les ministres espagnols et avec lui. On estime néanmoins qu'en ce qui concerne les intérêts de ces deux princes, l'on ne reviendra pas sur ce qui a été arrêté hier entre les deux plénipotentiaires.

Mercredi 8. Le roi d'Angleterre, avant le point /fol. 84v/ du jour, est passé secrètement d'ici vers Fontarabie[294].

Jeudi 9. Pimentel est venu négocier avec le cardinal un entretien que S. M^{té} Britannique voudrait avoir avec les deux plénipotentiaires dans le logis de l'île, ce à quoi il ne semble toutefois pas que celui-ci soit enclin, pour ne pas donner ombrage au gouvernement d'Angleterre, sur lequel les Portugais et le roi de Suède fondent leurs espérances. S. É. a envoyé aujourd'hui le chevalier de Jant à Fontarabie, pour qu'il présente en son nom à S. M^{té} une expression affectionnée de la volonté qu'elle a de la servir.

Le cardinal se trouve plus accablé qu'à l'ordinaire des douleurs habituelles de la goutte, et, afin qu'il ne reste rien à faire après l'arrivée du courrier que l'on attend du duc de Gramont, il a commandé au s[r] de Lionne d'aller négocier avec D. Luis les sujets qui restent pendants.

Vendredi 10 octobre. Monseigneur le surintendant Fouquet est venu trouver le cardinal, pour arrêter avec lui les sommes d'argent qu'il est nécessaire /fol. 85/ de fournir dans les circonstances actuelles, et il saisi cette occasion pour se justifier des accusations lancées contre lui par l'abbé son frère. Il paraît que S. É. lui aurait répondu que ce n'est pas seulement son frère qui l'accuse, mais la France entière, qui se récrie à le voir dépenser plus à lui seul que ne fait le roi pour l'entretien de toute sa maison ; que, tandis que les demeures de S. M[té] sont en ruine parce qu'il n'y a pas l'argent pour les réparer, il emploie plus de huit millions en un seul bâtiment ; que ce n'étaient pas des choses inventées par son frère, mais connues de tous, et qu'ainsi il donnait trop lieu à ses rivaux de l'accuser d'être un mauvais administrateur des recettes royales, sans qu'il apparaisse aucune raison de l'excuser, comme le voudrait le cardinal pour l'affection qu'il lui porte.

Les confidents de S. É. affirment que le surintendant aurait répondu par un long discours, exprimant une obligation et des arguments si vifs et sensibles que le cardinal lui-même s'en serait tenu pour content. Ils disent ainsi qu'il a exposé les biens qu'il possédait quand il est entré dans le maniement des finances ; /fol. 85v/ qu'il est passé ensuite à représenter sa situation présente, soutenant n'avoir pas deux cent mille écus d'avance, mais cependant suffisamment de crédit pour trouver sur sa simple parole dix millions pour le service du roi sous trois jours ; qu'ayant le maniement des finances, il n'avait acheté ni seigneuries, ni offices, il n'avait enrichi aucun des siens ; qu'il avait bien employé ses propres biens au bénéfice de ses amis et particulièrement de tous ceux qui pouvaient être habiles à servir le roi et S. É., comme l'ont démontré les faits, puisqu'en des temps si calamiteux, il a pu subvenir aux besoins du royaume, en puisant des sommes immenses dans les bourses de particuliers, du fait de la libéralité et de la franchise par lesquelles il avait gagné leur affection.

Le cardinal devait bien se souvenir en quel état se trouvaient les finances royales lorsqu'il lui confia leur maniement, n'y ayant alors nulle personne dans tout le royaume, même parmi les personnes les mieux informées, qui ne prévît l'impossibilité de poursuivre la guerre par manque /fol. 86/ d'argent, tandis que les caisses étaient vides et qu'on n'avait plus le crédit d'obtenir cent mille écus pour les urgences les plus strictes de la couronne, la Maison du roi ayant même été en telle occasion sur le point de devoir se faire prêter de l'argent à la journée pour le service de la table des personnes royales elles-mêmes ; que les Espagnols mêmes pourraient maintenant confesser pendant combien d'années ils ont poursuivi la guerre, malgré les offres démesurées que leur faisait le cardinal pour avoir la paix, sur le seul espoir d'apprendre du jour au lendemain la faillite générale du roi ; pour témoin, il en pourrait prendre le prince, qui, étant au courant de la réalité, les a toujours entretenus dans cet espoir, mais il ne fut pas seul dans cette opinion, parce que les ministres des princes étrangers résidant à Paris eux-mêmes, qui ne pouvaient être dominés par aucune passion particulière, écrivaient partout, de manière rassurante, qu'il était impossible que la France pût continuer la guerre, non pas pendant des années, mais même pour peu de mois encore.

Que lui-même n'avait pas recherché la surintendance des finances, que le cardinal la lui avait destinée et que pour cela il l'/fol. 86v/avait sollicité et prié, ce à quoi il s'était laissé persuader par le zèle qu'il avait toujours eu pour la gloire et le bénéfice de la couronne ; qu'il ne voulait pas lui rappeler les services qu'il avait rendus pendant la durée de son administration, parce qu'ils parlaient d'eux-mêmes et que la France, et même le monde entier, en voyaient manifestement les effets ; qu'il n'avait pas acheté la faveur des peuples et la confiance des partisans avec les deniers du roi, mais par ses actions, ayant toujours eu tellement à cœur de respecter la parole donnée qu'il avait maintes fois suppléé avec son bien propre, quand les assignations ne suffisaient pas à satisfaire les créditeurs.

Quant à la dépense de sa table, elle est la même qu'il a faite en tout temps, même avant d'être surintendant ; pour ce qui est des pensions exorbitantes qu'il est supposé payer à une infinité de personnes, il ne nie pas d'avoir subvenu aux besoins de ses amis, ni de le faire encore, mais prétend plutôt que le roi et le cardinal lui en fasse un mérite, puisqu'au prix de ses propres peines, il s'est /fol. 87/ acquis l'amitié de tant et tant de personnes, que le désespoir et la nécessité auraient réduits à perturber la tranquillité de la France.

Qu'il y avait eu non seulement l'argent pour la subsistance des armées, pour les dépenses des sièges, pour l'entretien de la cour, pour les voyages du roi, pour l'ambassade à Francfort et pour tant de pensions qui sont payées au-dedans et au-dehors du royaume, mais aussi le remboursement de ces millions que le cardinal affirme qu'on lui doit ; qu'il croit volontiers que ses rivaux puissent l'avoir accusé en détail de tant de pensions que l'on paie sur son ordre, parce qu'ils ne savent pas qu'il exécute en cela les ordres et les billets de S. É., laquelle ne pouvait ignorer comment il avait dû plusieurs fois prendre sa défense contre ceux qui accusaient S. É. d'empocher les sommes que le roi destinait à tant de personnes, tant en France qu'en Italie et en Allemagne ; qu'il avait toujours bien rendu compte à S. É. des recettes royales et qu'il était prêt à faire de même à l'avenir[295].

/fol. 87v/ Ensuite, quant aux abus des finances, chacun devait admettre qu'ils ont beaucoup diminué depuis qu'il en a eu la charge, et qu'il était impossible de les éradiquer en temps de guerre, quand, pour obtenir rapidement de l'argent, il faut s'accommoder de l'humeur de ceux qui le trouvent et qui, tout en s'enrichissant beaucoup, rendent de toute façon un grand service à la couronne, étant donné l'incertitude et l'inconsistance des assignations, au point que, si l'on fait bien le compte, on verra clairement que ceux qui ont perdu sont plus nombreux que ceux qui ont profité du roi.

Qu'il aurait à cœur, quand le royaume sera pacifié, de mettre en ordre les finances et de remédier aux inconvénients susdits, mais que S. É devra aussi prendre en considération qu'il sera peut-être, en tel cas, très mauvais d'irriter la cour par la diminution des gratifications, les étrangers par la réforme des pensions, les partisans par l'âpreté des rétorsions, et les peuples par le maintien des prélèvements ; qu'il lui paraissait au contraire plus à propos de s'appliquer sérieusement au soulagement des sujets du roi, avec une très grande douceur et /fol. 88/ par tous les moyens qui peuvent attirer à S. M[té] leur confiance, leur amour et leur fidélité.

Quant aux bâtiments de Saint-Mandé et de Vaux, qu'ils sont inférieurs à l'idée que l'on a de sa magnificence et à l'envie que lui portent ses adversaires, d'autant qu'il y emploie de nombreux pauvres, dont les peines servent à l'augmentation des recettes royales[a] ; toutes ses dépenses, du reste, sont très limitées et n'excèdent pas celles de ses prédécesseurs.

Du 10 jusqu'à ce jour, le 16, il n'est arrivé aucune nouvelle, parce que le cardinal a toujours gardé le lit et le s[r] de Lionne est allé plusieurs fois à Fontarabie pour mettre avec D. Luis la dernière main à différents articles qui n'étaient pas encore bien achevés et pour lesquels S. É. s'est rendue aujourd'hui sur l'île pour la dix-neuvième fois, en vue de les arrêter. Les plus importants sont les deux qui concernent les ducs de Modène et de Parme, car il a été finalement résolu que l'on insérerait dans le traité général la requête que les deux

[a] Mérite commentaire : argument avancé lors du procès, la somptuosité des bâtiments sert au crédit de Fouquet, et donc à assurer les recettes royales.

rois feraient au pape, afin que S. S. ordonne que l'on termine sans retard, par accord ou /fol. 88v/ par voie de justice, les différends que les susdits ducs ont avec la Chambre apostolique.

Ils ont en outre convenu d'envoyer des ambassadeurs dans l'Empire, ou d'y faire agir ceux qui y sont au nom de l'une et l'autre couronne, afin que d'un commun accord ils travaillent au règlement tant de tous les différends qui en peuvent troubler le repos, que de ceux qui, depuis quelques années, ont causé les guerres du Nord, et ils pensent faire de même avec les cantons des Ligues suisses et avec les Grisons.

Le cardinal aurait quelque intention d'acquérir du prince de Monaco[296] certains biens que sa maison possédait dans le royaume de Naples, et il désire pour cela que les Espagnols s'obligent par un article de ce traité à accorder à ce prince le droit de les aliéner à son profit, en le rétablissant en outre dans la possession pacifique de tout ce dont il jouissait dans les autres pays soumis à S. M[té] Catholique avant qu'il ne se fût déclaré du parti de la France.

On a de même établi que l'on n'attendrait pas l'échange des ratifications pour exécuter la restitution et la remise des places que les deux rois doivent rendre et /fol. 89/ se confier respectivement l'un à l'autre, afin que les troupes qui composent l'armée du Très Chrétien et les garnisons des places qu'il tient en Italie puissent repasser les monts avant que la saison soit trop avancée ; aussi des ordres seront-ils envoyés par courriers exprès au duc de Navailles[297] et au comte de Fuensaldaña, comme au marquis de Caracena en Flandre, pour que l'on commence à mettre en exécution le traité le trentième jour de ce mois, laissant cependant aux mains des Français Roses, le fort de La Trinité[298] et Cadaqués[299], qui ne seront restitués aux Espagnols qu'à l'arrivée de l'infante en France, et en contrepartie ces derniers garderont Avesnes et Juliers jusqu'à ce que le prince ait fait ses hommages à S. M[té] Très Chrétienne.

Mais comme les Français ne se satisfont pas de tout cela, par crainte que de nouvelles difficultés puissent naître sur la question de la Cerdagne, puisqu'il se pourrait bien que le rapport des commissaires et le jugement des arbitres soit long et périlleux, on a donc convenu que lesdites places de Roses, La Trinité et Cadaqués ne seront remises qu'après que l'on aura /fol. 89v/ décidé quelles sont les Pyrénées qui doivent faire la séparation d'entre les deux royaumes.

Samedi 18 octobre. Est arrivé ici D. Francesco da Costa, comte de Soure, ambassadeur du Portugal[300], personne de grande intelligence et versée dans les affaires politiques, et il s'est immédiatement rendu chez le cardinal, avec qui il s'est entretenu plusieurs heures. S. É. a laissé entendre ce soir qu'elle admirait le courage et la constance de ces peuples, car l'ambassadeur lui aurait fait savoir qu'ils sont décidés, s'ils ne peuvent défendre le Portugal, à l'abandonner aux Maures et à aller s'installer aux Indes, plutôt que de se laisser assujettir par les Castillans.

Il paraît que cela pèse beaucoup au cardinal que de voir les Portugais dans une telle extrémité, et il en rend responsable le Conseil de Lisbonne, ayant reproché à ce ministre son inaction au temps où la couronne d'Espagne était combattue et accablée de toute part ; en effet, si de leur côté ils avaient poussé leurs propres intérêts quand les Français avaient envahi l'Aragon, il leur eût été facile d'obtenir un accord favorable, ou du moins d'occuper de nombreuses places /fol. 90/ en Castille, qui leur auraient servi de rempart en cas de nouvelle guerre ; qu'au temps de ses discordes civiles, la France leur avait fait des conditions très avantageuses pour qu'ils sortent de leur sommeil, mais sans aucun résultat, puisqu'ils avaient même laissé perdre Barcelone et la Catalogne, qu'ils auraient pu si facilement secourir[301] ; qu'aussi ils devaient seulement se plaindre d'eux-mêmes. L'ambassadeur a rejeté toute la faute sur le mauvais gouvernement des ministres de ce temps-là, mais cependant on devine à ses propos qu'il ne s'en est pas allé tout à fait mécontent de son entretien avec S. É., ayant peut-être pu tirer de lui combien il est important pour la France qu'il reste quelques soucis à l'Espagne.

Lundi 20. On supposait que le courrier du duc de Gramont devait arriver, et sur ce fondement, l'on avait convoqué la conférence pour ce jour, mais comme on n'a rien vu venir jusqu'à maintenant, celle-ci a été repoussée à l'arrivée des premières lettres de Madrid.

Jeudi 23 octobre. On a tenu la vingtième conférence, et parce que le roi d'Espagne veut de toute manière venir dans ces montagnes, ce que S. M^{té} /fol. 90v/ ne peut faire de si tôt, les plénipotentiaires sont d'autant plus confortés dans leur résolution de procéder rapidement à l'exécution du traité.

Le duc de Gramont envoie des nouvelles des honneurs qu'il a reçus en Espagne, où, sur un ordre exprès du roi, il a été reçu partout avec les plus grandes démonstrations d'affection et d'estime. Le 20, les lettres royales lui ont été remises par le secrétaire d'État Contreras, accompagnées des expressions les plus vives de la joie avec laquelle S. M^{té} Catholique déclare consentir aux noces de l'infante et du Roi Très Chrétien.

Vendredi 24. D. Luis voudrait que le cardinal se résolve à faire quelque chose en faveur du roi d'Angleterre, si ce n'est maintenant, du moins à un moment dont ils conviendront ensemble. S. É. fait montre de compatir beaucoup pour ce prince, mais, parce qu'il n'a pas de motif de rompre avec les Anglais, il se réserve de pouvoir suivre l'exemple des Espagnols, qui dans leur propre intérêt, doivent penser à récupérer la place, si importante, de Dunkerque. Au début de ces négociations, il n'était peut-être pas très éloigné des sentiments de D. Luis, /fol. 91/ mais parce que les procédés des Espagnols ne lui ont pas plu, il ne veut prendre avec eux aucune décision qui engage la France, ou qui porte ombrage aux amis et alliés de celle-ci ; si ensuite l'Angleterre reconnaissait son souverain légitime, il laisse entendre qu'en ce cas il contribuerait à l'établissement de ce dernier, mais pour l'instant il pense se contenter d'observer les mouvements en cours, ne voulant pas, pour autant qu'il sera en son pouvoir, faire la guerre pour d'autres, après avoir eu tant de peine à donner la paix à ce royaume.

Le cardinal se trouve à tel point usé par les peines et affaibli par ses indispositions continuelles qu'il sait très bien ne plus pouvoir supporter le poids des travaux si nombreux qu'implique la guerre, et que, le cas échéant, il lui serait très difficile de contenir le génie belliqueux du roi pour qu'il n'allât pas exercer lui-même le commandement des armées ; aussi tient-on pour certain que, pour s'épargner tant de soucis, il mettra toute son industrie à rendre cette paix longue et permanente, afin de jouir de cette tranquillité qui est si nécessaire à la préservation de la santé.

Le roi Charles persiste néanmoins à demander un /fol. 91v/ entretien avec le cardinal et D. Luis sur l'île, mais S. É. s'en excuse toutefois, laissant entendre à S. M^té^ que cela ne lui apporterait aucun avantage. Il est vrai que la condition de ce monarque est digne de compassion, lui qui ne peut même pas obtenir de parler à un ministre, ni tirer aucun fruit d'un si long et pénible voyage[302]. Mais si cela se produit, c'est que, quoiqu'en apparence on fasse la paix, les rivalités et les défiances n'ont pas disparu pour autant entre les deux nations, qui, au contraire, songent déjà aux avantages qu'elles pourront tirer d'une nouvelle guerre, après la réussite de la présente pacification. Il paraît néanmoins très vraisemblable que, comme beaucoup le disent, le cardinal ait préparé quelque accord avec D. Luis au sujet de la place de Dunkerque, que tiennent les Anglais, car il est à prévoir que d'accroître leurs territoires et de les installer en-deçà de la mer ne soit rien d'autre que nourrir le serpent en son propre sein. C'est une chose certaine que les menaces de Cromwell le contraignirent à s'engager sincèrement dans cette entreprise, bien qu'il dût le faire en exécution du traité signé avec ledit Cromwell ; la substance /fol. 92/ de ce dernier était qu'après la descente des Anglais en Flandre, les Français devaient contribuer au siège d'une des places maritimes tenues par les Espagnols, pour la confier auxdits Anglais pour leur sûreté, et que toutes les autres conquêtes terrestres appartiendraient à la couronne de France, pourvu qu'elle entretînt ces troupes à ses propres frais[303], Cromwell se contentant, à ce qu'il disait, d'avoir un port en Flandre pour la commodité de ses navires, ainsi que l'opportunité de pouvoir évacuer d'Angleterre les esprits inquiets et séditieux, et pour avoir également à sa disposition, en cas de besoin, ces troupes, dont il voulait que la guerre de Flandre leur servît d'instruction, sous la discipline des capitaines de France.

À l'inverse, le cardinal se plaisait à croire que les Anglais ne pouvaient nuire à la monarchie française, partant du principe que la violence de leur gouvernement ne pouvait être durable et que, quand bien même celui-ci subsisterait, il ne se risquerait jamais dans une entreprise contre un royaume très puissant ; et comme la situation de l'Angleterre était sur le point de connaître un changement extraordinaire, il estima pouvoir être en mesure de /fol. 92v/ récupérer les places qui seraient tombées en leurs mains. Il est vrai par ailleurs que le cardinal fut contraint de s'allier avec Cromwell parce que les Espagnols faisaient à ce dernier des avances très généreuses pour se le gagner, lui offrant l'assistance de leurs armes dans l'entreprise de Calais, comme le prouva le cardinal en faisant imprimer le traité même qu'ils avaient proposé au Protecteur, afin qu'il fût connu du monde entier que non seulement ce furent eux les premiers à reconnaître sa souveraineté[304], mais encore qu'ils travaillaient à le retourner contre la France, si bien qu'il avait été contraint de lui offrir les mêmes conditions que lui faisaient les Espagnols[305].

Le siège de Dunkerque ayant ainsi été résolu, conformément aux stipulations du traité passé avec le Protecteur, les préparatifs excessifs que fit le cardinal pour cette entreprise mirent les Espagnols au courant de desseins que l'on nourrissait, précisément comme il le voulait[306] ; ceux-là accoururent avec toutes leurs forces, si bien que Cromwell se convainquit qu'il était devenu impossible de prendre cette place par la force, et on lui fit espérer qu'avant la fin de la campagne, /fol. 93/ les armées de S. M^{té} y seraient revenues, et qu'entre-temps, pour attirer ailleurs l'ennemi, l'on aurait attaqué le

Luxembourg avec l'armée du maréchal de La Ferté, car, cette province étant tout à fait démunie, l'on aurait obligé les Espagnols à y accourir et donné ainsi l'occasion au maréchal de Turenne[307], qui tenait la campagne avec les troupes les plus rapides et avec les Anglais, de retourner de manière imprévue sous les murs de Dunkerque.

Cromwell ayant approuvé ce dessein, l'on mit le siège à la place forte de Montmédy[308], qui fut de plus longue durée que ce qu'avaient prévu les généraux, parce qu'outre la position de la forteresse, qui se trouve sur le sommet d'un mont abrupt et caillouteux, celle-ci fut encore défendue avec très grande bravoure par ceux du dedans, car plus de quatre mille assiégeants y périrent. Dans le même temps, le cardinal, profitant de la présence des armées françaises à proximité de l'Allemagne, donnait un peu d'ardeur aux tractations en cours à la Diète de Francfort et se prévalait des troupes de Cromwell pour détourner les forces des Espagnols, sans les exposer à aucun risque afin qu'elles n'eussent pas à s'impatienter. Après la prise de Montmédy[309], on se tourna de nouveau du côté /fol. 93v/ de la mer, mais comme on n'agissait pas dans l'objectif que l'on affichait en apparence, les Espagnols eurent tout loisir de remettre en sécurité toutes leurs places sur cette frontière.

L'esprit très perspicace du Protecteur vit presque clair dans les maximes du cardinal, car il prit acte et déclara vouloir mener la guerre lui-même, si à la prochaine campagne, on ne lui remettait pas la place de Dunkerque ou celle d'Ostende[310]. Le dessein du cardinal était de le nourrir d'espoirs sans effets, et de se prévaloir de la présence des Anglais en Flandre pour contraindre les Espagnols à une paix désavantageuse, ou bien pour inspirer aux populations une terreur telle que, afin de se soustraire au péril imminent d'être pris pour proie par cette nation, ils dussent recourir à la protection de la France, tandis qu'avec les pourparlers de Francfort, il freinait l'élection du nouvel empereur et, en conséquence, les secours qui pouvaient venir d'Allemagne.

Au printemps suivant [1658], Cromwell exécuta de son côté ce à quoi il était tenu, en recrutant /fol. 94/ pour ses troupes en Flandre des gens valeureux et déterminés, et en faisant également des préparatifs sur mer pour porter assistance aux armes terrestres ; mais, parce qu'il savait cette fois qu'il avait affaire à quelqu'un qui savait aussi bien que lui le métier de politique, Mazarin jugea bon d'agir sincèrement pour ne pas se faire de lui un ennemi, et il le lui donna bien à connaître par la différence de son comportement. Il fit savoir à Paris qu'il voulait soumettre les rebelles d'Hesdin[311], afin qu'ils servissent d'exemple aux autres sujets de S. M^{té}, et en effet il y fit avancer de l'infanterie et de la cavalerie en grand nombre, si bien qu'il semblait que tout se préparait pour que la campagne commençât par ce siège-là, et c'est ce que crurent non seulement ceux qui étaient à l'intérieur, mais les Espagnols eux-mêmes, qui leur envoyèrent rapidement du secours. Dans cette action, le cardinal avait deux objectifs : l'un, de tromper les Espagnols afin qu'ils ne le devançassent pas, et l'autre, de voir si la présence du roi pouvait effrayer les rebelles et les convaincre de retourner à l'obéissance due, ou bien animer les soldats à jeter du haut des murailles leurs deux commandants séditieux, La Rivière et Fargues, pour mieux mériter le pardon. Mais comme ni les uns, ni les autres ne firent aucune sorte de mouvement /fol. 94v/, ayant au contraire tiré le canon sur les lignes les plus avancées, le cardinal ne s'y arrêta pas et arriva de manière imprévue en vue de Dunkerque.

Une fois l'armée campée autour de la place, le maréchal de Turenne s'employa avec le plus grand soin à resserrer le siège, bien que la cavalerie dépérît par manque de fourrage, du fait de la stérilité du pays et surtout de la saison, impropre au campement, à tel point que ledit général eût voulu bloquer seulement la place et s'en aller en quelque autre endroit plus favorable à la subsistance des armées ; mais le cardinal, qui pendant l'hiver n'avait pas pu forcer les Espagnols à prêter seulement l'oreille à la paix, ceux-ci ayant rejeté comme suspecte la médiation offerte par les électeurs dont la France faisait les arbitres de ses droits[312], mit ce siège en œuvre avec tant de sérieux qu'il résolut en lui-même d'en remporter la victoire, quand bien même il eût dû lui coûter la vie de tous les soldats de France, et il s'en fallut de peu que le roi lui-même n'y laissât la sienne, car il tomba gravement malade à Calais, à cause des inconforts soufferts pendant /fol. 95/ ce siège[313].

Le cardinal ne fit pas de préparatifs militaires de ce côté-là, sachant que le prince de Condé, qui avait autrefois participé à ses manœuvres, aurait pu déduire de la disposition de ses appareils quel était son objectif : c'est pourquoi il ordonna pour l'heure que l'on fît, sans agitation, les provisions nécessaires dans différents ports sur l'Océan et autres endroits reculés, pour les avoir à disposition avec la commodité de les porter par mer où que l'on en eût besoin. Ce siège tomba cependant sur les Espagnols de manière si imprévue qu'ils n'eurent pas le temps de munir suffisamment la place, et quand ils voulurent ensuite lui apporter du secours, ils le firent avec tant de précipitation et de désordre que, Turenne étant sorti de ses tranchées pour aller à leur rencontre, il en découla la si mémorable bataille des Dunes, qui non seulement garantit la victoire dans le siège entrepris par les armes de France, mais contribua également à leurs autres conquêtes, qui mirent toute la Flandre dans un tel péril, et qui auraient été plus grandes encore si les opérations n'avaient été tenues en suspens par la maladie mortelle qu'avait le roi.

Cette dernière /fol. 95v/ mit le cardinal au supplice, non pas tant parce que le duc d'Anjou[314], à qui serait échue la couronne, ne lui était pas favorable, mais parce que tout le peuple de Paris lui reprochait d'avoir fait remettre la place de Dunkerque au pouvoir des Anglais, perpétuels ennemis de la France et persécuteurs de la religion catholique, et qu'il attribuait pour cette raison le péril dans lequel se trouvait la santé du roi à la punition du Ciel contre les fautes de Mazarin. Déjà à la cour, on formait des partis, on se distribuait les charges et, sans attendre que le roi fût mort, il y en avait pour donner au duc le titre de Majesté royale ; quand toutes ces choses vinrent à sa connaissance et qu'il sut le fond des intentions du duc, le cardinal expédia des courriers aux maréchaux de Turenne et de La Ferté pour leur demander s'ils voulaient se préparer à suivre sa fortune[315].

Les messagers n'arrivèrent pas aussi vite que les réponses de ces généraux furent rapides à revenir, pour protester au cardinal de vouloir vivre et mourir avec lui, et de n'obéir à aucuns ordres qu'aux siens. Ces deux maréchaux étaient les amis les plus confidents /fol. 96/ qu'eût le cardinal, et ils avaient des raisons de lui être très obligés, parce que, par son crédit et sa faveur, ils avaient toujours été préférés à tous les autres capitaines pour exécuter les missions les plus importantes de la couronne ; aussi bien ceux-ci n'ignoraient-ils pas la rivalité que les autres maréchaux nourrissaient à leur égard, et en particulier ceux de Villeroy et du Plessis-Praslin[316], qui, si la couronne était passée au duc d'Anjou, auraient obtenu non seulement le commandement des armées, mais aussi la direction de toutes les affaires du royaume, de telle sorte que, pour cette raison également, il convenait bien à ceux-là d'être solidaires de la fortune du cardinal.

Le maréchal de Villeroy s'était de tout temps montré le rival et l'adversaire du cardinal, ayant éminemment contribué aux déboires de S. É. pendant les derniers troubles, en révélant aux princes mécontents les décisions du conseil, auquel il n'était cependant appelé que quand la situation le nécessitait ; mais, le cardinal, parce qu'il ne lui plaisait pas de s'en faire ouvertement un ennemi, dissimula toujours, et enjoignit le roi à en faire de même, se contentant de le mortifier de jour en jour, dans toutes les occasions qui s'en offraient.

/fol. 96v/ Celui du Plessis-Praslin avait même été désigné par S. É. pour être principal gouverneur de la personne du duc d'Anjou, mais lui aussi montra à l'occasion peu d'amitié pour le cardinal, car, pendant son absence, il disposa de la majeure part des offices et charges de maison du duc, s'appropriant ainsi l'argent qui devait revenir à Mazarin, qui avait obtenu du roi le privilège de constituer la maison de S. A. R., non tant pour le bénéfice considérable qu'il en devait tirer, que pour y placer des personnes qui avaient son entière confiance ; mais comme celles-ci étaient dévouées au maréchal, Mazarin ne pouvait se fier à aucune personne de l'entourage du duc d'Anjou ; et comme il savait ledit maréchal un homme à l'esprit rapide et ingénieux, il ne s'y fiait pas beaucoup, ne ressentant pas peu d'inquiétude à se trouver dans une place qui était peut-être la seule de tout le royaume à n'être pas entièrement à sa disposition, car Béthune, comte de Charost, gouverneur de celle-ci[317], aurait sans aucun doute exécuté les ordres de son souverain seigneur, non pas tant par son ingénuité naturelle et son inclination patente à l'égard des personnes royales, que pour le peu de raisons qu'il avait d'aimer le /fol. 97/ cardinal, lequel le prive encore maintenant de l'exécution du brevet de duc et pair qui lui avait été accordé, sans compter qu'être serviteur du roi est communément tenu pour une espèce de démérite, tandis que seuls ceux du cardinal sont élevés aux plus hautes charges et fonctions, et que, pour cette raison, les premiers envient la fortune moins brillante, mais plus profitable des seconds.

Il savait bien le risque qu'il courait à avoir pour ennemies non seulement la maison du duc d'Anjou, mais aussi celle du roi ; cependant, il gardait confiance à savoir la reine présente, et l'armée de Turenne point trop distante, avec les Anglais prêts à le suivre, car Cromwell lui avait offert l'assistance de toutes ses forces et avait ordonné dans le même temps à tous ses capitaines d'obéir au cardinal comme à sa propre personne.

Tandis qu'il se fortifiait ainsi pour résister à toute tentative de ses rivaux, il fit savoir par un long discours à la reine que, si le roi mourrait, il avait l'intention de se retirer pour vivre en l'endroit du royaume qu'il plairait au duc d'Anjou de lui indiquer, car il ne lui serait plus possible /fol. 97v/ de rester à la cour après avoir perdu un maître qui lui était si cher et qui ne pouvait avoir un successeur à sa mesure ; qu'il savait l'inclination du duc, ou plutôt l'aversion que celui-ci lui portait parce qu'il avait toujours soutenu les intérêts du roi, et que c'était pour cela qu'il ne voulait pas, en demeurant à la cour, donner lieu à ses adversaires de creuser son précipice ; que sa plus grande peine aurait été de quitter S. M^{té} [la reine mère], à laquelle il devait toute son existence, et qu'il prévoyait les déplaisirs qu'il recevrait, non pas tant de son fils que des personnes qui possédaient l'esprit de celui-ci ; qu'il voulait cependant être toujours le même serviteur de S. M^{té}, en quelque lieu que ce fût, se proposant de se sacrifier pour elle à toute occasion qui s'en présenterait.

La réponse de la reine fut plus abondante en larmes qu'en paroles, non pas tant parce que le discours du cardinal l'attendrissait que parce qu'elle se voyait sur le point de perdre un fils qui lui était plus cher que sa vie même ; elle le pria de bien vouloir ne penser en aucune manière à quitter le gouvernement de l'État, ayant la certitude que le duc ne l'y autoriserait jamais /fol. 98/ et que, si jamais il arrivait que les raisonnements des ambitieux eussent plus de pouvoir sur ce dernier que ses propres paroles, elle voulait elle aussi se retirer pour vivre le restant de ses jours dans un monastère, et qu'elle se contenterait en ce cas que le cardinal prît le parti qu'il lui plairait le plus.

La reine s'était toujours attachée à soutenir le cardinal et à l'élever au-dessus de tout autre ministre français, parce qu'elle-même étant étrangère, elle avait toujours eu pour principale maxime, depuis le début de la régence, d'employer Mazarin dans l'idée qu'il ne lui serait pas ingrat ou peu reconnaissant et, comme il était étranger et indépendant de toutes les factions, elle se plaisait à croire qu'il aurait toujours été solidaire d'elle ; qu'elle se rappelait bien les jours difficiles et les mauvaises nuits qu'elle avait passés sous le ministère de Richelieu[318], et que pour cela elle était très décidée à se retourner contre le duc d'Anjou, si celui-ci voulait diminuer l'autorité alors exercée par le cardinal.

Comme la nouvelle du péril dans lequel se trouvait le roi s'était répandue dans les provinces, partout /fol. 98v/ les seigneurs et gentilshommes obligés de Mazarin partaient en masse, volant plutôt que courant par les postes pour lui offrir, outre leurs personnes, tout ce qui était en leur pouvoir, presque comme si c'était à lui que revenait la succession à la couronne, ou qu'il pouvait la disputer au duc d'Anjou ; la plupart des gouverneurs de place firent également de même, avec l'envoi de courriers exprès, ce qui fit connaître que la part la plus considérable du royaume dépendait de lui, car, outre que les seigneurs auxquels il était apparenté détenaient le gouvernement des meilleures provinces, il fut dit par ses plus proches confidents qu'il avait à ce moment-là huit millions en or répartis à Brouage et Brisach, dans la place de La Fère[319], à Sedan[320] et autres lieux, et qu'il avait de plus à sa solde les régiments les plus valeureux de toutes les armées, qui servaient sous son nom et son drapeau.

Non moindre était le crédit particulier qu'il détenait auprès des alliés de la France, qu'il s'était acquis au moyen des pensions et des avantages qu'il leur avait procurés, et que l'on attribuait à son action et à sa /fol. 99/ générosité, de telle sorte qu'il ne restait au roi que le simple titre de Majesté, s'il est vrai que c'est dans l'autorité et dans le commandement, plus que dans le nom, que réside l'essence de la souveraineté du prince.

Mais s'il était l'âme et le cœur du roi, il pouvait bien s'approprier et disposer à sa guise de tout ce qui appartenait à S. M^{té}, d'autant que celle-ci tenait pour son plus grand bien et sa plus grande fortune que le cardinal se fît craindre et se rendît formidable, parce qu'il lui semblait que c'était en l'autorité de celui-ci que consistait la sienne propre.

L'amour qu'il lui porte est si démesuré qu'il ne semble pas éprouver de joie sinon quand il est avec lui, et il en fit bien la démonstration pendant la durée de sa grave maladie, l'ayant prié plus d'une fois de ne pas s'éloigner de lui s'il l'aimait, déclarant ne pas ressentir la douleur lorsqu'il le voyait, bien qu'il n'eût pas peu de chagrin de lui causer tant d'embarras, mais qu'il mourrait content, en laissant le royaume entre ses mains.

Enfin les prières de la reine obtinrent du Ciel une amélioration, et bientôt l'entière guérison du roi, tandis qu'elle avait confié à Dieu la ferme /fol. 99v/ résolution de contribuer d'un zèle très ardent à la paix du Christianisme. Le cardinal, que cet accident n'avait pas peu effrayé, prit quant à lui la bonne résolution de ne plus jamais hasarder la personne de S. M^{té} parmi les risques et les embarras qu'implique la guerre, au moins tant qu'il n'aurait pas assuré sa succession. C'est pourquoi il se mit dès lors à projeter avec la reine de le marier. Celle-ci, qui n'aspirait à nulle autre joie que d'avoir auprès d'elle sa nièce pour bru, exhorta le cardinal avec chaleur, afin qu'il lui procurât cette satisfaction, lui promettant de le soutenir dans la direction des affaires en temps de paix non moins qu'elle n'avait fait pendant la guerre. Une seule difficulté tourmentait son esprit, et c'était de ne savoir comment engager des pourparlers de paix avec les Espagnols, sans que ceux-ci s'en prévalussent pour gagner Cromwell à leur cause, car ce dernier était si satisfait de la guerre entre les deux couronnes qu'il n'aurait pas manqué de s'allier aux ennemis de la France pour la prolonger.

Alors que dans le camp des Français on désirait /fol. 100/ la paix, malgré la prospérité de leurs armes, le prince de Condé, abattu par le malheur de la défaite, fatigué de faire la guerre à son royaume, se voyait sur le point de perdre, avec sa réputation, ces provinces, et il n'incitait plus les Espagnols à poursuivre celle-là[a], mais leur recommandait de s'appliquer à sauver celles-ci en faisant la paix. Non moindre était la crainte que le Conseil d'État de S. M^té^ Catholique avait de l'alliance entre la France et Cromwell, mais comme elle n'était pas si grande qu'elle pût l'induire à désirer la paix, il arriva à D. Luis de Haro un revers qui non seulement mortifia sa superbe, mais lui fit aussi sentir tous les maux qui pouvait s'abattre sur l'Espagne du fait de son mépris et de son obstination contre les Portugais, et ceux-ci étaient tels que, ayant juré leur ruine, il avait décidé de suivre tout parti qui lui permettrait d'arriver plus facilement à ses fins. Il fut défait et mis en déroute à Elvas[321], et l'on doit attribuer cet événement à Dieu, car il avait réservé à sa dextre un si grand œuvre, voulant que tous fussent amenés, par des voies obscures, à promouvoir et à désirer la paix, et ayant /fol. 100v/ même donné à l'Espagne deux petits princes afin qu'on ne put mettre d'obstacle au mariage de l'infante avec le roi de France[322].

La cour étant retournée à Paris[323] dans ces bonnes dispositions, par hasard il s'y trouva de passage le père Fra Alonso Malvenda, religieux espagnol de l'ordre de saint François[324], dont la reine jugea, lorsqu'il fut introduit auprès d'elle, qu'elle pouvait lui confier une lettre pour le roi son frère. Cela ne faisait pas longtemps que cette M^té^ avait écrit à sa sœur en France, avec d'affectueux reproches parce qu'elle ne se souvenait plus de lui, ni de sa propre maison, se montrant même contente de la voir perpétuellement en guerre[325] ; et bien qu'elle eût déjà répondu à ladite lettre, la reine en prit cependant prétexte pour lui faire savoir la peur qu'elle avait eue de perdre son fils et qu'ayant pris conscience du péril au moment où elle s'y était trouvée, elle était désormais très résolue à le marier, et à ne plus jamais permettre, tant qu'elle le pourrait, qu'il s'exposât aux malheurs qu'implique la guerre ; que si S. M^té^ voulait bien songer sincèrement à établir /fol. 101/ une paix longue et véritable, elle-même se promettait de la faire aboutir, pourvu que l'on consentît à donner l'infante au roi son fils[326].

[a] Passage un peu obscur : « proseguirla » peut renvoyer soit à la guerre, qu'il s'agirait de poursuivre, soit la réputation du prince, qu'il faudrait sauver.

Cette expédition fut faite comme si le cardinal n'en avait pas été au courant, car il avait voulu se réserver la possibilité d'en rejeter toute la responsabilité sur la bonté de la reine, au cas où les Espagnols l'auraient publiée. Une fois le religieux parti de Paris, Mazarin commença à reprendre les négociations qui avaient été engagées autrefois, afin de nourrir les Savoyards de l'espoir de marier la princesse Marguerite avec le roi, chose qu'en d'autres occasions, il avait déjà fait croire au duc d'Orléans et à d'autres princes et princesses au-dedans et au-dehors du royaume, pour se les conserver bien attachés à lui, suivant le besoin qu'il pouvait avoir d'eux. Cette fois-là, en revanche, il réveilla cette affaire afin de découvrir vers quoi allait la préférence de la cour de Madrid, de même que pour aiguillonner les Espagnols, par jalousie, à ne pas tirer en longueur la négociation entreprise par la reine, tout en leur ôtant tout espoir de pouvoir tirer un bénéfice des longueurs du temps.

Le père Malvenda revint d'Espagne avec les réponses adéquates, si bien que la reine, pleine d'espérances, voulut que le cardinal le vît et s'entretînt avec lui dans son /fol. 101v/ propre cabinet ; mais comme celui-ci, témoignant de ne pas croire que le Conseil d'Espagne parlât sincèrement, fit savoir audit père qu'il devait être porteur d'une offre proportionnée à la résolution prise au Conseil de S. M[té], c'est-à-dire de la marier dans l'année, et qu'ainsi il ne prêterait pas attention aux discours des Espagnols, s'il n'en voyait les effets.

Le religieux espagnol fut renvoyé avec cette nouvelle médecine, et l'on mit le comte de Fuensaldaña au courant de tout ce qui était arrivé, pour que lui aussi, étant bien intentionné en faveur de la paix, y contribuât par ses bons offices auprès de D. Luis[327] ; mais, comme S. Divine M[té] voulait que dans une affaire d'une telle importance, l'on procéda avec franchise et sans autre considération, elle interrompit le cours des jours de Cromwell[328], afin celui-ci n'eût plus, en vivant, à s'opposer aux décrets arrêtés par le Ciel. L'on ne pourra en tout cas nier que l'issue de ce congrès n'ait été très incertaine et douteuse, et que, si les deux nations ont beaucoup rivalisé par les armes, les deux principaux ministres n'en aient fait de même par la négociation, en exposant leurs travaux à de grands risques.

Samedi 25 octobre. Le duc de Lorraine est arrivé à /fol. 102/ Irun, rien moins que libre, mais lié par sa parole de ne passer en France qu'après la publication de la paix. Le duc de Guise et le comte d'Harcourt sont aussitôt allés lui rendre visite, et, étant revenus de nuit en ce lieu, ils ont dit l'avoir trouvé transporté de très grande colère et d'indignation contre les Espagnols. Sa venue était arrivée trop tard pour pouvoir apporter une quelconque amélioration à ses affaires, le cardinal ne voulant absolument pas revenir sur les clauses déjà rédigées et insérées dans le traité général, car il les avait arrêtées avec D. Luis lorsqu'il consentit à abandonner le Portugal, afin de se le rendre favorable au détriment de ce prince, lequel déclare hautement sa volonté d'être duc de Lorraine comme avant, ou pas du tout.

Les articles qui concernent les intérêts de S. A. sont si nombreux, et de si grande importance, qu'ils n'ont rien laissé à désirer au cardinal. Ils contiennent en substance que le roi de France n'est pas tenu de lui rendre ses États, sinon après que l'empereur aura ratifié tous les articles stipulés dans le traité de paix qui touchent au duc Charles de Lorraine ; et qu'avant que de se voir rétablie dans sa possession, S. A. devra remettre /fol. 102v/ au roi un acte de cession et de renonciation, en forme valide et authentique, pour le duché de Bar[329], Moyenvic[330], Stenay[331], Dun[332], Jametz[333], le comté de Clermont[334], ses territoires et dépendances, afin que lesdits États et places restent pour toujours unis et incorporés à la couronne. Ce qu'il y a en sa faveur, eu égard aux bons offices qui lui ont incessamment été rendus par S. M^{té} Catholique, est que le Roi Très Chrétien le reçoit en sa bonne grâce et le rétablira dans la possession des deux villes de Nancy[335], après qu'il en aura fait démolir les fortifications, sans que celles-ci puissent plus jamais être reconstruites ; on lui rend également les autres villes, places et passages précédemment possédés par S. A., dépendants des évêchés de Metz, Toul et Verdun[336]. Au cas où, enfin, ledit duc aurait la prétention de ne pas accepter ou ratifier ce qui a été arrêté entre les deux rois touchant à ses intérêts, ou qu'ayant accepté, il manquerait par la suite à l'exécution et au respect de ce à quoi il est tenu, le Très Chrétien sera libéré de l'obligation qu'il a d'exécuter aucun des articles qui sont favorables à S. A.

Dimanche 26 octobre. Le s^{r} de /fol. 103/ Lionne est revenu hier soir de Fontarabie et, comme il avait obtenu de D. Luis que le duc de Lorraine puisse entrer en France, S. A. est venue ce matin déjeuner avec le cardinal, qui est allé à sa rencontre à une lieue de distance d'ici, sans cependant lui céder la préséance dans son propre carrosse, ni chez lui. Il a assuré à S. É. vouloir être son serviteur très fidèle et particulier, le reconnaître pour son libérateur et, si l'on ne voulait pas lui restituer ses États en sorte qu'il en puisse être souverain, vouloir plutôt y renoncer en totalité au profit de la couronne de France, se contentant de recevoir deux cent mille écus de rente annuelle, que cent mille autres soient donnés à son frère et à chacun de ses neveux, et que la maison de Lorraine soit reconnue apte à succéder à la couronne, au cas où celle du roi viendrait à manquer.

Lundi 27. On a tenu la vingt-et-unième conférence, et comme le duc de Lorraine trépignait et se plaignait plus que d'aucune chose de ce que les deux plénipotentiaires, non contents de l'avoir dépouillé de la meilleure part de son État, avaient de plus convenu qu'il ne pourrait recouvrer le restant tant que l'empereur n'aurait /fol. 103v/ pas ratifié les articles concernant les intérêts de S. A., ils sont tombés d'accord pour ajouter au traité que, si le duc accepte la règle qui lui est imposée, il sera rétabli sous quatre mois dans les États et places qui doivent lui être restitués par S. M^{té} Très Chrétienne.

Jeudi 30 octobre. D. Luis n'a pas laissé d'éprouver de nouveau la constance du cardinal, pour le convaincre de ne pas laisser partir le roi d'Angleterre sans s'être entretenu avec lui, et aussi de ne pas accepter que le prince de Condé lui cède ses troupes, mais comme cela serait très préjudiciable aux intérêts de la France et aux besoins de ses alliés, le cardinal s'en est adroitement excusé, ayant seulement condescendu à voir le marquis d'Ormond[337], l'un des principaux membres de la suite du roi Charles, en feignant qu'ils se rencontreraient par hasard, quand S. É. se rend sur l'île du congrès. Les Espagnols en usent véritablement avec les plus grands raffinements d'obligeance envers S. M^{té} Britannique, car ils servent celle-ci à Fontarabie suivant les mêmes formalités qu'ils pratiquent avec le roi leur seigneur, et D. Luis lui-même lui fait antichambre.

/fol. 104/ Le duc de Lorraine est revenu pour la deuxième fois s'entretenir avec le cardinal et il a apporté la nouvelle de la mort de l'infant, deuxième né d'Espagne[338]. Ce duc a prétendu en un sens faire violence au cardinal, pour que soient modérées les conditions qui lui sont prescrites par ce traité de paix, si bien que S. É. a été contrainte de lui répondre qu'il doit seulement se plaindre de lui-même, puisque, quand il pouvait passer un accord avec la France, non seulement il a négligé les propositions avantageuses qui lui furent faites au temps des guerres civiles, mais il manqua même à sa parole envers le roi, afin de rester solidaire des Espagnols ; qu'il ne devait donc pas croire que maintenant S. M^{té} puisse vouloir faire preuve de la moindre complaisance à son égard, alors qu'il s'est montré si ennemi de sa couronne, et il lui a conseillé plutôt de chercher ses récompenses du côté de ceux qu'il a servi. Mais on a appris au contraire que, quand le duc avait précédemment voulu rappeler aux

Espagnols les services qu'il prétend avoir rendus à l'Empire et à leur couronne, en exagérant avec une force outrancière l'injustice qu'on lui faisait et l'ingratitude avec laquelle il était si mal payé en retour, D. Luis lui aurait dit /fol. 104v/, avec son flegme habituel, que s'il a servi, il s'est bien fait payer, et que le roi son seigneur lui eût eu bien plus d'obligation s'il était resté neutre, alors qu'il s'était toujours comporté en ennemi, comme malheureusement le prouvaient les plaies encore saignantes de tant de peuples et de provinces.

Vendredi dernier jour d'octobre. En allant aujourd'hui à l'île pour la vingt-deuxième fois, le cardinal est monté à cheval hors du bourg de Ciboure pour avoir la commodité de parler avec le marquis d'Ormond qui a fait semblant de venir de Saint-Jean-de-Luz comme par hasard, et de tenir compagnie à S. É. Ce cavalier a eu tout loisir d'exposer au cardinal les raisons du roi son seigneur, et de faire valoir l'opportunité qui se présentait à S. É. de couronner ses glorieuses actions par l'élévation d'un monarque si lié par le sang au Très Chrétien[340], en un temps où déjà la plus grande partie de l'Angleterre le désire et l'acclame ; mais, comme c'est un très grand principe du cardinal que de ne pas vouloir s'impliquer ouvertement dans aucune chose qui puisse être au /fol. 105/ préjudice de ce gouvernement, il a répondu au marquis en termes généraux, exprimant une très sensible compassion pour la situation du roi Charles, exagérant le grand désir qu'il a de le servir dès que s'en présente l'opportunité, mais n'estimant pas pouvoir conseiller au Roi Très Chrétien de comploter contre un allié de sa couronne, alors même que l'Espagne n'ose pas le faire, quelque contrainte qu'elle y fût par la nécessité.

Au congrès de ce jour, il a ensuite été décidé, après diverses consultations et discussions sur la même matière, que l'on comprendrait dans cette paix seulement les princes qui en feront la demande dans le délai d'un an. On ne veut cependant y nommer pour la France ni l'empereur, ni les Hollandais, ceux-ci parce qu'ils ont passé leur accord avec les Espagnols à Münster en manquant à l'alliance qu'ils avaient avec la France[341], et celui-là parce qu'il n'a jamais fait part au roi de son élection à l'Empire, parce que la chancellerie impériale prétend que le titre de Majesté n'appartienne qu'à César, et pour cette raison la correspondance avec cette cour demeure suspendue, parce /fol. 105v/ qu'elle ne veut pas se départir de son ancien style de donner au roi de France le titre de Dignité royale, quoique dans la paix de Münster celui de Majesté fût réciproque, mais la cour de Vienne a prétendu que ceci ne dût être pratiqué que pendant ce congrès[342].

Les alliés nommés par la France en premier lieu sont, comme ayant un traité avec elle, les ducs de Savoie et de Modène et le prince de Monaco ; D. Luis aurait voulu que ce dernier fût mis de côté, parce qu'ils lui ont déjà consacré un article à part, mais, comme le cardinal a insisté pour que lui aussi soit compris parmi les princes qui ont eu part aux guerres passées, D. Luis a finalement résolu d'en nommer lui aussi un, équivalent à celui de Monaco. De la part de la France, sont désignés dans le traité avec la mention « s'ils veulent y être compris », en Italie, le pape et la république de Venise ; dans l'Empire, les électeurs et autres princes alliés à S. M^té^ Très Chrétienne, le roi de Suède et les cantons suisses ; quant aux autres princes et républiques, comme leurs représentants et ministres ne sont pas tombés d'accord sur /fol. 106/ l'ordre de préséance dans leur nomination (que l'on n'a pas trouvé identique dans les précédents traités), on a pris pour expédient que les deux MM^tés^ donneraient à ceux qui en feront la demande des lettres séparées, en vertu desquelles il sera déclaré qu'eux aussi sont compris dans le présent traité.

De la part des Espagnols, sont nommés le pape, le Saint Siège apostolique, l'empereur, les archiducs d'Autriche et ensuite tous les rois, princes, républiques, États et particuliers qui étaient déjà nommés dans la paix faite à Vervins en l'an 1598[343], avec la prétention que tous soient restés jusqu'à ce jour bons amis et alliés de l'Espagne, en y ajoutant maintenant les Provinces-Unies des Pays-Bas et le duc de Guastalla[344].

On n'a pas eu peu d'étonnement de voir que le duc de Mantoue, dont les États sont si considérables en Lombardie et qui peut donc se rendre très utile aux deux couronnes, ne soit nommé par aucune de celles-ci dans cette paix, notamment par les Espagnols, d'autant plus que le duc de Modène, bien qu'il ait fait son traité à part avec le gouverneur de Milan, a néanmoins eu l'honneur de voir son nom dans /fol. 106v/ plus d'un article, les Espagnols ayant même condescendu à lui laisser la place de Correggio[345] et S. M^té^ Catholique s'étant engagée, pour plus de sûreté, à transmettre de très chaudes recommandations à l'empereur afin qu'il concède l'investiture à S. A. Et pourtant les préjudices infligés au Milanais par le duc de Modène ne sont pas moindres que ceux subis par le Mantouan parce que son duc s'est déclaré espagnol ; et pourtant, les représentants de S. A. craignent que l'un des articles secrets ne prévoie la démolition de la citadelle de Casal[346], car on sait que les Savoyards en ont fait de grandes instances et que les Espagnols eux-mêmes y étaient très enclins. Il est cependant vrai que les Français, n'étant pas sans espoir d'introduire dans ces places une garnison de Suisses payée à leur solde, n'ont pas consenti jusqu'à présent à cette demande.

Il y a par ailleurs des indices crédibles selon lesquels le comte de Fuensaldaña, gouverneur de Milan, a fait exprès de laisser les gens du duc de Savoie récupérer par surprise la place de Trino[347], parce que, comme il savait le secret des négociations qui étaient en cours pour la paix, et comme le duc de Mantoue était /fol. 107/ alors du parti autrichien, il a jugé que ce dernier n'accepterait jamais que l'on rendît aux Savoyards cette place, dont il prétend qu'elle lui appartient, si bien que, pour ôter cet obstacle, il aurait estimé bon de permettre au duc de Savoie de récupérer lui-même cette place, pour éviter qu'il ne fallût la lui donner, ce qui eût été peu glorieux pour les Espagnols, et tout aussi déplaisant pour le duc de Mantoue. Nombreux sont ceux qui ont cru qu'il eût été plus utile à ce prince de rester neutre et, en tout cas, qu'il eût dû se faire restituer Trino avant de se déclarer du parti espagnol. À ce sujet, le cardinal a dit en ce temps-là que le duc avait très bien fait, mais il était ensuite resté tout aussi stupéfait de le voir persister dans ses décisions après la mort de l'empereur et sans avoir obtenu cette restitution, et attendre pour revenir à la neutralité que les Français lui eussent détruit son État et qu'ils fussent passés ailleurs, pour perdre ainsi entièrement et sans aucune nécessité tout le mérite qu'il s'était acquis /fol. 107v/ auprès des Espagnols. Les mêmes personnes disent maintenant que le comte de Fuensaldaña avait été trop crédule envers les promesses de S. A., et que le retournement du duc n'avait pas été une surprise à Madrid, car on y avait toujours cru qu'il avait le cœur français ; aussi estiment-ils depuis lors qu'il avait eu plus de mérite à s'en faire ouvertement l'ennemi qu'à l'être sous le masque de l'amitié et de la dépendance. Les Français ne le regardent déjà plus avec tant d'indifférence, faisant en sorte d'établir à Casal la garnison des Suisses et, dans le même temps, de le dépouiller des biens qui lui restent en ce royaume-ci, ce à quoi il paraît que n'aurait pas peu contribué l'un de ses ministres résidents en cette cour, qui recherchait peut-être plus à s'attirer la bienveillance du cardinal qu'à bien servir son maître[348].

Mercredi 5 novembre. Il n'est rien arrivé de nouveau au cours des cinq derniers jours, D. Luis ayant désiré surseoir à la conclusion des dernières négociations jusqu'à ce qu'il connaisse les intentions de S. M^{té} son roi pour ce qui concerne la signature du traité. Les Français ne sont pas /fol. 108/ sans crainte que ce retardement artificiel ne découle de la mort du petit prince, car on sait que la santé du second est très incertaine et que l'affection des peuples penche vers l'infante, que tous révèrent et acclament comme leur maîtresse et héritière du trône, au point que plus d'une fois on a entendu les protestations de cette foule contre la reine sa belle mère[349], parce qu'elle empêchait que l'on prêtât serment de fidélité à l'infante.

Le cardinal est allé aujourd'hui pour la vingt-troisième fois, et comme D. Luis avait reçu les réponses qu'il attendait d'Espagne, il a finalement été résolu que c'est le 7 que l'on signerait l'instrument de la paix et les articles du contrat de mariage. S. É. a appris que LL. MM^tés^ sont parties de Bordeaux pour prendre la direction de Toulouse.

Jeudi 6. Est arrivé ici le marquis Angelelli, cavalier bolonais[350], qui s'attire par ses nobles manières l'affection et l'estime de tous ceux qui sont en rapport avec lui.

Il a fait savoir à Ondedei, évêque de Fréjus, le désir qu'aurait le connétable Colonna[351] de se marier avec une nièce du cardinal Mazarin, et la joie /fol. 108v/ qui serait également celle du cardinal Colonna[352], s'il avait la chance de faire cette alliance. Il est facile de deviner combien cette ouverture a été appréciée par Mazarin, qui commence à penser qu'à nouer cette alliance avec les Colonna, il pourra s'attirer beaucoup de gloire et de bénéfice, non pas tant pour entrer dans la parentèle d'une maison où commença sa fortune[353], que dans l'intention qu'il a de travailler à s'attirer la faveur du Sacré Collège et de la cour de Rome[354]. Il a le projet d'y faire envoyer par le roi un ambassadeur pour les affaires de la couronne, et il destine pour cela le duc de Créqui, son confident et sujet du roi propre à cet emploi, non moins par sa naissance que par la fonction qu'il occupe et par les richesses considérables qu'il possède, et, comme il joint à ces qualités l'esprit, la prudence et la valeur, sa désignation reçoit les applaudissements de toute la cour, où tous estiment que le caractère du duc est très adapté à faire renaître la splendeur de cette ambassade, ternie par le mépris où elle était tombée par le manque d'application des Français, occupés qu'ils étaient pendant la minorité du roi par leurs ennemis du dehors et du dedans, et par les préférences très marquées du /fol. 109/ précédent pontife Innocent[355], comme celles de l'actuel Alexandre, qui sont dissemblables entre eux en tout point, sauf dans leur aversion pour la France.

Et parce que le souci des intérêts généraux du roi n'est pas distinct de celui des commodités particulières du cardinal, celui-ci songe à envoyer également à Rome l'évêque de Fréjus, personne de grande intelligence dans les matières politiques et d'une rare érudition. Ce prélat, que ce soit par désir de retourner en Italie ou pour son bon zèle, suggère à S. É. que l'on ne pourrait désirer une meilleure occasion d'éloigner le roi de son inclination envers mademoiselle Mancini, d'ôter à la reine mère ses défiances, et à la future épouse, toute ombre de jalousie, que celle de consentir à la requête du connétable au sujet du mariage de ladite demoiselle, laquelle, étant dotée de beaucoup d'esprit, pourrait opportunément travailler à se concilier, pour elle-même et pour le cardinal, les amitiés susceptibles de contribuer au succès des desseins de S. É.

Mais comme cette personne est la partie la plus tendre du cœur /fol. 109v/ du cardinal, et la seule de toutes ses nièces qu'il juge capable de lui rendre quelque service, il ne consent pas pour l'heure à s'en priver, parce que, réfléchissant aux qualités de la princesse de Conti[356], il trouve celle-ci entièrement plongée dans ses dévotions ; la duchesse de Modène[357], absente en Italie ; la comtesse de Soissons[358], seulement appliquée au jeu ; et les deux dernières, d'âge encore immature[358]. Aussi, n'estimant plus pouvoir s'exposer au risque de mauvais offices que pourrait lui rendre une reine, dont à cette heure on ne peut savoir le sentiment, il pense se réserver cette dernière nièce, pour qu'elle aussi puisse à l'occasion servir opportunément ses intérêts. Mademoiselle Mancini possède beaucoup de grandes qualités, parce que, outre ses manières aimables, elle a un esprit viril, une constance imparable, du courage pour entreprendre, de la prudence pour mener à bien, de la sagacité à dissimuler, étant précautionneuse non moins que modeste dans la conduite avisée de ses affaires.

Le cardinal ne veut en tout cas pas laisser passer cette occasion sans en tirer l'avantage de faire croire à la reine comme au connétable qu'il est favorable /fol. 110/ à ces noces, afin que l'une se mette en repos, et que l'autre se maintienne dans l'espoir d'arriver à ses fins. Aussi a-t-il ordonné à Ondedei de se rendre à Brouage, où se trouvent ses trois nièces, afin que, de vive voix, il s'attache à exhorter l'aînée à se marier à Rome, puisqu'en France il n'y aurait d'autre parti disponible pour elle que le grand-maître de l'artillerie La Meilleraye. Ce dernier est un seigneur fort bon, à tel point même qu'il fut, il n'y a pas longtemps, sur le point de se faire chartreux, mais parce que sa dévotion n'est pas accompagnée de la désinvolture que l'on attendrait de quelqu'un de son rang, celle-ci dégénère, à ce qu'il semble à de nombreuses personnes, en affectation, si ce n'est en hypocrisie, comme d'autres disent. Il prétend vouloir s'allier au cardinal et il se montre éperdu pour toutes ses nièces, mais celles-ci ont tant d'aversion pour cet amant que jusqu'à présent il n'y en a pas une seule qui l'ait voulu pour mari. Il y a quelque temps, S. É. aurait peut-être condescendu à s'allier à lui, en considération de la reconnaissance qu'elle aurait montré envers la mémoire du cardinal de Richelieu, auquel la maison /fol. 110v/ de La Meilleraye est apparentée[360], mais, ayant découvert la médiocrité des talents de ce cavalier, il s'est plu à se moquer de ses prétentions et quand, pour se distraire, il a voulu faire hurler ses nièces, il leur a fait croire qu'il voulait les marier avec le grand-maître. Aussi paraît-il qu'en le proposant maintenant sérieusement à mademoiselle Mancini, il ne pourrait avoir d'autre fin que de faire croire à la reine qu'il veut véritablement la marier sans délai.

Vendredi 7 novembre. Les deux plénipotentiaires ont finalement conclu et signé l'instrument de la paix, ainsi que le contrat du mariage royal, lesquels, à la joie générale, ont été lus en présence des principaux seigneurs de l'un et de l'autre parti, chaque nation jugeant également ce traité utile et glorieux, parce que l'Espagne – au-delà du crédit qu'elle s'attire auprès des mécontents de France, en ayant soutenu jusqu'au bout ceux qui l'ont servie – prétend aussi, peut-être avec plus d'espoir que de vraisemblance, s'être assuré la conquête du Portugal /fol. 111/ qui apporte avec lui tant de dépendances opulentes. Au contraire, les Français considèrent que s'acquérir l'infante première née du Roi Catholique est un gage de très haute conséquence, en particulier eu égard à la mort du second petit prince d'Espagne ; et par ailleurs, les places et les provinces cédées sont de telle importance et en si grand nombre que, si elles étaient toutes réunies, elles formeraient une grande et puissante principauté.

Samedi 8. Le duc de Créqui est parti en direction de Toulouse, pour porter à LL. MM^{tés} l'original des deux traités, dont on a fait des doubles authentiques, en français et en espagnol, pour que les uns et les autres conservent ceux dans lesquels sont nommés en premier lieu dans l'idiome de chacun, les rois, les couronnes, les nations et les ministres.

Les plénipotentiaires travaillent maintenant à faire les expéditions concernant l'exécution des articles arrêtés, et ils ont résolu d'envoyer un courrier exprès à Rome, adressé aux représentants de l'un et de l'autre parti, afin qu'ils apportent conjointement au pape et au Sacré Collège la nouvelle /fol. 111v/ de cette paix que S. S^{té} a toujours fait montre de désirer, mais jamais d'y croire, car le cardinal et D. Luis ont également à cœur de faire savoir à Rome combien leurs intentions et le résultat des négociations ont été opposés à l'opinion que l'on s'en était faite dans cette cour-là ; aussi se sont-ils accordés d'autant plus volontiers sur l'idée ironique qu'il ne fallait pas différer cette consolation à S. S^{té}.

Mardi 25 novembre. Les deux principaux ministres se sont vus aujourd'hui sur l'île pour la vingt-cinquième et dernière fois, et il ne s'est rien passé de plus remarquable que les témoignages affectueux du plaisir réciproque qu'ils ont à juste titre, pour avoir mené à bien une affaire si importante et si ardue.

D. Luis a ordonné pour demain matin son départ en direction de Madrid, et le cardinal en fera de même, vers Toulouse.

SOURCES ET BIBLIOGRAPHIE

À noter : ne sont ici retenues que les références qui ont été les plus utiles à l'édition ; d'autres, plus ponctuelles, sont données dans l'annotation seulement.

Archives du ministère des affaires étrangères et européennes (MAÉE)

Correspondance politique (Corr. pol.), sous-séries Angleterre (vol. 66-70), Autriche (vol. 17), Bavière (vol. 2), Cologne (vol. 2), Espagne (vol. 37 à 39), Espagne supplément (vol. 6), Mantoue (vol. 7), Modène (vol. 3), Liège (vol. 2), Lorraine (vol. 37), Pologne (vol. 12-13), Portugal (vol. 4) Rome (vol. 135-137), Savoie-Sardaigne (vol. 53-54), Suède (vol. 23-24) et Toscane (vol. 8-9).

Mémoires et documents (Mém. et doc.), sous-séries Espagne (vol. 12, 53-64) et France (vol. 278-283, 292-294, 907-908, 1828, 1876, 1970, 1971, 2130, 2193).

Collection des Traités.

Collection iconographique.

Sources imprimées

BRIENNE (Henri-Auguste de LOMÉNIE, comte de), *Mémoires*, éd. Joseph-François MICHAUD et Jean-Joseph-François POUJOULAT, Paris, 1838 (*Nouvelle collection de mémoires pour servir à l'histoire de France*, 3e série, t. III, p. 1-181).

BRIENNE (Louis-Henri de LOMÉNIE, comte de), *Mémoires*, éd. Paul BONNEFON, 1916-1919, 3 vol.

COLBERT (Jean-Baptiste), *Lettres, instructions, mémoires*, éd. Pierre CLÉMENT, Paris, 1861-1867 (t. I, 1861 : 1650-1661).

COURCHETET D'ESNANS (Luc), *Histoire des négociations et du traité des Pyrénées*, Paris, 1750.

Gazette de France, Paris, années 1658 et 1659.

GRAMONT (Antoine de), *Mémoires*, éd. Claude-Bernard PETITOT et Louis-Jean-Nicolas MONMERQUÉ, Paris, 1827, 2 t.

GUALDO PRIORATO (Galeazzo), *Il trattato della pace conclusa fra le due corone nell'anno 1659, con quanto ha havuto connessione con la medesima*, Brême : Nicolas Kork, 1663.

– *Histoire de la paix conclue sur la frontière de France et d'Espagne entre les deux couronnes, l'an MDCLIX, où l'on voit les conférences entre les deux premiers ministres et les intérests de tous les princes, avec un journal de ce qui s'y est passé de plus remarquable, aussi tous les noms des personnes principales qui y ont assisté de l'une et de l'autre part, avec un recueil de diverses matières concernantes le s[r] duc de Lorraine, augmentée et enrichie du plan de l'isle de la Conférence*, [trad. Honoré Courtin], Cologne : Pierre de La Place, 1664.

– *Historia pacis inter Ludovicum XIV, Galliarum et Navarrae Christianissimum Regem, et Philippum IV, Hispaniarum et Indiarum Regem Catholicum, anno Christi 1659 ad Pyrenaeos montes (...) constitutae*, trad. Peter Axen, Leipzig : J. Gross, 1667.

LENET (Pierre), *Mémoires*, éd. Jacques-Joseph et Aimé CHAMPOLLION-FIGEAC, Paris, 1838 (*Mémoires pour servir à l'histoire de France*, dir. Joseph-François MICHAUD et Jean-Joseph-François POUJOULAT, 3e série, t. II).

Lettres du cardinal Mazarin, où l'on voit le secret de la négotiation de la paix des Pirénées et la relation des conférences qu'il a eues pour ce sujet avec dom Louis de Haro, ministre d'Espagne, avec d'autres lettres très curieuses écrites au roi et la reine par le même cardinal pendant son voyage, Amsterdam : André Pierrot, 1690, 1 vol. (2e éd. augmentée, Amsterdam : Henri Wetstein, 1693, 2 vol.).

Lettres du cardinal Mazarin où l'on voit le secret de la négociation de la paix des Pirénées et la relation des conférences qu'il a eues pour ce sujet avec D. Luis de Haro, ministre d'État, Amsterdam, 1745 (2 vol.).

Lettres du cardinal Mazarin pendant son ministère, éd. Adolphe CHÉRUEL et Georges D'AVENEL, Paris, 1872-1906, 9 vol.

LOUIS XIV, *Mémoires*, nouvelle éd. revue et corrigée Jean LONGNON, Paris, 1978.

MANCINI (Hortense et Marie), *Mémoires*, éd. Gérard DOSCOT, Paris, 1965.

Mémoire présenté au Sérénissime Protecteur par les marquis de Leyde et dom Alonse de Cardenas, ambassadeurs du Roy Catholique en Angleterre, le 21 may 1655, s.l.n.d.

MONGLAT (François DE PAULE DE CLERMONT, marquis de), *Mémoires contenant l'histoire de la guerre de la France et de la maison d'Autriche (...) depuis la déclaration de la guerre en 1635 jusqu'à la paix des Pyrénées en 1660*, éd. Joseph-François MICHAUD et Jean-Joseph-François POUJOULAT, Paris, 1838 (*Mémoires pour servir à l'histoire de France*, 3e série, t. V).

MONTPENSIER (Anne-Marie Louise d'ORLÉANS, duchesse de), *Mémoires*, éd. Adolphe CHÉRUEL, 1858-1859, 4 vol.

Raisons fort puissantes pour faire voir l'obligation qu'a la France d'appuyer l'intérêt de Portugal dans le traité de la paix, Paris, 1659.

RETZ, (Jean-François-Paul de GONDI, cardinal de), *Œuvres*, éd. Marie-Thérèse HIPP et Michel PERNOT, Paris, 1984 (*Collection de La Pléiade*, n° 56).

SIRI (Vittorio), *Il Mercurio, ovvero historia de' correnti tiempi*, Casal, Lyon, Paris, Florence, 1644-1682, 17 t. en 15 vol.

Traité de paix entre les couronnes de France et d'Espagne, conclu, arresté et signé par monseigneur le cardinal Mazarini et le seigneur Dom Louis Mendez de Haro, plénipotentiaires de Leurs Majestez Très Chrétienne et Catholiques, en l'isle dite des Faisans, en la rivière de Bidassoa aux confins des Pyrénées, le septiesme novembre mil six cens cinquante-neuf, imprimé par l'exprès commandement du roy, à cause de la quantité d'omissions très considérables et essentielles et de grand nombre de fautes que l'on a faites dans les précédentes impressions, Paris : Imprimerie royale, 1660.

BIBLIOGRAPHIE

Auerbach (Bertrand), *La France et le Saint Empire romain germanique depuis la paix de Westphalie jusqu'à la Révolution française*, Paris, 1912.

Aumale (Henri d'Orléans, duc d'), *Histoire des princes de Condé pendant les XVIe et XVIIe siècles*, Paris, 1885-1896, 8 vol.

Bély (Lucien), *Les relations internationales en Europe, XVIIe-XVIIIe siècles*, Paris, 1992.

– *L'art de la paix en Europe. Naissance de la diplomatie moderne, XVIe-XVIIIe siècle*, Paris, 2007.

Chéruel (Adolphe), *Histoire de France sous le ministère de Mazarin (1651-1661)*, Paris, 1882, 3 vol.

Colomer (José Luis), « Paz política, rivalidad suntuaria. Francia y España en la isla de los Faisanes », dans *Arte y diplomacia de la Monarquía Hispánica en el siglo XVII*, dir. José Luis Colomer, Madrid, 2003.

Cras (Jérôme), « Hugues de Lionne (1611-1671) », thèse de l'École nationale des chartes inédite, 1995.

Darricau (Raymond), « Mazarin et l'empire ottoman. L'expédition de Candie », dans *Revue d'histoire diplomatique*, t. 74, 1960, p. 335-355.

Dethan (Georges), *Mazarin, un homme de paix à l'âge baroque (1602-1661)*, Paris, 1981.

Dubost (Jean-François), *La France italienne (XVIe-XVIIe siècle)*, Paris, 1997.

Dulong (Claude), *Trente ans de diplomatie française en Allemagne. Louis XIV et l'électeur de Mayence (1648-1678)*, Paris, 1956.

– *Le mariage du Roi-Soleil*, Paris, 1986.

– *Mazarin*, Paris, 1999.

Freitas (Roger), *Portrait of a castrato : politics, patronage and music in the life of Atto Melani*, Cambridge, New-York, 2009 (*New perspectives in music history and criticism*).

JOUHAUD (Christian), *Sauver le Grand-Siècle ? Présence et transmission du passé*, Paris, 2007.

LAURAIN-PORTEMER (Madeleine), *Études mazarines*, I, 1981.

– *Une tête à gouverner quatre empires. Études mazarines*, II, Paris, 1997.

PEREZ (Stanis), « Passion, pouvoir et vérité à l'âge de la raison d'État. Note sur la séparation de Louis XIV avec Marie Mancini », dans *XVIIe siècle*, n° 241, 2008-4, p. 617-632.

POUMARÈDE (Géraud), « Mazarin, marieur de l'Europe. Stratégies familiales, enjeux dynastiques et géopolitique au milieu du XVIIe siècle », dans *XVIIe siècle*, n° 243, 2009-2, p. 201-218.

PRUNIÈRES (Henry), *L'opéra italien en France avant Lulli*, Paris, 1913 (*Collection d'histoire et de linguistique française et italienne comparées*, n° 3).

ROUTLEDGE (F. J.), *England and the Treaty of the Pyrenees*, Liverpool, 1963.

SÉRÉ (Daniel), « Mazarin et la "comédie de Lyon" ? Au-delà de la légende », dans *XVIIe siècle*, n° 231, 2006, p. 327-340.

– *La paix des Pyrénées. Vingt-quatre ans de négociations entre la France et l'Espagne (1635-1659)*, Paris, 2007.

TESSIER (Jules), *Le chevalier de Jant. Les relations diplomatiques de la France avec le Portugal au temps de Mazarin*, Paris, 1877.

VALFREY (Jules), *Hugues de Lionne : ses ambassades en Italie, d'après sa correspondance conservée aux archives du ministère des Affaires étrangères (1642-1656)*, Paris, 1877.

– *Hugues de Lionne : ses ambassades en Espagne et en Allemagne, la paix des Pyrénées, d'après sa correspondance conservée aux archives du ministère des Affaires étrangères*, Paris, 1881.

NOTES

1 Vincennes (France, Val-de-Marne, arr. de Nogent-sur-Marne, ch.-l. de cant.) En 1652, à la mort de Léon Bouthillier de Chavigny, le cardinal Mazarin s'est fait nommer gouverneur du château du Bois de Vincennes, qu'il a ensuite transformé en résidence de cour en y faisant bâtir par Louis Le Vau les ailes du Roi (1654) et de la Reine (1658).

2 Château de Vaux-le-Vicomte (France, Seine-et-Marne, arr. de Melun, cant. de Melun-nord, comm. de Maincy). Le domaine de Vaux a été acquis en 1641 par Nicolas Fouquet, qui y a fait construire un château par Louis Le Vau à partir de 1655 et réaménager le parc et les jardins par André Le Nôtre à partir de 1658.

3 Nicolas Fouquet (1615-1680), procureur général du roi au parlement de Paris depuis 1650, et surintendant des finances depuis 1653.

4 Hugues de Lionne (1611-1671), marquis de Berny. Il a été nommé ministre d'État le 23 juin 1659, veille de la cérémonie de départ du cardinal pour les Pyrénées.

5 Antonio Alonso Pimentel de Prado (1602-1671). Officier dans les armées espagnoles d'Italie et des Pays-Bas, il s'est lié au comte de Fuensaldaña, qui lui confia une première mission auprès de Mazarin pendant la Fronde (voir ci-après, *Viaggio...*, n. 18 et 23). Envoyé par Philippe IV en France en novembre 1658, il a négocié et signé avec Mazarin le traité de Paris du 4 juin 1659.

6 Charles III de Blanchefort (1623-1687), marquis de Créqui et prince, puis duc de Poix, dit duc de Créqui.

7 Nicolas de Neufville (1598-1685), premier duc de Villeroy, maréchal de France depuis 1646.

8 Philippe de Clérambault (1606-1665), comte de Palluau, maréchal de France depuis 1653.

9 Armand-Charles de La Porte (1632-1713), marquis de La Meilleraye, puis duc Mazarin, grand-maître de l'artillerie de France depuis 1646 (voir ci-après, *Viaggio...*, fol. 110v et n. 360).

10 Jacques de Souvré (1600-1670), chevalier de Malte, commandeur de Valence.

11 Fontainebleau (France, Seine-et-Marne, ch-l. d'arr.)

12 Marie (1639-1715 ?), Hortense (1646-1699) et Marie Anne (1648 ?-1714) Mancini sont, en 1659, les trois dernières nièces de Mazarin non mariées.

13 Celio Piccolomini (1609-1681), archevêque de Césarée, nonce ordinaire en France de 1656 à 1662.

14 Philippe San Martino (1604-1667), comte d'Aglié, conseiller de Charles-Emmanuel II de Savoie et favori de sa mère, la duchesse Chrétienne.

15 Chrétienne de France (1606-1663), veuve de Victor-Amédée Ier (1585-1637), dite Madame Royale en sa qualité de fille de Henri IV et en raison des prétentions de la maison de Savoie à la couronne de Chypre. Régente jusqu'à la majorité de son fils, Charles-Emmanuel II, elle continue ensuite à exercer un rôle prédominant dans le gouvernement jusqu'à sa mort en 1663.

16 Ennemond Servien (1596-1679), ambassadeur de Louis XIV à Turin, frère d'Abel Servien (1593-1659).

17 Alonso Pérez de Vivero y Menchaca (1603-1661), comte de Fuensaldaña, gouver-

neur des armes dans les Pays-Bas méridionaux (1648), puis dans le Milanais (1656), gouverneur de l'État de Milan (1658).

18 En février 1651, le parlement de Paris a exigé d'Anne d'Autriche le renvoi de Mazarin et sa sortie du royaume. Ayant trouvé asile dans les États de l'archevêque-électeur de Cologne, Mazarin a effectivement cherché à passer en Savoie par l'intermédiaire de Gontery, en vain : « Je suis fort embarrassé, car je ne sçay pas où aller, ayant une lettre de Gontery, par laquelle il me mande qu'à la fin du mois d'aoust il se rendra auprez de moy et me dira les intentions de Madame et de M. le duc de Savoye sur ma retraitte dans leurs Estats » (Mazarin à Lionne, de Brühl, 17 juillet 1651 ; éd. A. Chéruel, *Lettres du cardinal Mazarin pendant son ministère...*, t. IV, 1887, p. 341 ; voir aussi, *ibidem*, p. 347-348). Gontery est mentionné dans les *Mémoires* de Gramont, avec le titre de « premier maître d'hôtel de Monsieur », comme ayant fait partie de sa suite lors de son ambassade à Madrid en 1659 (A. de Gramont, *Mémoires*, éd. A. Petitot et L.J.N. Monmerqué, Paris, 1827, t. II, p. 58).

19 Sur la rencontre des cours de France et de Savoie à Lyon à l'automne de 1658, voir D. Séré, « Mazarin et la "comédie de Lyon" ? Au-delà de la légende », dans *XVIIe siècle*, n° 231, 2006, p. 327-340.

20 Marguerite de Savoie (1635-1663), fille de Victor-Amédée Ier et de Madame Royale, sœur du duc Charles-Emmanuel II.

21 Giovan Battista Amoretti (?-1687), aumônier de Madame Royale, abbé de l'Abondance, régulièrement envoyé en France comme agent diplomatique pendant le ministère de Mazarin.

22 Maximilien-Henri de Bavière (1621-1688), archevêque-électeur de Cologne et prince-évêque de Liège depuis 1650, frère de Ferdinand-Marie, duc-électeur de Bavière.

23 Lors de son premier exil, en 1651, Mazarin a trouvé refuge à Bouillon, puis à Brühl, dans les États de l'électeur de Cologne. Afin de s'y rendre, il a dû solliciter des passeports espagnols pour traverser les duchés de Luxembourg et de Juliers. Le comte de Fuensaldaña, gouverneur des armes dans les Pays-Bas méridionaux, les lui accorda en mars, mais c'est l'archiduc Léopold-Guillaume, gouverneur de la province, qui confia à Antonio Pimentel la mission d'accompagner le cardinal ; Pimentel semble toutefois avoir joué un double jeu entre Fuensaldaña et l'archiduc, qui étaient en rivalité (voir D. Séré, *La paix des Pyrénées...*, 2007 p. 187-195).

24 Rappelé officiellement par le roi à la cour le 26 octobre 1652, Mazarin fait son entrée à Paris le 3 février 1653.

25 Ambassadeur extraordinaire à Rome depuis janvier 1655, Hugues de Lionne a été rappelé en France par Mazarin le 31 mars 1656 (J. Valfrey, *Hugues de Lionne. Ses ambassades en Italie (1642-1656)*, 1877, p. 349-352). Les négociations secrètes qu'il mena à Madrid, de juin à septembre 1656, n'ont pas abouti à la signature d'un traité de paix, mais ont permis la rédaction d'un projet, qui a été le fondement des traités de Paris et des Pyrénées en 1659 (voir J. Valfrey, *Hugues de Lionne. Ses ambassades en Espagne et en Allemagne ; la paix des Pyrénées*, 1881, p. 1-63, et D. Séré, *La paix des Pyrénées...*, 2007, p. 207-276).

26 Louis II de Bourbon (1621-1686), duc d'Enghien, puis prince de Condé, dit le Grand Condé. Son alliance avec Philippe IV contre le roi de France, par le traité de Madrid du 6 novembre 1651, a été un des principaux points d'achoppement jusqu'à la fin des négociations franco-espagnoles.

27 Fuensaldaña est nommé gouverneur des armes du Milanais en 1656.

28 Marie-Thérèse d'Autriche (1638-1683), fille de Philippe IV et d'Élisabeth de France.

29 Le narrateur inclut ici explicitement, parmi les raisons de la mission de Pimentel à Madrid en 1658, la nouvelle du prochain voyage de la cour de France à Lyon ; cette interprétation, largement diffusée par les mémorialistes et les historiens postérieurs, a été combattue récemment par D. Séré, (D. Séré, « Mazarin et la "comédie de Lyon"... », 2006-II, p. 327-340 et *La paix des Pyrénées...*, 2007, p. 324-335).

30 Pimentel a sollicité l'octroi de ces passeports par une lettre personnelle à Mazarin en date du 7 août 1658 (D. Séré, « Mazarin et la "comédie de Lyon"... », 2006, p. 333-334).

Le 27 septembre suivant, Mazarin lui a répondu qu'il lui a été « infiniment agréable d'intercéder auprès du roi pour lui obtenir le passeport pour son voyage en Espagne, et plus encore que celui-ci puisse servir pour son retour (...) en Italie » (MAÉE, Mém. et doc., France, vol. 276, fol. 219).

31 L'existence de cette lettre d'Anne d'Autriche à Philippe IV n'est pas attestée par ailleurs, et semble contestée par une annotation marginale. Des précisions supplémentaires sur la nature et les circonstances de l'échange épistolaire prétendu entre la reine mère et son frère sont toutefois données plus loin, à la fin de la relation (voir ci-après, *Viaggio...*, fol. 100v-101v).

32 La cour a quitté Paris le 26 octobre 1658 et a séjourné à Dijon pendant la tenue des états de Bourgogne, jusqu'au lit de justice du 18 novembre ; le lendemain, elle a pris la route de Lyon.

33 Chambéry (France, ch.-l. de la Savoie). Depuis 1563, Turin a remplacé Chambéry en tant que capitale du duché de Savoie.

34 Dijon (France, ch.-l. de la Côte-d'Or).

35 La cour a quitté Dijon le 19 novembre 1658 et est arrivée à Lyon le 24. Pimentel est effectivement arrivé le premier à Lyon, le 19 novembre, d'où il envoie un courrier au cardinal (MAÉE, Corr. pol., Espagne, vol. 36, fol. 346-347 ; cité par D. Séré, *La paix des Pyrénées...*, 2007, p. 328).

36 François de Montlezun, seigneur de Besmaux, capitaine des gardes du cardinal. Le rôle d'intermédiaire joué par Besmaux est attesté par Mazarin lui-même, qui rappelle dans une lettre du 13 décembre 1658 que le capitaine de ses gardes connaissait Pimentel depuis l'épisode du voyage à Brühl en 1651 (MAÉE, Corr. pol., Angleterre, vol. 69, fol. 519 ; cité par D. Séré, *La paix des Pyrénées...*, 2007, p. 329, n. 33). La première rencontre entre Pimentel et Mazarin a eu lieu dans la nuit du 25 au 26 novembre 1658.

37 Arrivé à Madrid à la mi-septembre 1658, Pimentel est passé à la fin du mois au camp de Mérida, où se trouvait Luis de Haro, pour repasser ensuite à la cour à Madrid (D. Séré, *La paix des Pyrénées...*, 2007, p. 316-319).

38 Alcanzo : ce terme, dont la lecture ne semble pas douteuse, n'a pas pu être identifié.

39 Cet échange oral entre le roi, la reine mère et Mazarin n'est pas attesté par ailleurs ; il aurait eu lieu sur la route entre Dijon et Lyon, entre le 20 et le 23 novembre 1658, lorsque le premier billet de Pimentel est parvenu au cardinal.

40 Madame Royale est arrivée à Lyon avec ses filles le 28 novembre 1658, et le duc Charles-Emmanuel II, trois jours plus tard, le 1er décembre.

41 Ce récit de la rencontre entre les deux cours, à l'extérieur de Lyon, correspond exactement à celui que donne la Grande Mademoiselle dans ses *Mémoires*, à la réserve des sentiments, plus nuancés, prêtés à Anne d'Autriche : « Comme l'on sut Madame Royale proche, on le vint dire au roi, qui monta à cheval et s'en alla au-devant d'elle. La reine nous dit : « J'avoue que j'ai bien de l'impatience de savoir comme le roi trouvera la princesse Marguerite ». Elle ne témoignait pas une grande passion pour ce mariage, mais aussi elle ne témoignoit pas d'aversion. Elle disoit : « Si je pouvois avoir l'infante, je serois au comble de ma joie ; mais ne le pouvant pas, j'aimerai tout ce qui plaira au roi » (...). Le roi revint au galop, mit pied à terre et s'approcha du carrosse de la reine avec une mine la plus gaie du monde et la plus satisfaite. La reine lui dit : « Eh bien, mon fils ? ». Il répondit : « Elle est plus petite que madame la maréchale [de Villeroy], mais elle a la taille la plus jolie du monde ; elle a le teint... » Il hésita, ne pouvant dire comme elle l'avoit. Enfin, il trouva : « olivâtre ; cela lui sied bien. Elle a de beaux yeux ; enfin elle me plaît et je la trouve fort à ma fantaisie ». La reine lui dit qu'elle en étoit fort aise. (...) Le roi se mit, dès l'instant que l'on fut en carrosse, à parler avec la princesse Marguerite comme s'il l'eût vue toute sa vie, et elle de même, ce qui me surprit au dernier point, le roi étant fort froid de son naturel et fort peu aisé à s'apprivoiser » (Mlle de Montpensier, *Mémoires*, éd. A. Chéruel, t. III, 1859, p. 303-304).

42 Selon la Grande Mademoiselle, l'empressement du roi ne dura pas trois jours, mais un seul : « Le roi alla, le lendemain de l'arrivée de Madame Royale, la voir le matin et entra dans la chambre de madame la princesse Marguerite (...). Il fut aussi froid le matin qu'il

avait été empressé le jour de l'arrivée » (Mlle de Montpensier, *Mémoires*, éd. A. Chéruel, t. III, 1859, p. 310).

43 Ce détail est également rapporté par la Grande Mademoiselle : « Mademoiselle de Mancini me vint demander, pendant que le roi étoit allé remener Madame Royale, ce qu'il avoit dit de la princesse Marguerite et comme il en avoit usé avec elle. Je lui dis. Il me parut que ce procédé lui déplut, et j'appris qu'elle lui dit : "N'êtes-vous pas honteux que l'on vous veuille donner une si laide femme ?" » (*ibidem*, p. 306).

44 « Enfin M. le cardinal la fut voir et lui dit qu'il étoit vrai que l'on avoit eu quelque nouvelle d'Espagne ; mais qu'il n'ajoutoit point de foi à cela ; mais que dès que l'on lui parloit de la paix, il lui sembloit que ce lui seroit un crime que de n'en pas écouter les propositions. Madame de Savoie de son côté dit que pour l'infante d'Espagne, elle ne trouveroit pas à redire que l'on la préférât à sa fille, mais qu'elle demandoit quelque assurance. On lui donna un papier signé du roi et, je pense, de quelques secrétaires d'État (comme c'est une chose qui sera dans toutes les histoires de ce temps, je ne me mis pas trop en peine d'en savoir le particulier), qui portoit qu'en cas que le roi ne fût pas obligé pour le bien de la Chrétienté et de son État de se marier, il épouseroit la princesse Marguerite. Elle se contenta de cela. Cette négociation retarda son voyage d'un jour » (*ibidem*, p. 320).

45 Le titre en question est celui d'Altesse royale. Par un édit de décembre 1632, Victor-Emmanuel Ier a rappelé ses droits sur le royaume de Chypre, alors aux mains des Ottomans, et revendiqué les honneurs et prérogatives réservés aux maisons couronnées. Cette prétention, refusée par la cour de France sous Louis XIII, a été progressivement satisfaite pendant le ministère de Mazarin : dès 1642, la duchesse régente est appelée Madame Royale, et à partir de 1653, le duc reçoit le titre d'Altesse royale et ses envoyés sont traités comme ceux des rois. Ces faveurs, liées aux relations personnelles de Mazarin avec la cour de Turin, seront réduites dès 1660, en conséquence du traité des Pyrénées, pour s'aligner sur le traitement réservé à la Savoie par la maison d'Autriche (R. Oresko, « The House of Savoy in search for a royal crown », dans *Royal and republican sovereignty in early modern Europe. Essays in memory of Ragnhild Hatton*, dir. R. Oresko, G. C. Gibbs et H. M. Scott, Cambridge, 1997, p. 272-350, et notamment p. 306-311).

46 La prétention de Charles-Emmanuel II à avoir la préséance sur le cardinal lors de l'entrevue de Lyon est également rapporté par la Grande Mademoiselle : « M. de Savoie (...) ne vit point M. le cardinal, parce qu'il ne lui voulut point donner la porte chez lui, quoique feu M. de Savoie l'eût toujours donnée aux cardinaux » (Mlle de Montpensier, *Mémoires*, éd. A. Chéruel, t. III, 1859, p. 318-319).

47 Pour les mêmes raisons que dessus, le duc de Savoie a prétendu avoir la préséance sur le duc d'Anjou, frère de Louis XIV, ce qu'il n'obtint pas (voir Mlle de Montpensier, *ibidem*, p. 312-318)

48 Le duc de Savoie a quitté Lyon subitement le 5 décembre, à la suite d'un bal où il ne dansa pas à cause de son conflit de préséance avec le duc d'Anjou (*ibidem*, p. 318). Madame Royale et ses filles sont parties trois jours plus tard, le 8 décembre, et la cour de France a prolongé son séjour jusqu'au 13 janvier 1659.

49 Montargis (France, Loiret, ch.-l. d'arr.) Lors de leur dernière entrevue lyonnaise, le 12 décembre 1658, Mazarin avait ordonné à Pimentel de ne pas suivre la cour vers Paris, mais de se rendre de son côté à Montargis, pour attendre le retour du courrier de Madrid avec ses nouvelles instructions (D. Séré, *La paix des Pyrénées...*, 2007, p. 351).

50 Château de Berny (France, Val-de-Marne, arr. de L'Haÿ-les-Roses, cant. et comm. de Fresnes). Le château de Berny, reconstruit par François Mansart pour Pierre Brûlart de Sillery en 1623 et aujourd'hui réduit à quelques vestiges, a été acquis par Hugues de Lionne en 1653.

51 Pimentel s'est installé au palais Mazarin, rue Neuve-des-Petits-Champs, le lundi 19 mai 1659. La veille, Hugues de Lionne a donné une grande fête à Berny, où vint toute la Cour ; selon la Grande Mademoiselle, cette réception fut la première apparition officielle de Pimentel : « M. le cardinal y mena Pimentel, et ce fut le premier jour qu'il parut » (Mlle de Montpensier, *Mémoires*, éd. A. Chéruel, t. III, 1859, p. 372).

52 Pithiviers (France, Loiret, ch.-l. d'arr.), anciennement appelé Pluviers.

[53] Jargeau (France, Loiret, arr. d'Orléans, ch.-l. de cant.)

[54] Orléans (France, ch.-l. du Loiret).

[55] La Grande Mademoiselle est entrée le 27 mars 1652 à Orléans et a tenu la ville contre les forces royales jusqu'au 2 mai suivant ; la Cour, alors en route pour Paris, a été contrainte de contourner la ville.

[56] Cléry-Saint-André (France, Loiret, arr. d'Orléans, ch.-l. de cant.)

[57] Saint-Dyé-sur-Loire (France, Loir-et-Cher, arr. de Blois, cant. de Bracieux).

[58] Chambord (France, Loir-et-Cher, arr. de Blois, cant. de Bracieux).

[59] Gaston d'Orléans (1608-1660), frère de Louis XIII. La réception à Chambord est rapportée par la *Gazette* du 5 juillet (*Gazette*, 1659, 8e livraison, p. 638).

[60] Blois (France, ch.-l. du Loir-et-Cher).

[61] Marguerite de Lorraine-Vaudémont (1615-1672), épouse de Gaston d'Orléans depuis 1633.

[62] Amboise (France, Indre-et-Loir, arr. de Tours, ch.-l. de cant.)

[63] Le lendemain, Mazarin, écrivant au roi, fait allusion au présent envoyé à Marie Mancini : « J'ai rendu le paquet en main propre, et j'ai été ravi de voir le portrait du *Confident*, qui parle » (*Lettres du cardinal Mazarin où l'on voit...*, 1745, t. I, p. 14). « Confident » est le pseudonyme couramment utilisé par le cardinal pour désigner le roi dans ses lettres.

[64] Le traité de Paris a été signé le 4 juin 1659 par Pimentel et Mazarin, et non Lionne (D. Séré, *La paix des Pyrénées...*, 2007, p. 391-392).

[65] Manthelan (France, Indre-et-Loir, arr. de Loches, cant. de Ligueil).

[66] Dans sa lettre à la reine mère du 2 juillet, le cardinal évoque bien « (...) le courrier Arnolfini, que j'avois dépêché à S. Sébastien avec l'avis de mon départ de Paris (...) Il a apporté une lettre du baron de Batteville au sieur Pimentel du 28 du passé, par laquelle il lui mande que D. Louis devoit partir le 5 de ce mois » (*Lettres du cardinal Mazarin où l'on voit...*, 1745, t. I, p. 19-20).

[67] Un exemplaire original du traité de Paris avait été adressé à Madrid par Pimentel dès le 5 juin 1659 (voir D. Séré, *La paix des Pyrénées...*, 2007, p. 392 et 401). C'est en ce sens qu'Arnolfini était le deuxième courrier envoyé en Espagne.

[68] Poitiers (France, ch.-l. de la Vienne).

[69] Au même moment, la tête de Pimentel est, de fait, réclamée à Madrid par Pierre Lénet, ministre du prince de Condé en Espagne, en raison du traité de Paris (D. Séré, *La paix des Pyrénées...*, 2007, p. 427-428).

[70] Châtellerault (France, Vienne, ch.-l. d'arr.)

[71] Gaston Jean-Baptiste, comte de Cominges (1613-1670). Au sujet de son ambassade au Portugal, voir *Lettres du comte de Cominges, ambassadeur extraordinaire de France en Portugal (1657-1659)*, éd. Philippe Tamizey de Larroque, Pons, 1885.

[72] Badajoz (Espagne, Estrémadure, ch.-l. de prov.).

[73] Par l'article 73 du traité de Paris et un article secret, l'Espagne accordait une trêve de trois mois au Portugal à compter de l'échange des ratifications ; si après ce délai le Portugal ne reconnaissait pas la souveraineté de Philippe IV, la France s'engageait à ne plus le soutenir en aucune manière (D. Séré, *La paix des Pyrénées...*, 2007, p. 397).

[74] Louise de Guzmán (1613-1666), reine mère et régente de Portugal, veuve de Jean IV de Bragance depuis 1656 et mère du roi Alphonse VI.

[75] « Pimentel (...) demanda une suspension d'armes. Le cardinal eut grande peine à y consentir, de peur que les Espagnols ne fissent semblant de vouloir faire la paix pour gagner cette campagne (...), mais la reine avoit une telle passion pour la conclusion de cette affaire qu'elle fit tout accorder et convint d'une trêve pour les mois de juin et de juillet. Le cardinal en fut fort blâmé, car les armées eussent fait de fort grands progrès durant ces deux mois-là dans les Pays-Bas et en Italie, vu la faiblesse où étoient les Espagnols » (Marquis de Montglas, *Mémoires*, éd. Michaud et Poujoulat, p. 339 ; cité par D. Séré, *La paix des Pyrénées...*, 2007, p. 417).

[76] La nouvelle de l'arrivée à bon port de la flotte des Indes est annoncée en date du 23 avril par la *Gazette* du 17 mai (*Gazette*, 1659, 59e livraison, p. 463).

[77] Le régime du Protectorat, instauré en Angleterre en 1653 par Olivier Cromwell et

maintenu, à sa mort en septembre 1658, au profit de son fils Richard, a été renversé en mai 1659 par le Parlement, qui a rétabli le régime antérieur du Commonwealth.

78 Charles-Gustave de Bavière (1622-1660), comte de Deux-Ponts, roi de Suède sous le nom de Charles X par l'abdication de la reine Christine en 1654. Sitôt monté sur le trône, Charles X a engagé une politique expansionniste, menant une première campagne victorieuse contre la Pologne (1655-1656), puis une autre contre le Danemark (traité de Roeskilde, 27 février 1658), mais à partir de 1657 une coalition s'est constituée entre la Pologne, le Brandebourg et l'empereur, tandis que les Hollandais se portaient au secours du Danemark (L. Bély, *Les relations internationales en Europe, XVIIe-XVIIIe siècle*, Paris, 1992, p. 182-186).

79 Léopold Ier de Habsbourg (1640-1705), roi de Hongrie en 1655, puis empereur en 1658. Depuis le règne de son père, l'empereur Ferdinand III, il était en effet question de le marier à l'infante aînée Marie-Thérèse, sa cousine germaine, et d'ouvrir ainsi la voie à la réunion des deux branches principales de la maison d'Autriche.

80 Aire-sur-la-Lys (France, Pas-de-Calais, arr. de Saint-Omer, ch.-l. de cant.)

81 Saint-Omer (France, Pas-de-Calais, ch.-l. d'arr.)

82 La Rochelle (France, ch.-l. de la Charente-Maritime). Cette ville a été la capitale du parti protestant en France jusqu'à son siège et à sa prise par Louis XIII, en 1627 et 1628.

83 Artus Gouffier (1627-1696), duc de Roannez, gouverneur de Poitou.

84 Lettre du cardinal à la reine, de Châtellerault le 4 juillet 1659 : « Je renvoie le valet de pié avec [le] déplaisir de ne pouvoir vous donner encore avis du retour du courrier d'Espagne (...). Pimentel n'en témoigne pas moins d'inquiétude, mais il assure que les artifices des ministres du prince de Condé ne prévaudront point à la résolution que le roi son maître a prise de faire la paix » (*Lettres du cardinal Mazarin où l'on voit...*, 1745, t. I, p. 23-24).

85 Lettre non retrouvée.

86 L'arrivée de « la ratification pure et simple de tout ce qui avoit été arrêté à Paris » est annoncée au roi dès le 6 juillet (*Lettres du cardinal Mazarin où l'on voit...*, 1745, t. I, p. 25). La *Gazette* du 19 juillet reprend la nouvelle, sans faire toutefois aucune mention explicite du traité ni de sa ratification, car ceux-ci sont encore censés être tenus secrets à cette date : «[S. É.] arriva sur les 8 heures du matin [à Poitiers, le 5 juillet] (...) et le lendemain (...), l'après-disnée, il lui vint un courier d'Espagne qui causa ici beaucoup de joye et la fit résoudre à partir la nuit suivante, pour aller avec toute la diligence possible consommer l'ouvrage de la paix » (*Gazette*, 1659, 86e livraison, p. 688-689). Le récit de Galeazzo Gualdo Priorato (*Histoire de la paix...*, Cologne, 1665, p. 31 ; cité par D. Séré, *La paix des Pyrénées...*, 2007, p. 430), qui place l'événement entre Blois et Amboise, est erroné.

87 William Lockhart (1621-1675), ambassadeur de la république d'Angleterre en France en 1656, puis de nouveau de 1658 à 1660. La *Gazette* du 19 juillet note son arrivée à Poitiers le 5 juillet, et sa première audience auprès du cardinal le lendemain (*Gazette*, 1659, 86e livraison, p. 688).

88 Le même jour, Mazarin informe plusieurs correspondants de la visite de Lockhart, venu accepter, au nom du Parlement britannique, les termes de la suspension d'armes franco-espagnole (*Lettres du cardinal Mazarin...*, éd. G. d'Avenel, t. IX, 1906, n^{os} XCVIII-C, p. 163-168). La question de la défense de Dunkerque en cas de reprise du conflit, évoquée par le narrateur au paragraphe suivant, y est effectivement mentionnée par Mazarin.

89 Olivier Cromwell (1599-1658), généralissime de la république d'Angleterre en 1649, puis lord-protecteur en 1653. Lockhart avait été fait chevalier par Cromwell (1657), puis nommé à la tête des troupes anglaises en Flandre, enfin gouverneur de Dunkerque et ambassadeur en France (1658). La chute du protectorat en mai 1659 n'a pas modifié ses charges.

90 Saint-Jean-de-Luz (France, Pyrénées-Atlantiques, arr. de Bayonne, ch.-l. de cant.)

91 Dunkerque (France, Nord, ch.-l. d'arr.) Cédée à l'Espagne par le traité du Cateau-Cambrésis en 1559, Dunkerque a été prise par les Français en 1646 et reprise par les Espagnols en 1652. En 1658, au terme d'un siège victorieux conduit par Turenne, Mazarin a fait remettre la place aux Anglais, conformément à l'alliance conclue avec Cromwell (original de l'acte de remise en date du 25 juin 1658 : MAÉE, Traités, Grande-Bretagne, 16580006).

92 Une guerre navale a opposé l'Angleterre aux Provinces-Unies de 1651 à 1654, pour des raisons de commerce maritime ; les alliances respectives des deux nations avec la Suède et le Danemark menacent, en 1659, de rallumer la guerre entre elles.

93 L'alliance offensive et défensive conclue entre la France et la république d'Angleterre par le traité de Paris du 23 mars 1657 avait une durée d'un an, et comportait un article secret obligeant les deux puissances à se communiquer toutes les propositions de paix qui pourraient leur être soumises (A. Chéruel, *Histoire de France sous le ministère...*, t. III, 1882, p. 56-57). Renouvelée le 28 mars de l'année suivante sous les mêmes conditions (MAÉE, Traités, Grande-Bretagne 16580005), cette alliance s'est éteinte le 27 mars 1659 et a été remplacée par un simple traité « d'alliance et de garantie » le 3 février 1659 (MAÉE, Traités, Grande-Bretagne 16590007). En juin 1659, la France était donc libre de ne pas informer l'Angleterre de la signature du traité franco-espagnol de Paris.

94 Pierre Lénet (1600-1671), ministre du prince de Condé à Madrid.

95 Bayonne (France, Pyrénées-Atlantiques, ch.-l. d'arr.)

96 Hiers-Brouage (France, Charente-Maritime, arr. de Rochefort, cant. de Marennes).

97 Bordeaux (France, ch.-l. de la Gironde), capitale de l'ancienne province de Guyenne.

98 Couhé (France, Vienne, arr. de Montmorillon, ch.-l. de cant.)

99 Les lettres au roi et à la reine, de Couhé, ont été éditées sous la date erronée du 16 juillet (*Lettres du cardinal Mazarin où l'on voit...*, 1745, p. 31-39).

100 Villefagnan (France, Charente, arr. de Confolens, ch.-l. de cant.)

101 Châteauneuf-sur-Charente (France, Charente, arr. de Cognac, ch.-l. de cant.)

102 Charles de Sainte-Maure (1610-1690), marquis de Montausier, gouverneur d'Angoumois et de Saintonge depuis 1645.

103 Antoine III de Gramont (1604-1678), maréchal de France (1641), puis duc et pair (1648), gouverneur de Navarre et du Béarn.

104 Jacques Caillet (?-1697), secrétaire des commandements du prince de Condé, en exil avec lui dans les Pays-Bas espagnols. En mai 1659, le prince l'a envoyé de Bruxelles à Madrid « pour deffendre ses intérêts et ceux de ses partisans » (ses instructions, en date du 11 mai, sont publiées dans P. Lénet, *Mémoires...*, éd. Champollion-Figeac, 1838, p. 627-628).

105 Voir la narration que Mazarin fait de sa rencontre avec Caillet – « cette aventure dont je suis certain que vous ne serez pas moins surpris que je ne l'ai été », écrit-il – dans sa lettre à Le Tellier datée de Villefagnan le 8 juillet 1659 (*Lettres du cardinal Mazarin où l'on voit...*, 1745, t. I, p. 43-39).

106 Il avait été convenu que le traité signé à Paris le 4 juin 1659 serait resté secret jusqu'à l'arrivée des ministres sur la frontière ; la rencontre avec Jacques Caillet a prouvé à Mazarin que les Espagnols n'avaient pas respecté leur parole et il n'a dès lors plus fait de mystère sur le traité. Melani n'en avait sans doute pas connu la teneur avant cette date, aussi il l'expose-t-il dans les paragraphes suivants.

107 Le « Conseil Catholique », formule elliptique pour : le « Conseil [d'État du Roi] Catholique ».

108 Marguerite-Thérèse d'Autriche (1651-1673), fille cadette de Philippe IV, née de son second lit.

109 Philippe II Spinola (1594-1659), marquis de los Balbases, duc de San Severino.

110 Fernando de Fonseca Ruiz de Contreras (?-1660), secrétaire du roi en 1621, secrétaire d'État et du *Despacho universal* depuis 1648.

111 Ce paragraphe relatif aux assemblées de gouvernement espagnoles et aux négociations de Madrid en 1656 est à comparer avec une relation de le cour d'Espagne en 1658 par Domenico Zane, ambassadeur de Venise en Espagne de 1656 à 1658, car certains passages se retrouvent presque mot pour mot dans le récit de Melani : « Resta però tuttavia l'uso delle giunte sudette, le quali riducendole sopra qualsisia negotio che voglia il favorito, si divertiscono dal foro competente le materie più importanti, da che ne segue che i consigli rimangono *con la formalità solamente del loro nome*. Quello di Stato in particolare, a cui

da un tempo in qua si partecipa solo quanto si risolve dalla giunta sopra gli /fol. 323v/ affari, senza curarsi né pur d'intendere suo parere. *Quando monsù di Lione fu due anni sono in Madrid per l'affare della pace, tutto si maneggiava in casa di D. Luigi, con l'assistenza di Pegnaranda e del marchese Spinola solamente, i quali con lo stesso D. Luigi d'Aro e D. Ferdinando di Contreras, segretario del dispaccio, formavano la giunta di Stato, senza che mai fosse partecipato al consiglio medesimo, nel spazio di tre mesi che Lionne si tratenne in quella corte, la sua venuta, non che li di lui maneggi* ». (MAÉE, Corr. pol., Espagne, vol. 19, fol. 292-367v, *Relazione d'un ambasciatore veneto alla corte di Spagna*, sous la date erronée de 1638 ; passage cité fol. 323v, partiellement traduit par D. Séré, *La paix des Pyrénées...*, 2007, p. 269 ; une autre copie de ce document est conservée dans Corr. pol., Espagne, vol. 38, fol. 348-362 ; sont indiqués en italique les passages qui paraissent avoir été interpolés par Melani).

112 João da Costa (1610-1664), comte de Soure. Nommé en 1659 ambassadeur extraordinaire de Portugal en France, il est demeuré à Paris après le départ de Mazarin pour les Pyrénées et a y recruté des militaires français, tandis que le résident de Portugal a suivi le cardinal (voir ci-après, *Viaggio...*, fol. 47, 53, 65v et n. 250).

113 Ceci pour dire : si le Portugal ne connaît pas de révolte [contre son propre roi, Alphonse VI], les Espagnols auront grand peine à le reconquérir.

114 Jonzac (France, Charente-Maritime, ch.-l. d'arr.) « Le 12 de ce mois, S. É. (...) se rendit à Jonsac, où elle fut splendidement traitée par le marquis de ce nom » (*Gazette*, 1659, 89e livraison, p. 712).

115 Montlieu-la-Garde (France, Charente-Maritime, arr. de Jonzac, ch.-l. de cant.)

116 Libourne (France, Gironde, ch.-l. d'arr.) « (...) Le treizième, [S. É.] arriva ici, accompagnée du sieur de Saint-Luc, lieutenant du roy dans la province, qui estoit allé audevant d'elle avec la compagnie de ses gardes et force noblesse. Le mesme jour, elle receut les complimens de l'archevesque de Bordeaux et des députez du parlement, comme aussy de la cour des aydes, des trésoriers de France et des autres corps de la mesme ville » (*Gazette*, 1659, 89e livraison, p. 712).

117 Cette lettre de Mazarin à L. de Haro, du 13 ou du 14 juillet 1659, n'a pas été retrouvée.

118 Annexé en 1580 par Philippe II d'Espagne, le Portugal s'est révolté en 1640 et a donné la couronne au duc Jean de Bragance, chef d'une maison issue d'une branche bâtarde de l'ancienne maison royale, qui régna sous le nom de Jean IV (1604-1656).

119 François de Lopès, marquis de Montdevergues.

120 À la mort du marquis de Bellebrune, gouverneur de Hesdin, en février 1658, Balthasar de Fargues, major du régiment de Bellebrune, est venu à la cour pour offrir le rachat du gouvernement au profit de Jacques de La Rivière, lieutenant de roi à Hesdin, qui était à la fois son beau-frère et un parent de la veuve du marquis, exigeant dans le cas contraire une énorme récompense financière. Le gouvernement ayant été attribué au comte de Moret en dépit de leurs revendications, Fargues et La Rivière ont organisé la rébellion de la place et se sont placés sous la protection du maréchal d'Hocquincourt, qui était lui-même passé à l'Espagne (voir A. de Boislisle, « La rébellion d'Hesdin. Fargues et le premier président Lamoignon (1658-1668) », dans *Revue des questions historiques*, t. LXII, 1897-II, p. 93-156 et 411-465).

121 Ce premier point du programme de réforme attribué à Mazarin, concernant les gouvernements de place, est à comparer avec le *Mémoire* de Louis XIV sur l'année 1661 : « Quant aux gouverneurs des places, qui abusaient si souvent eux-mêmes de leur pouvoir, je leur ôtai premièrement le fonds des contributions qu'on leur avait abandonné durant la guerre, sous prétexte de pourvoir à la sûreté de leurs places sans attendre le secours des finances, et de les tenir en bon état (...). Je renouvelai en second lieu, insensiblement et peu à peu, presque toutes les garnisons, ne souffrant plus qu'elles fussent composées, comme auparavant, de troupes qui étaient de leur dépendance, mais d'autres au contraire qui ne connaissaient que moi » (Louis XIV, *Mémoires*, année 1661, livre II, section 1 ; éd. J. Longnon, 1978, p. 61).

122 En tant que surintendant des finances, Nicolas Fouquet a d'abord été chargé, en

juillet 1659, d'exiger de la ville de Paris un don gratuit de 150 000 livres, pour subvenir aux dépenses du voyage de la cour ; cette exigence a ensuite été étendue à toutes les villes et provinces du royaume, en prévision des frais du mariage du roi.

123 Basile Fouquet (1622-1680), abbé commendataire de Barbeau, Nouaillé et Rigny, frère cadet de Nicolas Fouquet.

124 Saint-Mandé (France, Val-de-Marne, arr. de Nogent-sur-Marne, ch.-l. de cant.) Nicolas Fouquet a acheté en 1654 un domaine à Saint-Mandé, où il a fait bâtir une grande maison de campagne, à proximité immédiate du château du Bois de Vincennes.

125 Si l'on sait bien que les relations entre Basile et Nicolas Fouquet sont devenues conflictuelles depuis 1658, cette rencontre prétendue entre l'abbé et Mazarin ne semble pas attestée par ailleurs, et les biographes de Fouquet n'en font pas mention. L'abbé a entretenu une correspondance très régulière avec le cardinal pendant son séjour à Saint-Jean-de-Luz, lui envoyant régulièrement des nouvelles et des « avis » (*Lettres du cardinal Mazarin pendant…*, éd. G. d'Avenel, t. IX, 1906, lettres des 10 et 29 juillet, 1er et 18 septembre, 14 octobre 1659, éd. p. 212, 263, et notices p. 802, 818, 851, 866).

126 Les quelques lignes que Melani consacre aux finances royales décrivent très justement l'état de la question au cours de l'été 1659. Autour de Jean-Baptiste Colbert s'est alors constitué un parti, ou cabale, ennemi du surintendant Fouquet et favorable à une reprise en main ostensible des finances au nom du roi. L'institution d'une juridiction extraordinaire pour traquer les abus fait partie des solutions régulièrement mises en avant. Le 31 août 1659, Colbert écrivait ainsi à son maître : « Les finances en gros ont grand besoin d'une chambre de justice sévère et rigoureuse » (Colbert, *Lettres, instructions, mémoires…*, éd. P. Clément, t. I, p. 361). Le cardinal s'est cependant toujours montré hostile à toute brutalité en la matière, voyant dans les financiers un mal nécessaire et reconnaissant les services rendus par Fouquet dans ses fonctions.

127 Sur ce point, voir le *Mémoire* de Louis XIV pour 1661 : « L'élévation trop grande des parlements avait été dangereuse à tout le royaume durant ma minorité. Il fallait les abaisser, moins pour le mal qu'ils avaient fait que pour celui qu'ils pouvaient faire à l'avenir. (…) Il était juste (…) de réduire toutes choses dans leur ordre légitime et naturel, quand même, ce que j'ai évité néanmoins, il eût fallu ôter à ces corps ce qui leur avait été donné autrefois (…) » (Louis XIV, *Mémoires*, année 1661, livre II, section 1, éd. J. Longnon, 1978, p. 59).

128 Ce volume imprimé regroupait peut-être la série dite du *Journal des assemblées du parlement*, ou *Histoire du temps présent*, publiée par Gervais Alliot et Émmanuel Langlois en quatre fascicules entre 1649 et 1653.

129 La bataille des Dunes a été gagnée par les troupes françaises et anglaises commandées par Turenne contre l'armée espagnole dirigée par le prince de Condé, le 14 juin 1658, à proximité de Dunkerque. Cette victoire a joué un rôle décisif dans le basculement du conflit en faveur de la France, et dans la relance du processus de paix entre les deux couronnes.

130 Le droit annuel – dit paulette du nom du financier Paulet qui a été le premier le percevoir au nom du roi – a été institué par Henri IV par la déclaration du 12 décembre 1604. Il a achevé de garantir l'hérédité des offices royaux de justice et de finances, en supprimant les limites au droit de résignation de ceux-ci.

131 Sur la qualité du personnel des juridictions royales, voir le constat dressé dans le *Mémoire* de Louis XIV pour l'année 1661 : « La justice, à qui il appartenait de réformer tout le reste, me paraissait elle-même la plus difficile à réformer. Une infinité de choses y contribuaient : les charges remplies par le hasard et par l'argent, plutôt que par le choix et par le mérite ; peu d'expérience en une partie des juges, moins de savoir ; les ordonnances sur l'âge et le service éludées presque partout (…) » (Louis XIV, *Mémoires*, année 1661, livre I, éd. J. Longnon, 1978, p. 36)

132 Cette allusion à la dépréciation des offices parlementaires est peut-être liée à l'affaire de la succession du premier président de Bellièvre : Pomponne de Bellièvre (1606-1657), qui exerçait la charge de premier président au parlement de Paris et entretenait un esprit de résistance et de liberté par rapport à l'autorité royale, est mort en 1657, et Mazarin a laissé

sa charge vacante pendant plusieurs mois, jusqu'à la nomination de Guillaume de Lamoignon (A. Chéruel, *Histoire de France sous le ministère*..., t. III, 1882, p. 47-49).

133 L'ennemi commun : l'Empire ottoman. Cette appellation a été diffusée par la diplomatie vénitienne depuis le XVIe siècle, et reprise par la diplomatie pontificale (G. Poumarède, *Pour en finir avec la Croisade. Mythes et réalités de la lutte contre les Turcs aux XVIe et XVIIe siècles*, Paris, 2004, p. 57-59). Voir également ci-après, *Viaggio*..., fol. 31v-33, et n. 136.

134 Depuis la déclaration royale du 18 juillet 1656, qui renouvelait toutes les restrictions à l'Édit de Nantes ordonnées sous Louis XIII, Mazarin a adopté une politique hostile aux Églises réformées, encore renforcée par une déclaration du 16 décembre 1656 et des arrêts en commandement du 11 janvier 1657 (P. Blet, *Le clergé de France et la monarchie : étude sur les assemblées générales du clergé de 1615 à 1666*, Rome, 1959, t. 2, p. 358-361). L'analyse des faits donnée par le narrateur est toutefois biaisée : si des places protestantes ont en effet été mises en défense pendant la Fronde, c'était surtout dans un esprit de fidélité à l'égard du roi et de son gouvernement ; ce loyalisme avait d'ailleurs été récompensé par la déclaration royale du 21 mai 1652, qui avait rétabli l'Édit de Nantes dans son intégralité (S. Deyon, *Du loyalisme au refus : les protestants français et leur député général entre la Fronde et la Révocation de l'Édit de Nantes*, Lille, 1976, p. 36-54).

135 La politique royale de rigueur légale à l'égard des protestants, dont le principe est ici attribué à Mazarin, est détaillée dans le *Mémoire* de Louis XIV pour l'année 1661 : « Quand à ce grand nombre de mes sujets de la religion prétendue réformée (...), je formais dès lors le plan de toute ma conduite envers eux, que je n'ai pas lieu de croire mauvaise, puisque Dieu a voulu qu'elle ait été suivie et le soit encore tous les jours, d'un grand nombre de conversions. Il me sembla, mon fils, que ceux qui voulaient employer des remèdes extrêmes et violents ne connaissaient pas la nature de ce mal, causé en partie par la chaleur des esprits, qu'il faut laisser passer et s'éteindre insensiblement (...) » (Louis XIV, *Mémoires*, année 1661, livre II, section 2, éd. J. Longnon, 1978, p. 75-76) et « (...) je crus, mon fils, que le meilleur moyen pour réduire peu à peu les huguenots de mon royaume était de ne les point presser du tout par aucune rigueur nouvelle, de faire observer ce qu'ils avaient obtenu sous les règnes précédents, mais aussi de ne leur accorder rien de plus et d'en renfermer même l'exécution dans les plus étroites bornes que la justice et la bienséance le pouvaient permettre. (...) Mais quant aux grâces qui dépendaient de moi seul, je résolus et j'ai assez ponctuellement observé depuis, de n'en faire aucune à ceux de cette religion (...) pour les obliger par là à considérer de temps en temps, d'eux-mêmes et sans violence, si c'était par quelque bonne raison qu'ils se privaient volontairement des avantages qui pouvaient leur être communs avec mes autres sujets » (*ibidem*, p. 77-78).

136 Sur les projets de Mazarin en vue d'une croisade contre l'Empire ottoman après le rétablissement de la paix générale en Europe, voir R. Darricau, « Mazarin et l'empire ottoman. L'expédition de Candie », dans *Revue d'histoire diplomatique*, t. 74, 1960, p. 335-355 ; M. Laurain-Portemer, « Le statut de Mazarin dans l'Église. Aperçus sur le haut clergé de la Contre-Réforme », dans *Études mazarines*, t. I, 1981, p. 152-153 ; G. Poumarède, *Pour en finir avec la Croisade*..., 2004, p. 288-292 et 406-429.

137 En 1658, le grand vizir a accusé l'ambassadeur de France à Constantinople, Jean de La Haye-Vantelet, d'entretenir une correspondance secrète avec les Vénitiens, et l'a fait emprisonner. François Blondel, précédemment agent de France à Hambourg, est envoyé en mission auprès de la Porte pour régler le différend. Arrivé à Constantinople le 24 décembre 1658, il a négocié pendant deux mois, en vain, puis s'en est retourné à Paris. La Haye-Vantelet ne fut libéré qu'en 1660 (R. Darricau, « Mazarin et l'empire ottoman... », 1960, p. 343).

138 Jean II Casimir Vasa (1609-1672), élu roi de Pologne en 1648.

139 Philippe-Prosper de Habsbourg (1657-1661), infant d'Espagne. La désignation du « petit prince » au singulier pourrait indiquer que ce passage a été rédigé par Melani après la mort du second infant, Ferdinand-Thomas, survenue le 23 octobre 1659.

140 Voir ci-dessus, *Viaggio*..., fol. 17v et n. 79.

141 Arras (France, ch.-l. du Pas-de-Calais).

[142] Vieux-Brisach (Allemagne, Bade-Wurtemberg, distr. de Fribourg-en-Brisgau, arr. de Breisgau-Hochschwartzwald).

[143] Pignerol (Italie, Piémont, prov. de Turin).

[144] Perpignan (France, ch.-l. des Pyrénées-Orientales).

[145] Cadillac (France, Gironde, arr. de Bordeaux, ch.-l. de cant.)

[146] Bernard de Nogaret de La Vallette et de Foix (1592-1661), duc d'Épernon, gouverneur de Guyenne.

[147] Bazas (France, Gironde, arr. de Langon, ch.-l. de cant.)

[148] Roquefort (France, Landes, arr. de Mont-de-Marsan, ch.-l. de cant.)

[149] Louise-Marie de Gonzague de Clèves (1611-1667), reine de Pologne par son mariage avec le roi Ladislas IV Vasa en 1645 ; à la mort de ce dernier, elle a épousé son beau-frère, élu au trône de Pologne, Jean II Casimir Vasa.

[150] Anne de Gonzague de Clèves (1616-1684), princesse palatine par son mariage en 1645 avec Édouard de Bavière (1625-1663), comte palatin du Rhin.

[151] Cette correspondance relative à la couronne de Pologne n'a pas été retrouvée ; une expédition à la reine de Pologne est toutefois mentionnée dans deux lettres du cardinal du 26 juillet 1659 (*Lettres du cardinal Mazarin pendant*..., éd. G. D'Avenel, t. IX, lettres CXXII et CXXIII, p. 202-203).

[152] Jacques (1633-1701) et Henri (1640-1660), frères cadets de Charles II Stuart, roi d'Angleterre alors en exil.

[153] Henri-Jules de Bourbon (1643-1709), duc d'Enghien jusqu'en 1686, puis duc de Condé.

[154] Mathias de Médicis (1613-1667), frère de Ferdinand II, grand-duc de Toscane.

[155] Maximilien-Philippe de Bavière (1638-1705), frère de Ferdinand-Marie, duc-électeur de Bavière.

[156] Louis II de Vendôme (1612-1669), duc de Mercœur.

[157] Jean-Louis-Charles (1646-1694) et Charles-Paris d'Orléans-Longueville (1649-1679), fils de Henri II d'Orléans, duc de Longueville (1595-1663).

[158] Henri de Lorraine, comte d'Harcourt (1601-1666).

[159] Mathias de Médicis a en effet participé à la guerre de Trente Ans, combattant au côté des armées impériales de 1631 à 1641 ; il n'avait que quatre ans de moins que le roi de Pologne Jean II Casimir. Atto Melani entretenait une correspondance fournie avec ce prince cadet de la maison de Médicis, dont il était sujet par sa naissance toscane ; voir ci-dessus, *Introduction*, p. 14-15.

[160] Les « cours autrichiennes » : formule elliptique, pour les « cours de la maison d'Autriche », c'est-à-dire Vienne et Madrid.

[161] Louise-Marie (1647-1679) et Anne-Henriette-Julie (1648-1723) de Bavière, filles d'Édouard, comte palatin du Rhin et d'Anne de Gonzague de Clèves.

[162] De fait, Anne-Henriette-Julie de Bavière a été mariée en 1663 à Henri-Jules de Bourbon, duc d'Enghien, que Louise-Marie de Gonzague espérait voir succéder à son époux sur le trône électif de Pologne.

[163] Mont-de-Marsan (France, Landes, ch.-l. d'arr.)

[164] Alessandro Orsini (1592-1626), légat pontifical en Espagne, puis cardinal en 1615.

[165] Tartas (France, Landes, arr. de Dax, ch.-l. de cant.).

[166] Dax (France, Landes, ch.-l. d'arr.). Dax est située au sud de l'ancienne province de Guyenne, à proximité de sa frontière avec le Béarn.

[167] Le 23 juillet suivant, pendant son séjour à Bidache, Mazarin écrit effectivement au secrétaire d'État Brienne : « (...) Le s[r] de Mondevergues ne pouvant aller en poste à cause d'une incommodité qu'il a, on a remis lesdictes despesches pour Portugal au sieur de Dumas, qui, à la vérité, n'est pas si pratique en fait de négociations ; mais, ayant sa leçon par escrit, il ne sçauroit manquer et il rapportera response bien plus diligemment que n'auroit fait ledict sieur de Mondevergues, quand mesme il se seroit bien porté » (*Lettres du cardinal Mazarin pendant*..., éd. G. d'Avenel, t. IX, 1906, lettre n° XCVII, p. 191).

168 Bidache (France, Pyrénées-Atlantiques, arr. de Bayonne, ch.-l. de cant.)

169 Les lettres adressées par Mazarin au roi et à la reine mère, du 23 juillet 1659 à Bidache, ont été éditées (*Lettres du cardinal Mazarin où l'on voit...*, 1745, t. I, p. 85-90). Le cardinal ne leur demande pas exactement de repousser leur départ de Fontainebleau, mais de renoncer de faire un détour jusqu'à La Rochelle, où le roi désire rendre visite à Marie Mancini.

170 À l'occasion des voyages de la cour, l'attribution de logements par les fourriers du roi au moyen d'une inscription à la craie sur la porte, commençant par le mot « pour... », était un privilège envié, que les ducs et pairs n'ont jamais obtenu (M. Marion, *Dictionnaire des institutions de la France aux XVIIe et XVIIIe siècles*, Paris, 1923, p. 351). La lettre en question, effectivement adressée de Bidache le 23 juillet aux ducs et pairs d'Uzès, de Sully, de Luynes, de Lesdiguières, de Chaulnes, de Richelieu, de La Rochefoucauld, de Brissac et de Saint-Simon, a été analysée dans les *Lettres du cardinal Mazarin pendant...*, éd. G. d'Avenel, t. IX, 1906, p. 812.

171 Jacques de Jant, dit le chevalier de Jant (1626-1676). Ayant déjà accompli une mission diplomatique auprès de Jean IV de Portugal en 1655, il est de nouveau envoyé le 26 juin 1659 auprès de la reine régente Louise de Guzmán et de son fils, Alphonse VI (voir J. Tessier, *Le chevalier de Jant. Les relations diplomatiques de la France avec le Portugal au temps de Mazarin*, Paris, 1877).

172 Saint-Sébastien (Espagne, Pays basque, prov. du Guipuzcoa, com. de Donostialdea).

173 Cette lettre au chevalier de Jant est sans doute celle de Pimentelli dont l'original est conservé, sans adresse de destinataire, datée du 20 juillet 1659 à Saint-Sébastien : « Monsieur, je suis arrivé en ceste ville à ce matin, au mesme temps que monsieur don Luys de Haro arrivet ausi ; S. Exc. ayant esté très aise d'avoir apris par moy que monsieur le cardinal faiset son voyage vers la frontière en perfecte santé, je (...) vous suplie de me vouloir faire savoir par ce courier le jour que S. É. arrivera à Bayone et s'il se avancera à Saint-Jan-de-Luz sans faire séjour audit Bayone (...) » (MAÉE, Corr. pol., Espagne, vol. 38, fol. 110-111v).

174 Irun (Espagne, Pays basque, prov. du Guipuzcoa, com. de Basse-Bidassoa).

175 Voir la lettre de Mazarin à Le Tellier, du 25 juillet 1659 à Bayonne (*Lettres du cardinal Mazarin où l'on voit...*, 1745, t. I, p. 90-91).

176 Ranuce II Farnèse (1630-1694), duc de Parme et de Plaisance depuis 1646.

177 Castro (Italie, Latium, prov. de Viterbe, comm. d'Ischia di Castro). Le duché de Castro, propriété des Farnèse, mais dépendant anciennement du Territoire de saint Pierre, a été l'objet d'une première guerre, de 1641 à 1643, entre le pape Urbain VIII Barberini (1622-1644) et le duc de Parme Odoardo Farnèse, son débiteur. En 1649, l'assassinat du nouvel évêque de Castro – nommé par Innocent X (1644-1655) et récusé par le duc Ranuce II, fils d'Odoardo – a rallumé le conflit. De nouveau occupée par les troupes ponficales, la ville a été rasée sur ordre d'Innocent X l'année suivante ; c'est alors que le duché de Castro a alors été saisi par la Chambre apostolique, qui a donné au duc de Parme un délai de huit ans pour rembourser son passif.

178 François Ier d'Este, duc de Modène (1610-1658). De 1655 à sa mort, le 14 octobre 1658, le duc de Modène a eu le commandement des troupes françaises en Italie en tant que lieutenant général du roi, et il a dirigé à ce titre les attaques contre le Milanais, prenant notamment les places de Trino (22 juillet 1658) et de Mortara (25 août 1658).

179 Le cardinal Fabio Chigi (1599-1667), dont la famille est originaire de Sienne, a été élu pape en 1655, sous le nom d'Alexandre VII, avec l'appui de l'Espagne.

180 Giulio Cesare Sacchetti (1586-1663), cardinal en 1626. Les Sacchetti furent parmi les premiers patrons de Mazarin, à la fin des années 1620 ; le cardinal Sacchetti a été soutenu, en vain, par le parti français lors des élections pontificales de 1644 et de 1655.

181 Alessandro Bichi (1596-1657), cardinal depuis 1633. Lié à Mazarin depuis sa nonciature à Paris (1631-1634), il fut un des ses plus fidèles amis et correspondants (voir à son sujet G. Dethan, *Mazarin et ses amis*, Paris, 1968, *passim* et notamment p. 104-107, et *Mazarin, un homme de paix à l'âge baroque (1602-1661)*, Paris, 1981, p. 83-95). En 1655, il a dirigé le parti français à Rome à l'occasion de l'élection d'Alexandre VII Chigi.

182 Charles IV (1604-1675), duc de Lorraine et de Bar. Allié peu fiable pour les Espagnols, ceux-ci l'ont fait arrêter à Bruxelles le 25 février 1654. Transféré en Espagne, il a été tenu prisonnier à Tolède. En juillet 1659, il est remis en liberté limitée, sans avoir encore le droit de sortir des territoires du Roi Catholique.

183 Charles, baron de Vatteville ou Watteville (?-1670), capitaine général du Guipuzcoa et gouverneur de Saint-Sébastien.

184 Fontarabie (Espagne, Pays basque, prov. du Guipuzcoa, com. de Basse-Bidassoa).

185 Hendaye (France, Pyrénées-Atlantiques, arr. de Bayonne, ch.-l. de cant.)

186 En 1615 a été conclu le mariage croisé de Louis XIII avec Anne d'Autriche, fille de Philippe III d'Espagne, de l'infant Philippe, futur Philippe IV, avec Élisabeth de France, fille de Henri IV. L'échange des princesses, effectué le 9 novembre 1615, n'eût pas exactement lieu sur l'île des Faisans, mais au Pas de Béhobie, « à l'orient de cette isle, à 150 pas de distance ou environ » comme le précise le géographe Beaulieu sur le *Plan de l'isle des Faisans à présent dite de la Conférance*.

187 Le statut des îles de la Bidassoa était alors discuté, car le fleuve, qui détermine la frontière, peut passer, alternativement, à leur gauche ou à leur droite. Au début du mois d'août 1659, Médavy, évêque de Sées, a écrit à Mazarin : « Ce nom d'isles ne se doit donner qu'au temps que la mer a son reflus, parce que la petite isle, comme la grande, est toute au-delà du cours ordinaire de la rivière, et si elle fait séparation des roiaumes, l'isle est toute en France ; et quand V. É. ira à la 1re conférence, si c'est avant trois heures après midy, tous les pons que vous faites faire pour passer ne couvrent aucune eau, n'y ayant que le reflus qui y face canal » (MAÉE, Corr. pol., Espagne, vol. 38, fol. 131v-132). L'île de la Conférence bénéficie aujourd'hui encore d'un statut de condominium, à la souveraineté alternée.

188 Château d'Uturbie (France, Pyrénées-Atlantiques, arr. de Bayonne, cant. d'Hendaye, comm. d'Urrugne).

189 Lorsque l'hôte garde le lit, il est dispensé des formalités de protocole auxquelles son invité pourrait prétendre ; l'indisposition simulée est de ce fait un artifice fréquent pour éviter les difficultés de cet ordre.

190 Dans sa lettre à Le Tellier du 30 juillet 1659, Mazarin indique effectivement qu'il est alors question les Espagnols fassent « bastir une baraque » sur l'île, « sans préjudice des droits du roi » (*Lettres du cardinal Mazarin où l'on voit*..., 1745, t. I, p. 112).

191 Cette allusion pourrait être le signe d'une rédaction *a posteriori*, car la présence de Lénet « habillé à l'espagnole » a fait scandale lors de la première conférence sur l'île, le 13 août suivant (G. Gualdo Priorato, *Histoire de la paix*..., 1667, p. 144). Voir ci-après, *Viaggio*..., fol. 53-54.

192 Voir ci-après, n. 251.

193 Sur l'affaire de l'échange des premières visites et la position de Luis de Haro à ce sujet, transmise par Pimentel le 30 juillet 1659, voir la lettre adressée par Mazarin à Le Tellier le même jour (*Lettres du cardinal Mazarin où l'on voit*..., 1745, t. I, p. 110-114).

194 Pierre, comte de Chouppes (1612-1684), ambassadeur de France à Lisbonne de 1657 à 1659, lieutenant général des armées du roi, commandant en chef de Catalogne.

195 Lettres de Mazarin au roi, à la reine et Le Tellier, du 5 août 1659, de St-Jean-de-Luz (*Lettres du cardinal Mazarin où l'on voit*..., 1745, t. I, p. 117-127) ; le texte conservé ne mentionne pas explicitement le prolongement du séjour de la cour à Poitiers, mais cette demande devait se trouver dans les courriers originaux, car le 7 août suivant, Mazarin a mandé au roi : « (...) Je crois que celle-ci vous trouvera à Poitiers, quand même vous aurez eu agréable d'y séjourner trois ou quatre jours, ainsi que je vous avois supplié par M. Le Tellier, croyant de vous pouvoir donner avis du résultat de la première conférence auparavant que vous partissiez dudit lieu » (*ibidem*, p. 127-128).

196 Des nouvelles générales en provenance de Madrid, datées du 7 juillet 1659, sont conservées dans la correspondance du cardinal Mazarin (MAÉE, Corr. pol., Espagne, vol. 38, fol. 105-107) ; elles portent sur le départ de Luis de Haro, décrivent sa suite et annoncent le don gratuit exigé par Philippe IV en faveur de son futur voyage.

197 Le bâtiment sur l'île était entièrement bâti de charpenterie et de planches et, comme sa construction, son ameublement était à la charge des deux parties. Dans la salle

des conférences, il a fallu s'accorder pour que les deux moitiés ne soient pas trop dissemblables. Une lettre de Lionne à Pimentel, en date du 8 août, confirme le récit de Melani : « Touchant nostre dernier discours d'hier, monseigneur le cardinal me commande de dire à V. Exc. premièrement, en général, qu'il fera et avec grand plaisir tout ce que le s^r don Louys désirera. Je n'auroit eu que cela seul à vous mander, parce qu'il comprend tout, mais puisque vous avez encore exigé de moy que je particularisasse d'advantage les choses, je vous diray touchant le parement de la chambre commune en premier lieu que S. É. s'en remet tellement à tout ce que S. Exc. voudra que s'il croioit de luy plairre dadvantage en ne mettant rien de son costé, il le feroit avec joye ; mais puisque peut-estre il le voudra pas de la sorte, que si S. Exc. veut mettre quelque tapisserie avec de l'or, on la mettra de mesme de ce costé ; si elle veut une tapisserie d'esté sans or, on la mettra de mesme ; si elle veut y en mettre de plus vilhes, on s'y accomodera selon la possibilité. Mandez-moi s'il vous plaît précisément son intention et sa détermination. Si le s^r don Louys avoit icy les portraits de Leurs Majestez Catholiques et qu'il voulût le mettre de son costé dans cette chambre, monseigneur le cardinal y feroit aussy mettre celuy du roy nostre m^e et de la royne » (MAÉE, Corr. pol., Espagne, vol. 38, fol. 127).

198 Le nombre des présents à été limité sur demande de Mazarin, comme l'indique une lettre de Lionne à Pimentel du 8 août 1659 : « Quant à la noblesse qui entrera dans l'isle, (...) il faudra modérer l'ardeur de la pluspart et les distribuer pour y venir les uns après les autres, et S. É. juge qu'il faut se réduire de part et d'autre au nombre de soixante et ne permettre pas, des deux costez, qu'il y en entre dadvantage, ou mesme moins si le s^r don Louys le désiroit ; S. É. m'a mesme dit que, s'il le falloit pour luy plaire d'advantage, il y iroit seul avec un valet » (MAÉE, Corr. pol., Espagne, vol. 38, fol. 127v).

199 Plusieurs documents indiquent en effet que l'on avait initialement pensé diviser l'île sur sa largeur, en laissant aux Français l'amont et aux Espagnols, l'aval. Selon une lettre de Lionne au cardinal, en date du 10 août, ce premier projet était celui de Vatteville : « Je n'avois pas rejetté le project de Bateville, parce qu'il me sembloit que nous y avions un advantage que, peut-estre, il n'avoit pas remarqué, qui estoit que nos bastimens avoient le dessus de la rivière, qui est à mon sens tout ce dont on pouvoit en pareille occasion s'advantager sur eux ; pour ce qui est de la gauche ou de la droite, cela estoit esgal, car si nous prenions leur gauche, en certain sens, ils prenoient aussi la nostre » (MAÉE, Corr. pol., Espagne, vol. 38, fol. 126).

200 Giovanni Luca Durazzo, résident de la république de Gênes en France depuis le mois de mai 1659.

201 François de Bertrand, s^r de Chamosset, président ordinaire au Sénat de Savoie depuis 1647, résident de Savoie en France (instruction du 17 juin 1659).

202 Baldassare Sannazzaro, résident de Mantoue en France en 1659, dont les dépêches sont conservées à Mantoue, Arch. di Stato, Archivio Gonzaga, busta 686 ; à ne pas confondre avec Girolamo Sannazzaro, comte de Giarole, qui représentait le duc de Mantoue dans les négociations de Santhià au mois d'août 1659 (je remercie Madame Daniela Ferrari, directrice de l'Archivio di Stato de Mantoue, pour les informations qu'elle a eu l'obligeance de me donner à ce sujet).

203 Pietro Bonsi (1631-1703), agent du grand-duc de Toscane en France de 1656 à 1658, puis son résident officiel de 1658 à 1661.

204 Alphonse IV d'Este (1634-1662), duc de Modène depuis 1658. L'alliance politique avec la France, choisie par son père François Ier d'Este (voir ci-dessus, *Viaggio*..., n. 178) s'est doublée d'une alliance matrimoniale avec la famille de Mazarin, puis qu'Alphonse IV a épousé en 1655 Laure Martinozzi, nièce du cardinal (voir G. Poumarède, « Mazarin, marieur de l'Europe. Stratégies familiales, enjeux dynastiques et géopolitique au milieu du XVIIe siècle », dans *XVIIe siècle*, n° 243, 2009-2, p. 205-211).

205 À la mort de François Ier d'Este, en 1658, son fils Alphonse VI a choisi d'entamer des négociations séparées avec l'Espagne, avec l'approbation de la France (voir D. Séré, *La paix des Pyrénées*..., 2007, p. 508-509). L'accord, conclu en avril 1659, a placé le duc de Modène en position de neutralité entre les deux Couronnes, sous condition que Philippe IV le soutiendrait auprès de l'empereur en vue d'obtenir l'investiture de Correggio.

206 Renaud d'Este (1618-1672), frère du duc François Ier de Modène, créé cardinal en 1641. Depuis 1646, Renaud d'Este est le cardinal protecteur de la France à Rome ; c'est à ce titre que le résident de Savoie se plaint auprès de Mazarin du traitement réservé à l'ambassadeur de Savoie à Rome.

207 On sait la prétention de la maison de Savoie au rang royal (voir ci-dessus, *Viaggio...*, n. 45). Le duc Charles-Emmanuel II pouvait espérer un traitement favorable du cardinal d'Este, non seulement parce que celui-ci était petit-fils du duc de Savoie Charles-Emmanuel Ier par sa mère Isabelle, épouse du duc de Modène Alphonse III, mais encore parce qu'il occupait à Rome la fonction de cardinal protecteur de la France, laquelle était l'alliée de la Savoie et avait reconnu au duc le titre d'Altesse royale.

208 Dans les résidences pontificales, la *sala regia* était traditionnellement réservée à l'audience des ambassadeurs royaux par opposition à la *sala ducale*, pour les autres princes ; il y en a une dans les palais du Vatican et du Quirinal. C'est dans celle du Vatican qu'aujourd'hui encore le souverain pontife reçoit chaque année le corps diplomatique assemblé pour les vœux de nouvelle année.

209 G. Gualdo Priorato a publié la liste des personnes choisies par Mazarin pour l'accompagner sur l'île (G. Gualdo Priorato, *Histoire de la paix...*, 1667, liste non paginée), et la commente ainsi : « Ayant considéré qu'on n'auroit pas peu de satisfaction de voir la liste des personnes de qualité qui ont assisté de part et d'autre à la conclusion de la paix, j'ay tasché de l'avoir la plus exacte qu'il m'a esté possible. (...) Mais comme dans celle de soixante personnes choisies par S. É. (...) les rangs ne sont pas gardez et que des simples gentilshommes y sont nommez devant des ducs et des officiers de la couronne, j'ay cru estre obligé de vous dire que S. É. jugea à propos de la dicter ainsi et de la donner en cette sorte aux officiers de ses gardes et de ses mousquetaires (...) afin d'éviter par là toutes les contestations qu'il y auroit eu pour la préséance ; et parce que vous pourriez vous estonner aussi de ce qu'il n'y a que soixante personnes de la part de la France et qu'il y en a soixante-et-huit de la part de l'Espagne, il est bon aussi qu'on sçache que cette différence vient de la ponctualité avec laquelle S. É. voulut se tenir à ce qui avoit esté résolu, croyant que les Espagnols en useroient de même (...) » (*ibidem*, épître « au lecteur » non paginée).

210 On conserve en effet une lettre de Lionne à Mazarin, en date de « ce samedy au soir » [9 août 1659], rapportant l'avancée des travaux : « Je suis demeuré icy pour faire advancer le travail avec la diligence que V. É. désire, mais je suis obligé de luy dire que, quoyque tous les ouvriers, par émulation de nations, hastent tous la besoigne autant qu'ils est en leur pouvoir, ce sera tout ce qui se peut humainement faire si toutes les choses sont en estat lundy au soir pour faire la conférence mardi : qui luy dira autrement luy donne une fausse espérance. On n'a encore rien fait du tout à la chambre commune, quoyque je crusse qu'on avoit tout laissé pour travailler à cela seulement. Quand j'en ay crié, on m'a dict qu'elle seroit eslevée en un demy-jour, dez que les bois seroient coupez ; ce qu'on eu de bois à St-Jean-de-Luz n'a pas pu servir pour les gros ouvrages, il a fallu couper les arbres dans les forestz et, quand V. É. verra ce qui s'est fait, elle trouvera qu'on n'a pas mal employé le temps. Nous sommes convenus, pour couvrir les ponts et empescher qu'on ne se vît les uns et les autres en entrant dans l'isle, qu'il seroit fait une séparation d'ais depuis le bout des apartemens jusques à l'autre bout de l'isle. Elle servira aussi à empescher toute communication, et néanmoins chacun de son costé pourra aller prendre l'air au-dehors des appartemens, sans se voir les uns et les autres. Je donneray advis demain au soir à V. É. de l'estat de toutes choses, afin qu'elle sçache si on pourra s'assembler lundy » (MAÉE, Corr. pol., Espagne, vol. 38, fol. 129).

211 Lettre de Mazarin à Lionne, St-Jean-de-Luz, 12 août 1659 : « Je ne sai plus que dire de toutes ces longueurs, et je suis très fâché de voir que tout le monde en murmure (...) Il est superflu de vous presser afin qu'on donne la dernière main à cette affaire, (...) car la pompe qu'on auroit pu préparer en six mois ne serviroit de rien à ce que nous avons à traiter ensemble » (*Lettres du cardinal Mazarin où l'on voit...*, 1745, t. I, p. 139-141). Mazarin ne formule pas la menace de quitter la frontière au cas où la première conférence n'aurait pas lieu le lendemain.

212 Ce constat a déjà été fait au début du mois d'août, par l'évêque de Sées : « [les Espagnols] seront fort pressés de l'autre costé de l'eau, qui presse la coste, et vous aurès une

belle estendue pour ranger tous les carosses de vostre suitte » (MAÉE, Corr. pol., Espagne, vol. 38, fol. 132).

213 Pedro Coloma (?-1660), secrétaire d'État de l'Italie depuis 1648.

214 Henry Bennet (1618-1685), ambassadeur de Charles II Stuart en Espagne de 1658 à 1661. Au même moment, un autre agent du roi britannique, l'Irlandais Nicolas Bodkin, cherchait à approcher Mazarin. Il a quitté Bruxelles en juin 1659 pour aller rejoindre Luis de Haro en Espagne. Au cours de sa traversée de la France, il a sollicité une première audience du cardinal avant son départ pour les Pyrénées (MAÉE, Corr. pol., Espagne, vol. 38, fol. 95, de Vincennes, le 24 juin 1659), puis une autre à Saint-Jean-de-Luz un mois plus tard (*ibidem*, fol. 120, de St-Jean-de-Luz, le 30 juillet 1659).

215 Joseph de Buire y de Margarit (1602-1685), marquis d'Aguilar, appelé en France de Marguerit ; il a été nommé gouverneur de Catalogne par Louis XIII en 1641, puis lieutenant général des armées du roi dans la province en 1651.

216 Carlo Carafa della Stadera (1611-1688), duc de Castelnuovo depuis 1630.

217 Pierre de Marca (1594-1662), archevêque de Toulouse depuis 1652.

218 Camille de Neufville de Villeroy (1606-1693), archevêque de Lyon depuis 1653, frère du maréchal de Villeroy.

219 Gilbert de Clérambault, abbé de Palluau, évêque de Poitiers depuis 1657, frère du maréchal de Clérambault.

220 Jean d'Olce (?-1681), évêque de Bayonne depuis 1643.

221 Zongo Ondedei (?-1674), évêque de Fréjus depuis 1658.

222 François Rouxel de Médavy (1604-1691), évêque de Sées de 1651 à 1670.

223 Comme D. Luis porte la discussion sur le terrain historique, en évoquant le pardon accordé par le passé à des princes révoltés contre le roi de France, Mazarin renvoie à la question de la rébellion flamande au siècle précédent, qui a abouti à la création des Provinces-Unies.

224 Luis Francisco de Benavides Carrillo de Toledo (1608-1668), marquis de Caracena. Gouverneur de l'État de Milan de 1648 à 1656, il a remplacé D. Juan d'Autriche dans le gouvernement des Pays-Bas méridionaux en mars 1659.

225 La suspension d'armes entre la France et l'Espagne a été signée par Mazarin et Pimentel à Paris le 7 mai 1659, pour une durée de deux (MAÉE, Traités, Espagne, 16590005). Elle a été prolongée le 21 juin suivant, sans terme (MAÉE, Traités, Espagne, 16590003).

226 Le traité de Paris a été conclu entre Mazarin et Pimentel le 4 juin 1659.

227 Jean-François-Paul de Gondi (1613-1679), cardinal de Retz depuis 1652, archevêque de Paris depuis 1654.

228 Si Pimentel n'a pas été désavoué par Philippe IV, puisque le traité de Paris a bien été ratifié à Madrid, il se voit toutefois reproché par Luis de Haro les concessions qu'il a faites aux exigences de Mazarin, en particulier concernant le prince de Condé. Depuis le début des conférences, Pimentel ne participe d'ailleurs plus à la rédaction du traité définitif, remplacé auprès d'Hugues de Lionne par Pedro Coloma ; Mazarin, au contraire, a gardé estime et amitié pour le négociateur espagnol (sur la situation de Pimentel après le traité de Paris, voir D. Séré, *La paix des Pyrénées…*, 2007, p. 401-413, 420-428 et 436-443).

229 Voir ci-dessus, *Viaggio…*, n. 25.

230 Selon Honoré Courtin, auteur du *Journal des entrevues des deux ministres de France et d'Espagne* (voir ci-dessus, *Introduction*, n. 13), lors de la première conférence « monsieur le cardinal parla italien, et dom Louis, espagnol » (G. Gualdo Priorato, *Histoire de la paix…*, 1667, p. 143) ; mais Gualdo Priorato note par ailleurs, au sujet de la 3e conférence, que « le cardinal y parla tousjours espagnol » (*ibidem*, p. 46).

231 Les nouvelles tapisseries mises en place sur l'île sont celles des Actes des Apôtres, tissées sur les cartons de Raphaël, dont Colbert annonçait l'envoi au début du mois précédent : « J'envoyerai par le premier routier qui partira dans un jour ou deux le cabinet et la table que V. É. m'a demandé, la tapisserie des Actes des Apostres et les habits de V. É » (lettre de Colbert à Mazarin, Paris, 9 juillet 1659 ; MAÉE, Mém. et doc., France, vol. 907, fol. 177v). Sur cette tenture, voir aussi P. Michel, *Mazarin, prince des collectionneurs. Les collections et l'ameublement du cardinal Mazarin (1602-1661), histoire et analyse*, Paris,

1999, p. 443-446, et J. L. Colomer, « Paz politica, rivalidad suntuaria. Francia y España en la isla dos Faisanes », dans *Arte y diplomacia de la monarchia hispanica en el siglo XVII*, Madrid, 2003, p. 63-64.

232 Voir ci-dessus, n. 177.

233 L'auteur veut sans doute dire que Mazarin se dispensait de faire immédiatement parvenir au roi la copie des articles, une fois que leur rédaction était achevée.

234 La Bassée (France, Nord, arr. de Dunkerque, ch.-l. de cant.)

235 Bergues (France, Nord, arr. de Lille, ch.-l. de cant.)

236 Gravelines (France, Nord, arr. de Dunkerque, ch.-l. de cant.)

237 Roses (Espagne, Catalogne, prov. de Gérone, com. de Haut-Ampurdan).

238 Calais (France, Pas-de-Calais, ch.-l. d'arr.)

239 Isaac Bartet (?-1707), secrétaire du cabinet du roi ; son arrivée est aussitôt annoncée à la reine (*Lettres du cardinal Mazarin où l'on voit...*, 1745, t. I, p. 248-250).

240 Eugène-Maurice de Savoie-Carignan (1635-1673), comte de Soissons.

241 Sur Gaspar Bonifaz, officier de l'armée des Flandres, et le rôle qu'il a joué dans les tractations franco-espagnoles en 1656, voir D. Séré, *La paix des Pyrénées...*, 2007, p. 212-223.

242 Cristoval Angelato de Cratzenpach, secrétaire des Langues de D. Luis. Dans ses *Mémoires*, le cardinal de Retz le décrit ainsi, sous le nom de « Crassembac » : « Allemand, mais très hispaniolisé, secrétaire des Langues et très confident de D. Luis » (Paul de Gondi, cardinal de Retz, *Œuvres*, éd. M.-T. Hipp et M. Pernot, Paris, 1984, p. 970).

243 Thomas de Savoie (1596-1656), prince de Carignan, comte de Soissons.

244 Ramiro Núñez de Guzmán (1600-1668), duc de Medina de las Torres.

245 Les courriers de Louis XIV et d'Anne d'Autriche à Mazarin n'ont pas été retrouvés. La lettre du roi est sans doute celle du 23 août, à laquelle le cardinal répond très longuement le 28 août (*Lettres du cardinal Mazarin pendant...*, éd. D'Avenel, t. IX, 1906, p. 252-261).

246 L'infante Marie-Thérèse étant nièce d'Anne d'Autriche par sa mère et petite-fille d'Henri IV par sa mère Élisabeth de France, une dispense pontificale était nécessaire pour la marier à Louis XIV.

247 Voir ci-dessus, *Viaggio...*, fol. 60v-61v, n. 245.

248 Charles-Jean Colbert (1618-1684), sieur de Terron, intendant de Brouage, cousin germain de Jean-Baptiste Colbert alors intendant de la maison et des affaires de Mazarin.

249 Les relations des conférences adressées par Mazarin à Le Tellier ont en effet été régulièrement rédigées deux à trois jours après l'entrevue.

250 Il s'agit certainement des *Raisons très puissantes pour faire veoir l'obligation qu'a la France d'appuyer l'intérest de Portugal dans le traité de paix, présentées à S. É. à Sainct-Jean-de-Luz le (...) 1659*, dont diverses copies manuscrites sont conservées (deux dans les archives diplomatiques : MAÉE, Corr. pol., Portugal, vol. 4, fol. 253-288 ; Corr. pol., Espagne, vol. 38, fol. 29-29v, et plusieurs autres à la Bibliothèque nationale de France, à celles de l'Arsenal et de l'Institut), mais très peu d'exemplaires imprimés, sous un titre à peine différent (*Raisons fort puissantes pour faire veoir...*, Paris, 1659, Bibl. nat. de Fr., Impr., 4-Lb37-3307).

251 Des lettres de Mazarin, destinées à être remises par Dumas au roi et à la reine de Portugal, ont été rédigées à Tartas, en date du 20 juillet 1659, mais leurs minutes portent une rature sur le nom de l'émissaire, remplacé en interligne par celui du Pierre de Chouppes (MAÉE, Corr. pol., Portugal, vol. 4, fol. 208 et 245) ; la mission de ce dernier a cependant été ajournée, et il ne fut envoyé à Lisbonne qu'à la fin de l'année.

252 Philippe-Guillaume de Bavière (1615-1690), duc de Neubourg à partir de 1653.

253 Thionville (France, Moselle, ch.-l. d'arr.)

254 Juliers (Allemagne, Rhénanie du Nord-Westphalie, arr. de Düren). Après la guerre de succession ouverte par le décès du dernier duc de la maison de Clèves en 1609, le duché de Juliers est passé à la maison de Palatinat-Neubourg, conformément à l'accord de Xanten (12 novembre 1614).

255 L'empereur Léopold Ier, allié à l'électeur de Brandebourg, est entré en Poméranie en septembre 1659, contre la Suède.

256 Dans ses lettres à Le Tellier en date des 5 et 6 septembre 1659, Mazarin ne formule pas une telle alternative, mais présente le blocage des négociations comme un moyen de s'acquérir des concessions territoriales supplémentaires (*Lettres du cardinal Mazarin où l'on voit...*, 1745, t. I, p. 430-443).

257 La cour est arrivée à Bordeaux le 19 août (*Gazette*, 1659, 105e livraison, p. 844-845).

258 Olympe Mancini (1639-1708), sœur aînée de Marie Mancini, comtesse de Soissons par son mariage en 1657 avec Eugène-Maurice de Savoie-Carignan. Le retour en faveur de la comtesse de Soissons auprès de Louis XIV est annoncé à Mazarin par plusieurs lettres datées du milieu du mois d'octobre (voir A. Chéruel, *Histoire de France sous le ministère...*, t. III, 1882, p. 267-268).

259 John Lambert (1619-1684), général de l'armée du Parlement.

260 Chester (Royaume-Uni, Angleterre, rég. du North-West, comté de Cheshire). Le 2 août 1659, la rébellion royaliste menée par Georges Booth a pris la ville de Chester, mais elle a été vaincue dès le 29 août par l'armée du général Lambert, à la bataille de Winnington Bridge.

261 Charles Ier Stuart (1600-1649), roi d'Angleterre, d'Écosse et d'Irlande en 1625, exécuté sur condamnation du parlement en janvier 1649.

262 Francesco Giustinian (1627-1660), ambassadeur de la république de Venise en France de 1654 à 1659 (sur son ambassade, voir : *Le relazioni degli Stati europei lette al Senato dagli ambasciatori veneti nel secolo decimosettimo*, éd. N. Barozzi et G. Berchet, série II, France, vol. III, Venise, 1863, p. 3-17).

263 Guillaume-Égon, comte de Fürstemberg (1629-1704), frère de François-Égon de Fürstemberg, principal conseiller de l'archevêque-électeur de Cologne ; ce dernier était Maximilien-Henri de Bavière, qui avait accueilli Mazarin pendant la Fronde (voir ci-dessus, *Viaggio...*, fol. 9v et n. 22 et 23).

264 La Ligue du Rhin a été conclue à Francfort, le 14 août 1658, à la suite de l'élection de l'empereur Léopold Ier. Elle avait pour objectif le respect du traité de Münster (1648) et réunissait les archevêques-électeurs de Trèves, Mayence et Cologne, l'évêque de Münster, le comte palatin de Neubourg, le landgrave de Hesse-Cassel, les trois ducs de Brunswick et le roi de Suède. Le roi de France s'y est associé dès le lendemain, 15 août, par l'intermédiaire de ses ambassadeurs extraordinaires, Hugues de Lionne et Antoine de Gramont (voir J. Valfrey, *Hugues de Lionne. Ses ambassades en Espagne...*, 1881, p. 143-176).

265 Avesnes-sur-Helpe (France, Nord, ch.-l. d'arr.)

266 Mariembourg (Belgique, Wallonie, prov. de Namur, arr. de Philippeville, comm. de Couvin).

267 Philippeville (Belgique, Wallonie, prov. de Namur, ch.-l. d'arr.)

268 La charge de grand maître de France et le gouvernement de Bourgogne ont été détenus par Condé avant sa trahison ; la première est ensuite passée au prince de Conti, et le second, au duc d'Épernon, aussi le roi a-t-il dû dédommager ces derniers pour satisfaire à ses engagements relatifs au prince de Condé et au duc d'Enghien.

269 Cambrai (France, Nord, ch.-l. d'arr.)

270 Lorsque Olivier Cromwell a rompu avec l'Espagne en 1655, son premier mouvement a été de faire occuper l'île d'Hispaniola aux Antilles (aujourd'hui Saint-Domingue et Haïti ; voir D. Séré, *La Paix des Pyrénées...*, 2006, p. 210).

271 Cette offre de Charles II est attestée dès juillet 1659, par un billet intitulé : « Ce que le roy [d'Angleterre] a déjà accordé et donné ordre au [sr] Nich[olas] Bodkin d'assurer à Vre Éminence » (MAÉE, Corr. pol., Espagne, vol. 38, fol. 125). Parmi les différentes propositions, on trouve le mariage du roi britannique avec une nièce du cardinal ; celui de la princesse Henriette, sœur de Charles II, avec le neveu du cardinal ; l'attribution à Mazarin du gouvernement héréditaire de l'Irlande ; la liberté de culte pour les catholiques britanniques, etc.

272 Marsal (France, Moselle, arr. de Château-Salins, cant. de Vic-sur-Seille). En fait, la

place de Marsal a été restituée à Charles IV, moyennant des garanties de fournitures de sel à prix constant dans les Trois Évêchés (traité des Pyrénées, 7 novembre 1659, art. 70).

273 La question de la renonciation générale de l'infante à ses droits successoraux, exigée par l'Espagne en cas de mariage, a été discutée dès la fin du mois d'août et Mazarin a cédé à Luis de Haro sur ce point (voir D. Séré, *La paix des Pyrénées*..., 2007, p. 483-485). Selon le narrateur, Mazarin prétendait de toute façon que les renonciations de Marie-Thérèse n'étaient pas libres, étant donné son statut de mineure sous autorité paternelle, et qu'il serait toujours possible de faire valoir ses droits par les armes. C'est ce que Louis XIV fit à partir de la guerre de Dévolution.

274 En septembre 1659, les troupes espagnoles des Pays-Bas méridionaux sont entrées dans la principauté de Liège, qui dépendait de l'électeur de Cologne, et elles y ont pris leurs quartiers sur ordre du gouverneur Caracena.

275 Charles-Gaspard von der Leyen (1618-1676), archevêque-électeur de Trèves à partir de 1652. En fait, l'entrée des troupes espagnoles dans les États de l'électeur de Cologne aurait été sollicité par l'électeur de Trèves, parce que celui-ci était mécontent de l'installation d'un corps de cavalerie française dans les siens au début du mois d'août (*Gazette*, 1659, 102e livraison, p. 817 ; C. Dulong, *Trente ans de diplomatie française en Allemagne. Louis XIV et l'électeur de Mayence (1648-1678)*, Paris, 1956, p. 32).

276 Henri de Senneterre (1600-1681), baron puis duc de La Ferté, maréchal de France en 1651.

277 Les commissaires nommés furent Hyacinthe Serroni, évêque d'Orange, pour la France, et le marquis de Mortara, pour l'Espagne ; leurs négociations aboutirent, après une nouvelle conférence des deux principaux ministres sur la Bidassoa, au traité de Llivia, le 12 novembre 1660.

278 Louis-Joseph de Lorraine (1650-1671), duc de Guise à partir de 1654.

279 La Chambre impériale, fondée en 1495 par Maximilien Ier de Habsbourg, était la plus haute instance judiciaire de l'Empire et avait alors son siège à Spire, dans le Palatinat. Un différend territorial en Italie aurait plus logiquement ressorti au Conseil aulique de Vienne.

280 Jean-Christian, baron de Boinebourg (1622-1672), ministre de l'électeur de Mayence. On trouve son nom orthographié de manière très variée dans les sources : Boyneburg, Bernebourg, Bennebourg ou Bleniburg.

281 Jean-Philippe de Schönborn (1605-1673), archevêque-électeur de Mayence à partir de 1647.

282 Francfort-sur-le-Main (Allemagne, Hesse, distr. de Darmstadt, ch.-l. d'arr.) Le siège de la Diète d'Empire était Ratisbonne en temps ordinaire, mais Francfort en cas d'élection impériale. Il s'agit ici de la Diète réunie à Francfort pendant l'interrègne qui a suivi la mort de Ferdinand III et qui a abouti à l'élection de Léopold Ier (1657-1658). Les électeurs de Cologne et de Mayence y ont soutenu, en vain, les efforts de la France pour faire sortir la couronne impériale de la maison d'Autriche (voir J. Valfrey, *Hugues de Lionne. Ses ambassades en Espagne*..., 1881, p. 67-176)

283 Maximilien Kurtz (1595-1662), baron de Senftenau, comte de Valley, principal ministre du duc de Bavière depuis 1649. Il était le frère cadet du vice-chancelier d'Empire, Ferdinand-Sigismond Kurtz (1592-1659).

284 Henriette Adélaïde de Savoie (1636-1676), mariée au duc-électeur Ferdinand-Marie de Bavière depuis 1652. Cette phrase permet d'identifier le narrateur, Atto Melani, qui a été envoyé par Mazarin à Munich en 1657 pour tenter de convaincre Ferdinand-Marie de se porter candidat à l'Empire contre l'archiduc Léopold (voir ci-dessus, *Introduction*).

285 Charles de Bourbon (1490-1527), connétable de France, a fui le royaume et s'est allié à Charles Quint contre François Ier, à la suite du procès concernant la succession de son épouse, Suzanne de Bourbon (1491-1521). Fait prisonnier à la bataille de Pavie (24 février 1525), François Ier a été contraint de signer le traité de Madrid le 14 janvier 1526, par lequel, entre autres concessions à l'empereur, il s'engageait à rétablir le connétable dans tous ses biens et droits en France (articles 27 et 28). Ce dernier n'y est cependant pas qualifié

d'« ange tutélaire de la paix », comme il est ici affirmé (*Corps universel diplomatique du droit des gents contenant le recueil des traitez...*, éd. Jean Dumont, Amsterdam, La Haye, t. IV, 1re partie, p. 399-410).

286 Cette intervention prêtée au prince de Condé n'est pas attestée par ailleurs et paraît peu vraisemblable (H. d'Orléans, duc d'Aumale, *Histoire des princes de Condé...*, t. VII, 1896, p. 36-114).

287 Conformément à l'analyse récente de D. Séré, le narrateur explique donc que Philippe IV a décidé de négocier la paix en 1658 en raison de la situation militaire, et non en conséquence du projet de mariage savoyard de Louis XIV (D. Séré, « Mazarin et la "comédie de Lyon"... », 2006, p. 327-340).

288 Hugues, chevalier de Terlon (1620 env.-1690), envoyé, puis ambassadeur de France en Suède.

289 La Ligue du Rhin, conclue les 14 et 15 août 1658, avait une durée limitée à trois ans. Elle a par la suite été renouvelée régulièrement, jusqu'en 1668. Le royaume de France n'appartenant pas à l'Empire, il n'avait pu être inclu dans la Ligue, mais seulement associé en tant que protecteur, conformément à ce que permettaient les traités de Westphalie.

290 Depuis l'élection de Léopold Ier en 1658, la Diète a continué à siéger à Francfort, contrairement à l'usage établi (voir ci-dessus, *Viaggio...*, n. 282). L'empereur fait alors pression pour qu'elle réintègre son séjour ordinaire, à Ratisbonne, mais les princes allemands s'y opposent (B. Auerbach, *La France et le Saint Empire romain germanique depuis la paix de Westphalie jusqu'à la Révolution française*, Paris, 1912, p. 62-71).

291 Les traités signés entre avril et juin 1631 à Cherasco (Italie, Piémont, prov. de Coni) ont mis fin à la guerre de succession des duchés de Mantoue et de Montferrat, au profit de Charles Ier de Gonzague (1580-1637), duc de Nevers et de Rethel.

292 Charles II de Gonzague (1629-1665), duc de Mantoue, de Montferrat, de Nevers et de Rethel à la mort de son oncle Charles Ier en 1637.

293 Dans une lettre du 2 octobre 1659, Mazarin accusait réception de trois lettres de Charles IV de Lorraine, le remerciait de ses témoignages d'amitié et l'assurait de ses services pour lui faire obtenir « sans délay une pleine liberté » (MAÉE, Corr. pol., Lorraine, vol. 37, fol. 794-795). Les lettres du duc au cardinal n'ont pas été retrouvées.

294 « (...) On me vient de dire que le roy d'Angleterre est passé icy à minuit, accompagné du marquis d'Ormond (...) Je sçay que Don Louys le recevra bien à Fontarabie (...) » (*Lettres du cardinal Mazarin...*, éd. G. d'Avesnel, t. IX, 1906, n° CLXLVI, p. 383, lettre à Le Tellier du 8 octobre 1659).

295 L'argument ici prêté à Fouquet a été l'un des plus puissants ressorts de sa défense devant la chambre de justice, quelques années plus tard : il n'a agi que sur ordre du cardinal, et sur ses billets, mais ceux-ci ont été soustraits au dossier par sa « partie », Jean-Baptiste Colbert.

296 Honoré II Grimaldi (1597-1662), seigneur (1604), puis prince de Monaco (1612). Par le traité de Péronne du 8 juillet 1641, Honoré II s'était placé sous la protection du roi de France, moyennant quoi ce dernier le faisait duc de Valentinois en compensation de ses biens et droits spoliés par les Espagnols dans le Milanais et le royaume de Naples.

297 Philippe de Montaut-Bénac (1619-1684), duc de Montaut, dit duc de Navailles. En 1658, Navailles a remplacé le duc de Mantoue en tant que lieutenant-général des armées du roi en Italie.

298 Fort de La Trinité (Espagne, Catalogne, prov. de Gérone, com. de Alto Ampurdán, comm. de Rosas).

299 Cadaqués (Espagne, Catalogne, prov. de Gérone, com. de Alto Ampurdán).

300 Voir ci-dessus, n. 112.

301 S'étant révoltée contre la maison d'Autriche en 1640 et ayant offert sa souveraineté à Louis XIII en 1641, la Catalogne a été française jusqu'à sa reconquête par Philippe IV en 1652, à la faveur des troubles de la Fronde.

302 Charles II Stuart a quitté Bruxelles le 13 août 1659, d'où il est d'abord allé à Calais, dans l'espoir de rejoindre ses partisans en Angleterre ; après la défaite de Booth (voir ci-dessus, *Viaggio...*, n. 260), il a décidé de rejoindre l'Espagne, passant par Rennes et La Rochelle

en septembre, avant de rejoindre Sarragosse, parce qu'il croyait le congrès terminé ; il est finalement arrivé dans le Pays basque à la fin du mois d'octobre (voir J. F. Routledge, *England and the treaty of the Pyrenees*, Liverpool, 1953, p. 53-67).

303 Sur l'alliance offensive et défensive entre la France et l'Angleterre et la remise de Dunkerque aux Anglais, voir ci-dessus, *Viaggio...*, fol. 19v-20, n. 91 et 93. Le traité de Paris du 23 mars 1657 avait pour principaux objectifs la prise des places maritimes de la Flandre espagnole, en particulier Dunkerque et Gravelines, la première au profit des Anglais et la seconde, des Français ; l'Angleterre devait assurer la guerre navale et la France s'engageait à employer, sur terre, des troupes anglaises à sa solde (A. Chéruel, *Histoire de France sous le ministère...*, t. III, 1882, p. 52-57).

304 Philippe IV a reconnu la république d'Angleterre dès 1651, soit trois ans avant la France (D. Séré, *La paix des Pyrénées...*, 2007, p. 209).

305 Le texte des offres faites par l'Espagne à Cromwell a effectivement été publié en français, sous le titre : *Mémoire présenté au Sérénissime Protecteur par les marquis de Leyde et dom Alonse de Cardenas, ambassadeurs du Roy Catholique en Angleterre, le 21 may 1655*, s.l.n.d. (Bibl. nat. de Fr., Arsenal, 8-H-7839, pièce n° 17).

306 La duplicité de Mazarin quant à l'entreprise avortée sur Dunkerque en 1657 était soupçonnée des contemporains, mais elle est rien moins que certaine (A. Chéruel, *Histoire de France sous le ministère...*, t. III, 1882, p. 62-63).

307 Henri de La Tour d'Auvergne (1611-1675), vicomte de Turenne, maréchal de France en 1643.

308 Montmédy (France, Meuse, arr. de Verdun, ch.-l. de cant.) ; cette place dépendait alors du Luxembourg. Le siège a été mis le 11 juin 1657 et a duré près de deux mois, en présence du roi et de Mazarin.

309 Montmédy a capitulé le 4 août 1657.

310 Ostende (Belgique, Flandre occidentale, ch.-l. d'arr.)

311 Sur la rébellion de Hesdin, voir ci-dessus, *Viaggio...*, fol. 26v, n. 120.

312 À l'occasion de la tenue de la Diète électorale à Francfort, les archevêques-électeurs de Cologne et de Mayence ont offert leur médiation pour l'ouverture de pourparlers de paix entre la France et l'Espagne, sans succès (voir J. Valfrey, *Hugues de Lionne, ses ambassades en Espagne et...*, 1881, p. 119-176 ; D. Séré, *La paix des Pyrénées...*, 2007, p. 277-312).

313 Louis XIV a participé en personne au siège de Dunkerque et c'est à celui de Bergues qu'il a montré les premiers signes d'une maladie, qui a ensuite fait craindre pour sa vie. Le 30 juin, à Mardyck, Mazarin apprend son état et lui impose de se retirer à Calais, où il est resté du 1er au 22 juillet (A. Chéruel, *Histoire de France pendant le ministère...*, t. III, 1882, p. 171-184).

314 Philippe de France (1640-1701), duc d'Anjou, frère de Louis XIV.

315 Inquiet de la gravité de la maladie du roi et des cabales formées à la cour et à Paris, Mazarin s'est assuré du soutien de la reine mère et du maréchal de Turenne (A. Chéruel, *Histoire de France pendant le ministère...*, t. III, 1882, p. 171-184).

316 César de Choiseul (1598-1675), comte du Plessis-Praslin, maréchal de France en 1645, gouverneur de Monsieur et premier gentilhomme de la chambre du roi.

317 Louis-Armand Ier de Béthune (1641 env.-1717), marquis, puis duc de Charost, gouverneur de Calais depuis le 2 janvier 1658 (C. Levantal, *Duc et pairs et duchés-pairies laïques à l'époque moderne (1519-1790)*, 1996, p. 452-453).

318 Armand-Jean du Plessis (1585-1642), cardinal, duc de Richelieu.

319 La Fère (France, Aisne, arr. de Laon, ch.-l. de cant.)

320 Sedan (France, Ardennes, ch.-l. d'arr.)

321 Elvas (Portugal, Alentejo, distr. de Portalegre). Le siège d'Elvas par l'armée espagnole, dirigé par D. Luis de Haro en personne, s'est soldé par une déroute le 14 janvier 1659, à la suite de l'arrivée d'un secours portugais.

322 Du second lit de Philippe IV, remarié en 1648 avec sa nièce Marianne d'Autriche, deux fils sont nés successivement à la fin des années 1650 : les infants Philippe-Prosper (1657-1661) et Ferdinand-Thomas (1658-1659).

323 Après le rétablissement du roi, la cour est revenue à Paris le 12 août (*Gazette*, 1659, 97e livraison, p. 759).

324 L'épisode qui suit, relatif à un échange de lettres entre Anne d'Autriche et Philippe IV en 1658 par l'intermédiaire du franciscain Alonso Malvenda semble tout à fait inédit. Il peut seulement être mis en rapport avec une brève allusion du maréchal de Gramont dans ses *Mémoires*, dans un passage qui précède la relation du voyage de Lyon en 1658 : « Le méchant état où se trouvoient pour lors les affaires du roi d'Espagne lui faisoit souhaiter la paix, mais les moyens pour y parvenir étoient bien contraires à son intention. (...) D'ailleurs, ceux qui avoient fait des tentatives pour commencer quelque traité, comme don Gaspard Boniface et *un moine de saint François*, avoient cru bien faire leur cour auprès de don Louis de Haro, et paroître fort clairvoyans, en lui rapportant avoir découvert dans l'esprit du cardinal Mazarin plus d'artifice que de sincérité (A. de Gramont, *Mémoires*, éd. A. Petitot et L. J. N. Monmerqué, Paris, 1827, t. II, p. 39-40). L'intervention de ce franciscain n'est pas sans rappeler celle du frère Vanegas, venu en 1655 à Paris de la part du prince de Condé (H. d'Orléans, duc d'Aumale, *Histoire des princes de Condé pendant les XVIe et XVIIe siècles*, t. VII, Paris, 1896, p. 38), mais il n'est pas de raison de penser que Melani ait pu confondre à ce point noms, dates et circonstances.

325 Lettre non identifiée.

326 Lettre non identifiée. Le narrateur y a déjà fait allusion au début de son récit (voir ci-dessus, *Viaggio...*, fol. 10v, n. 31).

327 Lettre non identifiée.

328 Olivier Cromwell est mort à Londres le 13 septembre 1658 (n. st.)

329 Bar-le-Duc (France, ch.-l. de la Meuse).

330 Moyenvic (France, Moselle, arr. de Château-Salins, cant. de Vic-sur-Seille).

331 Stenay (France, Meuse, arr. de Verdun, ch.-l. de cant.)

332 Dun-sur-Meuse (France, Meuse, arr. de Verdun, ch.-l. de cant.)

333 Jametz (France, Meuse, arr. de Verdun, cant. de Montmédy).

334 Clermont-en-Argonne (France, Meuse, arr. de Verdun, ch.-l. de cant.)

335 Nancy (France, ch.-l. de Meurthe-et-Moselle). La capitale ducale était en effet composée de « deux villes », car une ville neuve fortifiée y avait été fondée par Charles III (1543-1608) après la prise de l'ancienne cité en 1587.

336 Metz (France, ch.-l. de la Moselle) ; Toul (France, Meurthe-et-Moselle, ch.-l. d'arr.) et Verdun (France, Meuse, ch.-l. d'arr.) étaient les sièges des Trois-Évêchés lorrains, conquis par Henri II en 1552 et définitivement rattachés au royaume en 1648 par les traités de Westphalie.

337 James Butler (1610-1688), marquis d'Ormonde.

338 L'infant Ferdinand-Thomas est mort le 23 octobre 1659, à Madrid.

339 Ciboure (Pyrénées-Atlantiques, arr. de Bayonne, cant. de Hendaye).

340 La mère de Charles II Stuart est Henriette de France, fille de Henri IV.

341 En marge du congrès de Westphalie, les Provinces-Unies ont signé un traité de paix séparé avec l'Espagne à Münster, le 31 janvier 1648.

342 Des différends protocolaires ont constamment opposé la France et l'Empire à l'époque moderne, au point que l'établissement d'une représentation diplomatique permanente entre les deux Cours ne s'est fait que progressivement, et seulement par l'envoi de résidents, non d'ambassadeurs (B. Auerbach, *La France et le Saint Empire romain germanique depuis la paix de Westphalie jusqu'à la Révolution française*, Paris, 1912, p. 38). La chancellerie impériale refusait en particulier au roi de France le titre de Majesté, traditionnellement réservé à l'empereur.

343 Les puissances associées à l'Espagne et à la France sont énumérées dans les articles nos 31 et 32 du traité de Vervins (voir Bertrand Haan, « La dernière paix catholique européenne. Édition et présentation du traité de Vervins (2 mai 1598) », dans *La paix de Vervins, 1598*, dir. C. Vidal et F. Pilleboue, 1998, p. 9-63 et notamment p. 24-27 et p. 55-56).

344 Ferdinand III de Gonzague (1618-1678), duc de Guastalla depuis 1632, compétiteur malheureux de Charles II de Gonzague-Nevers à la succession au duchés de Mantoue et de Montferrat en 1637.

345 Correggio (Italie, Émilie-Romagne, prov. de Reggio d'Émilie).

346 Casale Monferrato (Italie, Piémont, prov. d'Alexandrie). Casal est la capitale du marquisat de Montferrat, passé aux Gonzague après l'extinction de la dynastie Paléologue en 1533. Érigé en duché en 1575, le Montferrat reste revendiqué par la maison de Savoie tout au long du XVIIe siècle.

347 Trino (Italie, Piémont, prov. de Verceil). La place de Trino, dépendant du duché de Montferrat, a été assignée au duc de Savoie par les traités de Cherasco (avril-juin 1631), mais reprise et restituée au duc de Mantoue en 1652, par les Espagnols qui y laissèrent une garnison. Le 22 juillet 1658, Trino est attaquée par les forces savoyardes et prise après trois heures de siège seulement : c'est pourquoi le gouverneur espagnol est ici soupçonné d'avoir accepté la reddition en sous-main. Le traité des Pyrénées a ensuite confirmé l'appartenance de Trino au duché de Savoie.

348 La fin de ce paragraphe fait allusion aux biens que le duc de Mantoue possédait en France, en tant que chef des Gonzague-Nevers. Or, c'est Mazarin lui-même qui « dépouilla », pour reprendre le terme du narrateur, le duc de Mantoue, grâce à l'intermédiaire de Francesco Bellinzani (1619-1684), qui était à la fois résident de Mantoue en France jusqu'en 1659 et familier du cardinal. Le 30 mai 1654, le cardinal a d'abord acheté le duché de Mayenne à Charles II de Gonzague, représenté par Bellinzani pour la signature de l'acte (F. Dornic, *Une ascension sociale au XVIIe siècle. Louis Berryer, agent de Mazarin et de Colbert*, Caen, 1968. p. 37). En 1659, Mazarin a encore acquis le duché de Nevers, à titre de remboursement de la dot qu'il avait avancée en 1645 lors du mariage de Louise-Marie de Gonzague avec le roi de Pologne Ladislas IV (A. Chéruel, *Histoire de France pendant le ministère...*, t. III, 1882, p. 266). Sur le rôle de Bellinzani dans cette seconde transaction, voir la lettre de ce dernier au cardinal en date du 16 juillet 1659 (MAÉE, Corr. pol., Mantoue, vol. 8, fol. 517v).

349 Marianne d'Autriche (1634-1696), seconde épouse de Philippe IV en 1649. L'infante Marie-Thérèse est née du premier lit de Philippe IV, avec Élisabeth de France (1602-1644).

350 Le marquis Angelelli a été envoyé auprès de Mazarin en 1659 de la part du connétable Colonna pour négocier son mariage avec Marie Mancini, et il a représenté ce dernier lors des noces célébrées par procuration, le 11 avril 1661 (Hortense et Marie Mancini, *Mémoires*, éd. G. Doscot, Paris, 1965, p. 112).

351 Lorenzo Colonna (1637-1689), grand-connétable de Naples, duc de Paliano.

352 Girolamo Colonna (1604-1666), cardinal depuis 1627. Au début des années 1620, Mazarin a été le compagnon d'études de Girolamo Colonna à l'université espagnole de l'Alcalá de Henares.

353 Le cardinal a eu pour premiers patrons les Colonna, parce que son père, Pietro Mazarini (1576-1654), était déjà attaché au service de leur maison, en tant que *maggiordomo* ou intendant (G. Dethan, *Mazarin et ses amis...*, Paris, 1968, p. 55-60).

354 Selon le témoignage de divers contemporains, particulièrement celui de Brienne le jeune (L.-H. de Loménie, comte de Brienne, *Mémoires*, éd. P. Bonnefon, 1917, t. II, p. 18-22), Mazarin aurait caressé le projet de se faire élire pape, après avoir établi la paix générale, au cas où Alexandre VII serait mort, et divers indices tendent à conforter cette rumeur (voir M. Laurain-Portemer, « Le statut de Mazarin dans l'Église... », dans *Études mazarines*, I, 1981, p. 19-153, et notamment p. 150-153 ; G. Dethan, *Mazarin, un homme de paix...*, 1981, p. 328).

355 Giovanni Battista Pamphili (1574-1655), pape en 1644 sous le nom d'Innocent X.

356 Anne-Marie Martinozzi (1637-1672), mariée en 1654 à Armand de Bourbon (1629-1666), prince de Conti.

357 Laure Martinozzi (?-1687), mariée depuis 1655 à Alphonse IV d'Este (1634-1662), duc de Modène (voir ci-dessus, *Viaggio...*, n. 204).

358 Voir ci-dessus, n. 258.

359 Voir ci-dessus, n. 12.

360 Le père d'Armand-Charles de La Porte, marquis de La Meilleraye, est Charles de La Porte (1602-1664), marquis, puis duc de La Meilleraye, maréchal de France et cousin

germain du cardinal de Richelieu, auquel il a dû sa carrière et son élévation remarquables. Le marquis de La Meilleraye, a finalement épousé Hortense Mancini le 1er mars 1661, quelques jours avant le décès du cardinal, qui lui avait légué son nom, avec le titre de duc Mazarin, et sa fortune.

INDEX

T

TABLE DES MATIÈRES

La liste des ouvrages disponibles dans cette collection
peut être consultée sur le site Internet
www.peterlang.com